Deutsche Prosa-Pa

Deutsche Prosa-Parodien

aus zwei Jahrhunderten

Herausgegeben von
Winfried Freund und
Walburga Freund-Spork

Philipp Reclam jun. Stuttgart

Für unseren Sohn
Wieland

Universal-Bibliothek Nr. 8483[4]
Alle Rechte vorbehalten
© 1988 Philipp Reclam jun. GmbH & Co., Stuttgart
Gesamtherstellung: Reclam, Ditzingen. Printed in Germany 1988
RECLAM und UNIVERSAL-BIBLIOTHEK sind eingetragene
Warenzeichen der Philipp Reclam jun. GmbH & Co., Stuttgart
ISBN 3-15-008483-0 (kart.)   ISBN 3-15-028483-X (geb.)

Inhalt

Vorwort

– Jeder von den großen Herren hat seine Manier. Das wäre noch zu ertragen, weil jedes Individuum schließlich gern in seiner eigenen Narrenkappe herumläuft. Es war immer so, und jedes »Genie« hat ein Recht auf seine eigentümlichen Fehler. Aber früher trugen die Herren ihre Narrenkappe unbewußt; wenn sie sie doch einmal bemerkten, so schämten sie sich ihrer. Scham? Nonsens! Heutzutage weiß jedes »Genie«, daß es von der großen Masse nicht an seinen besonderen Ideen, sondern nur an seiner besonderen Kappe erkannt wird. Ei, da muß man doch die Kappe recht sichtbar vor aller Augen tragen. Die Narrenkappe ist Firmatafel, ist Fabrikszeichen der großen Herren geworden. Sie übertreiben mit Absicht ihre eigene Manier, sie fälschen sich selbst, weil ihr Publikum es so verlangt. Natürlich liegt die Schuld am Publikum! Wie der Käufer so die Ware! Und die Bücherkäufer sind die schlimmsten. Sie lieben an ihren Schriftstellern nichts so sehr als die Manier und verlangen sie zum Zeichen der Echtheit als Wasserzeichen des Druckpapiers. Hast du einmal eine schöne Reise gemacht und gut beschrieben, so sollst du bis ans Ende schöne Reisen machen und sie gut beschreiben, – hast du einen übermütigen Knabenstreich zum besten gegeben, so sollst du übermütige Knabenstreiche zum besten geben bis du im Grabe liegst, – hast du ein trauriges Lied auf den Tod deiner Frau gesungen, so mußt du nie müde werden, deine Frau zu begraben, – und hast du mit Parodien angefangen, so mußt du mit Parodien aufhören.
– Ja, die Leute sind denkfaul und vermögen nicht, die tausend Linien und Fältchen im Gedächtnis zu behalten, welche erst eine Physiognomie ausmachen. Da halten sie sich an eine Warze, an der sie den Mann aus hunderten herauserkennen. Schön, die Leute lassen sich nicht ändern! Muß aber das »Genie« sich ihnen unterwerfen? Muß es mit seiner Warze kokettieren? Ja, wenn diese Herren selten schrieben! Aber da muß alle Messen lang ein neues Werk erscheinen, die Herren

haben keine Zeit, sich selbst zu verändern und die neue Aufgabe demgemäß selbständig auszuarbeiten. Morgen soll das neue Buch fertig sein! Unmöglich, es bis dahin zu schaffen! Nun, her mit der Schablone, die dem Publikum gefällt, – sie hat immer geholfen, sie wird auch heute helfen! – Ja, sie verstehen sich auf die Massenfabrikation, die großen Herren! Sie haben es von den Pappschachtelwerkstätten gelernt, wie denn die Büchermacherei auch ein bescheidener Zweig der großen Papierindustrie geworden ist. Und im großen Gewerbe, das nur durch Überproduktion die kleinen Leute vernichten und sich so zu erhalten vermag, da muß Teilung der Arbeit an Stelle der alten zünftigen Gründlichkeit und Verwendbarkeit treten. *Du* schreibst Romane, *du* Gedichte, *du* Dramen und *du* Kochbücher! *Du* wirst warm bei Politik, *du* bei Bildern, *du* bei Pferderennen, *du* bei Begräbnissen! *Du* produzierst, *du* kassifizierst, *du* kritisierst u.s.w. So werdet ihr alle füllen eure Pulte und Kasten und werdet dabei euern Geist nicht übermäßig anstrengen. Richtet euch ab durch Teilung der Arbeit! In der Abrichtung liegt die wahre Bestimmung des Genius. Wer wird in unseren Tagen noch Zeit und Geld darauf wenden, sich auch als Schriftsteller zum harmonischen Menschen zu erziehen? Und käme Apollo in eigener Person, ich glaube, er würde eine bisher verborgen gehaltene griechische Narrenkappe als Erkennungszeichen aufsetzen und wie seine heutigen Priester eine »Spezialität« wählen, in welcher er ohne Konkurrenz zu glänzen und Geld zu verdienen vermöchte . . .

Berlin, im Oktober 1879   *Fritz Mauthner*

12

FRITZ MAUTHNER

Walpurga, die taufrische Amme

Nach Berthold Auerbach

> Der Meister wird es gern verschmerzen,
> Äfft ihn der Lehrling unter Scherzen.

Der Bauer nieste.

Die Bäuerin blickte stolz auf ihre stattliche Tochter Walpurga, als wollte sie sagen: Welch ein weltkluger Mann.

Der Bauer schien befriedigt von dem Eindrucke seiner Äußerung. Er fügte hinzu:

»Und noch ein gutes Wort will ich dir für deine Reise schenken: Du sollst nicht stehlen!«

Die Bäuerin glättete erschüttert ihre Schürze; ihr war es, als hätte sie den Geist ihres Mannes niemals genug gewürdigt. Nun wünschte sie, alle Nachbarn könnten es hören, wie warmherzig und neudenkend der Bauer gesprochen.

Jetzt ergriff Walpurga ihr Bündel und das Wort: »Lebt wohl, ihr Lieben, Guten! Und ich möchte es, was mein Herz so voll macht, noch anders ausdrücken. Also: Auf Wiedersehen. Oder noch anders: Behüt' euch Gott. Oder noch anders: Adje!«

Die Bäuerin blickte auf ihren Mann, als meinte sie: »Was sagst du zu diesem Sinnreichtum!« doch der Bauer verwies ihr das Vielreden.

Walpurga verließ die wohnhafte Stube, nachdem sie noch ihrem Muttersmann und ihrer Vatersgattin einige herzfrohe Bemerkungen zurückgelassen hatte. Sie ging starkgeistigen Schrittes zwischen Hühnern und Gänsen die düngerduftige Dorfstraße hinab und zum Dorfe hinaus. Alle Leute grüßten das taufrische Mädchen; denn sie war fürstliche Amme geworden.

Draußen, unter der alten Linde, erwartete sie Einer. Es war

der Josef vom Breunerhof. Dessen Jacke war schwarz von Kohlenruß und auch sein Gesicht zeigte, um die Augen herum, Streifen von Kohlenruß. Walpurga schloß scharfsinnig, daß er geweint und sich mit den Ärmeln der Jacke die Augen gewischt habe. Übrigens hatte sie es gesehen.

»Mädle«, rief er aus tiefster Brust, »fühlst du denn keine Reue in deinem Herzen?«

Walpurga blieb stehen. Josef sah aus dem feuchten Glanze ihrer Augen, daß ein schöner Gedanke in ihr neu entstanden war. Noch suchte sie vergebens, ihn zu formen. Jetzt zuckte es um ihre Lippen, jetzt röteten sich vor Freude ihre Wangen. Sie hatte die Form gefunden und sprach:

»Guten Morgen, Josef.«

Josef rieb die Handflächen zusammen, um sich Mut zu machen; dann sprach er:

»Ich geh ins Wasser, wenn du fürstliche Amme wirst! Schau, Mädle, ich glaube ja an dich und deine Reinheit, aber die bösen Andern, besonders der Gruber mit der platten Nase, die hänseln mich und sagen: Ein rechter Bub soll keine Amme lieben. Gelt, du tust mir die Lieb' und wirst nit Amme?«

Walpurga blickte erst sanft und still auf sich selbst, auf ihre kindlich schlanke Gestalt, dann hob sie die Augen gegen ihn und schaute zu ihm empor so keusch, daß er erschrak.

»Du Stürmischer«, sprach sie, »du Wilder und doch Guter, Reiner! Sie haben dich betört. Ich nenne sie die Pessimisten. Sie haben dein reines Herz gefangen genommen. Sie haben dir gesagt, daß ich deiner nicht wert sei.«

Walpurga warf ihren blonden Zopf nach rückwärts, als wollte sie sagen: So verachte ich euch! Dann fuhr sie fort:

»Dir allein will ich sagen, wie ich es zur fürstlichen Amme gebracht habe. Der Fürst wollte für seinen zu erwartenden hohen Sprößling eine Amme, deren kindliches Gemüt noch durch keinen Schatten von Leidenschaft getrübt war, damit der Säugling rein erhalten bleibe. Es wurde also ein braves Mädchen gesucht, das noch nie einen Fehltritt begangen, noch nie seine Eltern gekränkt hatte. Sie durfte noch nie krank gewesen sein und mußte die besten Schulzeugnisse aufzuweisen haben. Du kennst mich, Josef, ich war immer die beste Schülerin im Schönschreiben: darum muß ich als Amme gehen.«

Josef schaute bewundernd zur Sprecherin hinunter, Walpurga freute sich, daß er sie weitersprechen ließ, und fuhr fort.

»Hätte ich etwa die hohe Ehre ausschlagen sollen? Nein, Josef, auch ich fühle etwas vom Hauche der neuen Zeit in meinem Herzen. Des neuen deutschen Reiches Herrlichkeit ist mir aufgegangen, als mein Vater zu mir sagte: Geh und nähre die Zukunft deines Landes! Hätte ich vielleicht das hohe Amt von mir weisen sollen? Nein, Josef, du wirst nicht verlangen, daß ich des Vaterlandes nur einen Augenblick lang vergesse, um einem Einzelnen zu genügen! Ich fühle mich in diesem Augenblicke alleins mit dem Ganzen, ich fühle die Ganzheit in mir. O, mein Spinoza! Josef, völlig verstehst du mich nicht!«

»Da hast du ein schönes Wort gesprochen«, sprach Josef traurig. »Wenn du mich aber nicht zum Optimisten machst, so daß ich deinen Worten glauben kann, so bleibt mir doch nichts übrig, als ins Wasser zu gehen.«

Josef hatte noch einen guten Einfall. Aber derselbe klärte sich zu keinem festen Gedanken. Darum ging Josef seiner Wege, um ein Wasser zu suchen, darin zu ertrinken . . .

Walpurga aber gefiel bei Hofe gar herzlich. Sie kannte die Welt nicht, sie wußte nichts von Liebe, nichts von Luxus, nichts von Anstand. Sie war eine taufrische Amme.

Der hohe Säugling und seine Amme konnten miteinander zufrieden sein. Er lachte über alles, was sie ihm erzählte, und sie hörte nicht auf, derb und kräftig mit ihm zu schwatzen. Manches gute Wort hörte er da von seiner zweiten Mutter.

Wenn er aber schlief und ihr dann verboten wurde zu schwatzen, da schlich sie sich hinaus, setzte sich in das tragfeste Gezweig eines alten fürstlichen Birnbaumes und schrieb so ihre besten Einfälle nieder.

Aus dem Tagebuche Walpurgas

Zwei mal zwei ist vier. Bei uns! Ob auch anderswo?

*   *   *

Es gibt arme Leute und reiche Leute auf Gottes allfreier Welt. Wohl dem, der es nicht ist.

*   *   *

Es ist eine Ähnlichkeit zwischen dem Boden der fürstlichen Säle und dem winterlichen Eise auf dem Dorfteich. Wer ausgleitet, fällt hin. Es gibt auch einen Unterschied. Welchen aber?

*   *   *

Wir sind Alleins, ich und Jedes. Selbst ein Floh hat Teil an mir und wenn man ihn quält, so tut es mir weh, als geschähe mir selbst ein Leid. Aber nicht so stark.

*   *   *

Mein hoher Säugling war heute sehr durstig. Ich aber sage: Gut und Milch für König und Vaterland! Ein gutes Wort, das ich einst meinen Kindern hinterlassen will.

*   *   *

Ich wollte, ich hätte Papier genug, um all die warmquellenden, schönen Worte aufzuschreiben, die mir einfallen.

*   *   *

Alles hat mich hier lieb, um meiner Naivetät willen. Um mir dieselbe zu erhalten, lese ich täglich gute Dorfgeschichten oder gediegene Werke über die naive Volksseele.

*   *   *

Heute bewunderte der Herr Hofdichter meine Bemerkung: »Alte Liebe rostet nicht.« Ein schönes Wort; ich schenkte es ihm.

*   *   *

Ich habe Heimweh. Heute sah ich auf der Spazierfahrt ein Ochsengespann vor einem Heuwagen. Ich mußte an Josef denken und sein Mißtrauen.

*   *   *

Was war in der langen Zeit aus Josef geworden?
Kaum hatte Walpurga von ihm Abschied genommen, als er daran ging, den Tod in den Wellen zu suchen.
Er ging zum Dorfteich. Da fiel ihm ein, daß dort die Pferde zur Tränke gingen und er wollte ihnen ihr Wasser nicht verunreinigen.
Er ging zum Forellenbach. »Die waltende Nemesis«, rief er. »Die Fische sollen mich verzehren, die ich mit solcher Lust vernichtet habe.« Und er legte sich in den Bach und hielt den Kopf unters Wasser. Als aber sein Atem zu stocken begann, stieg er wieder ans Land.
Er folgte dem Bach bis zum nächsten Fluß. Da fiel ihm ein, man würde glauben, er habe geglaubt, man würde ihn wieder aus dem Wasser ziehen; denn der Fluß war sehr belebt. Er aber wollte nicht als verunglückter Selbstmörder sein Leben verbringen und folgte dem Flusse bis zur Hauptstadt.
Dort steht er auf der Brücke und nimmt bereits die schickliche Stellung ein, um hineinzutauchen in die feuchte Urmutter des Lebens. Da naht ein fürstlicher Wagen. Es ist Walpurgas letzte Ausfahrt mit dem hohen Säugling, der morgen schon seiner Amme vom Busen gerissen werden soll. Walpurga blickt in eine freudenlose Zukunft. Dabei ist ihre Erscheinung so unschuldig, so ungeboren-rein, daß der Hofdichter ihr den Übernamen »Walpurga, die taufrische Amme« auferfunden hat. Da erschaute sie ihren Josef, der zum letzten Male

die kleine Barschaft nachzählt, die er in das Reich der All-Einheit mitnehmen will.

»Josef!« ruft sie. »Hier ist dein Mädle!«

Josef blickte sich um. Er sah den hohen Säugling an dem zarten Busen des taufrischen Mädchens, er sah die Zukunft des Vaterlandes eins geworden mit dem jungfräulichen Ziele seiner selbstischen Sehnsucht, er sah sich begnadigt, verwandt zu werden den höchsten Gefühlen des Patrioten durch seinen Glauben an Walpurga. Er konnte sein trunkenes Auge nicht trennen von dem hohen Säugling und seinem zaghaft wogenden Lager. Auf die Knie stürzte er hin und es rief aus ihm:

»Mädle, Mädle, du bischt die reinste Amme meines ganzen Lebens!«

Der hohe Säugling lächelte den Glücklichen, Seligen huldvoll zu. Langsam ließ er sein zukunftsreiches Händchen von dem zart knospenden Pfühl heruntergleiten, auf welchem es geruht, zweimal wischte er sich mit dem Rücken des Händchens den fein geschnittenen Mund und sagte: »Es ist doch ein braves, tüchtiges Volk.«

Das war ein gutes Wort.

FRITZ MAUTHNER

Das Geheimnis der ledernen Hose

Nach Eugenie Marlitt

> Märchen, wenn auch noch so schlecht gelogen,
> Große Kinder bleiben ihm gewogen.

Der Schauplatz der folgenden Geschichte, meine geliebte kleine Leserin, ist ein reizendes Heim, in einem Städtchen, welches von lauter beschränkten aber unklugen Menschen bewohnt wird.

Der erste Strahl der Mutter Sonne trippelte eben durch das geöffnete Fensterlein in das trauliche Stübchen und setzte sich voll von der balsamischen Luft des grünen Maientags auf die Kinder des Frühlings, welche in einer köstlichen Vase aus Meißener Porzellan ihr ach! so frühes Grab fanden. Hinter den Lieblingen Floras saß die anmutige Jungfer Barbara. Tante Barbara wurde sie von aller Welt genannt, denn sie war fabelhaft alt. Sie lag eben ihrer süßen Pflicht ob, der blonden Portiuncula – Punkel wurde sie von der alten Mamsell geheißen – die bitteren Erfahrungen ihres mimosenhaften Lebens zu überliefern.

»So wahr Gott lebt, ich bin eine Atheistin! Ich gehe sogar so weit, den Jesuitenorden mit einer Giftpflanze zu vergleichen. Doch vergiß nie, liebes Punkelchen, daß ein Weib ohne Religion ein Epheu ist ohne eine Eiche für seine Ranken. Und überhaupt – das Weib soll nicht länger die Sklavin des barbarischen Mannes sein, sie soll selbständig fühlen lernen, auf eigenen Füßen stehen und den harten Mann beherrschen. Darum, meine teure Punkel, mehr Wirtschaftsgeld! Auch wir haben Logik, auch wir haben Poesie, nämlich unsere eigene! Weißt du, was Liebe ist, mein Kind?«

»Ein süßer Kuchen, mit dem man Störche in das Netz lockt«,

antwortete Punkel. Sie war so fabelhaft unerfahren, das liebe Kind.

Tante Barbara versank in ihrem Stuhle in tiefes Sinnen. Mit trübem Lächeln blickte sie auf ihre eigene armselige Gestalt. Sie war nicht größer als ein zehnjähriges Kind und eine häßliche Ausbauchung entstellte die nach rückwärts gelegene, obere Partie ihres libellenhaften Körpers. In dieser entwürdigenden Hülle lebte sie schon viermal zwanzig Jahre und dennoch hoffte sie immer noch auf Gegenliebe. Freilich, der alte Fürst von Erbwall, der ihre einzige und erste Jugendliebe gewesen war, ist nun lange tot. Nach ihm aber hatte sein Sohn geblüht, ebenso fabelhaft interessant wie sein Vater. Und auch ihn hatte sie geliebt, so heiß, so innig. Und dann den Enkel! Und den Urenkel! Eine unbestimmte Ahnung ergriff ihr banges Herz jedesmal, wenn sie trunkenen Auges die lederne Hose des Stammes betrachtete.

Es wäre schwer zu entscheiden gewesen, wen die Tante Barbara heißer liebte, ob die von Erbwall oder deren erhabene Hose. Die Hose bedeutete für sie den Begriff des Eigentums. Wenn Punkel in ihrer holden Unschuld kein Verständnis für Geldfragen zeigte, so pflegte Tante Barbara sie durch einen ihrer wärmsten Leitartikel zu unterhalten und zu belehren.

»Eigentum ist Diebstahl, besonders wenn es groß ist. Und ein deutsches Mädchen, das nicht innige Sympathie empfindet mit den edlen Märtyrergestalten der Sozialisten, beweist einen Herzensmangel, wie die Blume, die nicht gern am Busen der Hand verwelkt, die sie gebrochen hat. Teilung alles Eigentums, welch ein großer Gedanke! Natürlich muß die Mitgift unangetastet bleiben und der Wäscheschrank! O süßes Punkelchen, über den Wäscheschrank kann man die Fragen der Menschheit vergessen. Und die lederne Hose ist ein ebenso heiliges Mysterium. Denn sie gehört eigentlich in den Wäscheschrank, wenn sie auch von Leder ist!«

Auch heute wieder fragte Punkel nach dem Geheimnis der ledernen Hose. Tante Barbara aber verriet kein Wort. Warum sollte sie auch den ernsten Mann vernichten, der ihr so wert war?

Als Punkel die alte Dame verließ, um leicht wie eine Elfe in die zerbrochene Dachrinne zurückzukehren, welche sie mit ihrem kleinen Brüderchen bewohnte, hüpfte sie fröhlich unter den Riesen des Waldes, dessen befiederte Sänger ihr durcheinander ihre schönsten Morgen- und Abendlieder widmeten. Plötzlich stand ein schlanker Herr der Schöpfung neben ihr. Es war der regierende Fürst von Erbwall. Sein schönes, ahnungsvoll lederfarbenes Antlitz war von einer tiefschwarzen Zierde des Mannes prächtig eingerahmt. Ein hoher Ernst, den nur rohe Naturen den Ausdruck der Langeweile nennen konnten, blickte aus seinen blauen Spiegeln der Seele. Sein Äußeres war so rauh, daß sich das echt weibliche Gefühl Punkels bei seinem Nahen in sich selber zusammenzog, wie empfindsame Pflanzen bei einer unsanften Erschütterung. Und doch fühlte Punkel in seiner Nähe ein gewisses Etwas. War es Zorn? War es Liebe? Sie hätte ihm die schönen Augen auskratzen mögen, nur um ihn berühren zu dürfen.

In ihrer herzbestrickenden Naivetät begnügte sie sich damit, ihre schöngeschwungenen Lippen zu öffnen und mit schelmischem Gelächter eine reizende rosenfarbene Zunge ihm entgegenzurücken, während zwei höchst anmutige Grübchen den Liebreiz der jungen Dame wesentlich erhöhten.

Der Fürst errötete bis unter den Kragen über den Trotz des Mädchens und stampfte so kräftig auf den weichen Lehmboden des Thüringer Waldes, daß sein rechter Fuß tief einsank und der Fürst ihn nicht gleich wieder hinauszureißen vermochte. Da eilte Punkel husch husch hinzu, selig, dem Verhaßten einen kleinen Dienst leisten zu können. Aber der Fürst, zu stolz, um etwas von der Feindin anzunehmen, stieß sie von sich und brachte mit äußerster Anstrengung den Fuß mit Zurücklassung seiner Bekleidung heraus. Ein Stück Lehm traf hierbei heftig ihren Sitz der Gedanken, so daß ein wenig des besonderen Saftes über den Sammet ihrer Schläfen quoll und auf ihren schneeigen Nacken köstlich niederträufelte. Doch sie achtete nicht darauf. Der Fürst hatte es wohl gesehen, doch hinkte er verlegen fort.

Schamhaft erhob Punkel ihre Spiegel der Seele von des Fürsten rechtem Fuße, der jetzt nur noch von einem wollenen Gewirke vor ihren neugierigen Blicken geschützt war, und bemerkte dabei, daß eine vor Alter hellglänzende Lederhose die angemessenen Teile seines stattlichen, elastischen Körpers bedeckte. Wer ihr hätte sagen können, was diese ehrwürdige Hose – doch meine geliebte kleine Leserin wird sich ja gewiß bis zum Ende gedulden.

Am nächsten Tage lagen die beiden, natürlich jedes für sich, in einem hitzigen Fieber. Dr. Klotz, der geholt wurde, nannte sie eine alberne Gans, welche mit kindischen Manieren die Altklugheit einer Gouvernante verbände, ihn einen tyrannischen Gecken, wie er nur älteren unverheirateten Damen gefallen könnte. Denn Dr. Klotz war ein wahrheitsliebender Mensch und kurierte mit Grobheit.

Die Bäume setzten mehrere Jahresringe an, während das Verhältnis zwischen dem Fürsten und Punkel also fortdauerte. Eines Tages aber, als Punkel mit Tante Barbara unter den herrlichen Kronen des grünen Tempels der Natur die Düfte eines leichten Zephyrs einsaugte, sprengte auf einem fabelhaft schwarzen Rappen der Fürst daher. Als das herrliche, zum Tragen eines Reiters geschaffene Tier Tante Barbara und ihren das Schönheitsgefühl arg verletzenden Leibesfehler erblickte, bäumte es sich. Die alte Barbara entfloh, Punkel aber eilte dem Fürsten zu Hilfe, der eben in einem aristokratischen Kreisbogen vom Rücken des Rappen auf den natürlichen Teppich der Erde niederfiel.

»Wo haben Sie sich verletzt, Sie?« fragte Punkel unhöflich mit zitternder Stimme, welche deutlich ihren Mut und ihre Liebe verriet.

»Nein«, antwortete im ersten Trotze rauh der Fürst, der jetzt auf der rechten Seite lag. Doch bald siegte Mutter Natur und mit herzberückender Stimme stöhnte er: »Au, ein spitzer Stein!«

Punkel trat hinter ihn, um die Wunde zu untersuchen. Ein scharfer Stein mußte die lederne Hose zerschnitten haben, denn etwas Helles schimmerte hindurch.

»Es blutet nicht, Sie!« sagte Punkel.

Der Fürst wollte die verhängnisvolle Stelle mit seiner edel geformten Linken bedecken. Doch Punkel ließ nicht ab zu bitten, bis der Fürst eine nähere Untersuchung zuließ.

»Ich vertraue dir viel, Mädchen!« flüsterte er mit seiner tiefen, melodischen Stimme. »Es ist die Erbhose unseres Geschlechtes, welche den Nachkommen seit unserem Urahn stets auf die Seele gebunden ward, und welche auch ich hoffe, einst einem männlichen Säugling auf die Seele zu binden, wenn die gütigen Störche mir einen solchen gewähren.«

Punkel ging an die Arbeit. Er nahm eine anmutige Lage an, in welcher die verwundete Erbhose den klaffenden Riß dem Auge des Himmels zuwenden konnte. Sie setzte sich hinter den ruhig kauernden Helden ins Gras nieder und näherte ihre zarte Hand der Erbhose derer von Erbwall. Doch wer beschreibt ihr Entsetzen, als sie ein schauerliches Geheimnis hinter dem schlichten Gewande entdeckte.

Die lederne Hose hatte eine doppelte Wand. Die Innenseiten des aus unverwüstlicher Büffelhaut bereiteten Leders waren zu Pergament verarbeitet, und als nun Punkel mit zitternden Fingern in den Riß hineinfaßte und den äußeren Boden auseinanderklappte, da sah sie auf dem Pergamente des inneren Hosenbodens mit den festen Zügen eines Raubritters aus dem 15. Jahrhundert das Testament des Ahnherrn derer von Erbwall niedergeschrieben. Da stand es klar und deutlich, daß die Nachkommen bis auf den jetzt regierenden Fürsten von einem Wechselstorche gebracht waren, und daß niemand als Punkel die richtige und berufene Erbin des ganzen Vermögens, die Herrin von und zu Erbwall sei.

»Was haben Sie?« fragte der Fürst.

»Nichts, Durchlaucht«, antwortete Punkel.

Nein, er sollte nie etwas von diesem Testament erfahren! Was machte sie sich aus dem Fürstentitel und einigen Millionen schnöden Mammons? Wenn *er* nur mächtig und angesehen dastand wie eine Pappel, dann wollte sie gern wie eine verachtete Butterblume verwelken. Sie holte darum Nadel und Zwirn hervor und nähte den Riß in der ledernen Hose zu. Wie sie hoffte für immer.

Als der Fürst sich des Abends in seine drei Schlafzimmer zurückgezogen und der Kammerdiener ihn entkleidet hatte, nahm Erbwall mit ärgerlicher Zärtlichkeit die Erbhose in die Hand und betrachtete lange mit glühender Leidenschaft das Symbol seines Stammes, das durch die Berührung von Punkels Hand neuen Wert erlangt hatte. Dann drückte er einen warmen Kuß auf die kaum vernarbte Stelle. Nicht genug daran, er zog den ach! so süßen Faden, der die Naht zusammenhielt, heraus, um ihn an seinem pochenden Herzen zu verwahren; und es klaffte plötzlich wieder schrecklich die Wunde der Hose und das schauerliche Geheimnis.

Da erkannte der Fürst, daß die liebliche Mädchenknospe ihn mit allen Fasern ihres größten Muskels liebte, daß sie ihn nur aus Liebe ärgerte, wie er sie, und schnurstracks ging er zu ihr.

Sie schlief schon in der Dachrinne, in welcher sie wohnte. Ein drohender Regenguß hätte sie in diesem Augenblicke eben beinahe mitleidlos herabgeschwemmt. Aber der Fürst schwang sich wie ein Turner von Fenster zu Fenster, bis er sie erreichte und die Erschreckte als sein Fräulein Braut an seine männliche Brust drückte.

*   *   *

Meine Leserin möchte gewiß gern erfahren, was aus den anderen geworden ist, die wir in dieser Erzählung liebgewonnen haben.

Tante Barbara wurde immer älter und erfahrener.

Der fabelhaft schwarze Rappe bekam, als er blind und schwach geworden war, von seinem gütigen Herrn das Gnadenbrot.

Die zerbrochene Dachrinne wurde frisch lackiert.

Und die lederne Hose? Lange Zeit gab es zwischen den Glücklichen einen edlen Wettstreit, wer von ihnen die Herrschaft und die Erbhose antreten sollte.

Ich überlasse die Entscheidung meiner kleinen Leserin. Wer soll die Hosen anhaben?

Instinkt oder Überlegung

Nach ›Die Gartenlaube‹

> Und was kein Verstand der Verständigen sieht,
> Das übet in Einfalt – ein kindlich Gemüt.

Es war am 1. April des Jahres 1813. Die Großmutter meiner
verstorbenen Stieftante lebte in Eutritzsch und ihr damals
noch lebender Schwiegervater hatte sie nach dem Tode der
beiderseitigen Ehegatten noch im hohen Lebensalter geheira-
tet, vermutlich aus Langerweile, wie der weitere Verlauf dieser hier geschilderten Begebenheit stellenweise durchblicken
läßt. Es braucht wohl kaum erwähnt zu werden, daß diese
Ehe kinderlos blieb, man hatte dies schon aus dem Grunde zu
verhüten gesucht, damit ich nicht etwa durch einige ander-
weitige Kreuzungsversuche in der Familie dermaleinst mein
eigener Großonkel würde, ein Fall, zwar selten, aber nach
grönländischen und sächsischen Kirchenbüchern nicht
unmöglich. Dieses, als Ding an sich kaum erwähnenswert, sei
nur deshalb vorausgeschickt, weil der nachstehende Vorfall
in Beziehung steht zu den Charaktereigentümlichkeiten der
beiden alten Leute, welche wegen besagter Langweiligkeit am
genannten Tage eine kindische Freude erfahren sollten,
indem durch das geöffnete Fenster ein Fink geflogen kam
und, vor dem rauhen Aprilwetter Schutz suchend, sich auf
der noch warmen Ofenbank des großmütterlichen Schwiegervaters häuslich einzurichten begann. Mit Anwendung
eines Vergrößerungsglases, welches meistens in der aufge-
schlagenen Bibel der Großmutter meiner Tante lag, erkannte
ihr alter Ehekrüppel nach einigen Tagen, daß es ein Weibchen
sei, was der Großmutter aus dem ihr angeborenen Gefühl
zarter Weiblichkeit besonders lieb war. Der gefiederte Gast
benahm sich im ganzen wie alle Vögel, er war ein ziemlich

reinliches Tierchen, fraß aus der Hand und wurde bald der ausgesprochene Liebling aller Hausgenossen. Nur die Katze stand auf nicht besonders gutem Fuße mit ihm, was die Großmutter meiner Tante, gewiß mit Unrecht, als kleinliche Eifersucht auf die dem Finkenfräulein zugewendete größere Aufmerksamkeit und Zärtlichkeit auslegte. Das Tierchen wurde allerdings gut gepflegt, es fraß des Mittags mit vom Teller des Hausherrn und die besten Brocken wurden ihm heimlich außer der Zeit von der Gebieterin zugesteckt. Trotzalledem gedieh das Finkenfräulein vortrefflich, es wurde dick und fett und als eines Tages das stets sorgfältig verschlossene Fenster aus Versehen ein wenig geöffnet wurde, fiel es trotz eines wahren Hundewetters dem Vogel gar nicht ein, hinauszufliegen. Der Vater des Schwiegervaters meiner Großmutter, ein etwas grämlicher alter Herr, hatte allerdings im stillen schon recht oft das spurlose Verschwinden des fetten Kostgängers gewünscht und benutzte, wie er später auf seinem Sterbebette noch eingestand, einen unbelauschten Augenblick dazu, das Tierchen zu ergreifen und es an die Luft zu setzen, allein noch ehe er das Fenster wieder schließen konnte, war mein Vogel schon wieder im Zimmer.

Es sollte aber anders kommen. Der Herbst rückte näher und es kam die Zeit heran, wo nach der »Gartenlaube« und anderen bereits seit einiger Zeit gemachten Wahrnehmungen die Vögel (ohne Ausnahme) wärmere Landstriche aufsuchen. Aber merkwürdig, das Finkenfräulein schloß sich dem großen Wanderzuge nicht an; denn es bekam nach wie vor sein überreichlich zugemessenes Futter: Donnerstags dicke Erbsen mit Pökelfleisch und ein Glas Rothspon zur besseren Verdauung. Dabei nahm der Vogel zu an Leibesfülle und er würde, in der Pfanne gebraten, mit Apfelmus als Kompottbeilage gewiß einen delikaten Bissen abgegeben haben. Dieser profane Gedanke konnte indessen bei der Vergötterung des kleinen gefiederten Hausgenossen nicht aufkommen, nur die Katze mußte anderer Meinung sein.

Es kam nämlich der 18. Oktober 1813 und in Eutritzsch ging alles drunter und drüber, kaum daß man ans Mittagessen

dachte – es hatte nämlich an diesem denkwürdigen Tage in
früheren Jahren zur Feier des Schlachtfestes immer Schweins-
knöchel mit Klößchen gegeben –, aber heute mußte man
sogar den Katzenteller vergessen haben. Ich bemerkte nämlich, daß in dem Bart der Katze einige kleine Vogelfedern
hingen, und mein Miezchen leckte sich schmatzend die
Schnauze. Natürlich verschwieg ich diesen Umstand, um
durch meine schreckliche Mutmaßung den Lärm des Kano-
nendonners nicht noch durch ein häusliches Lamento zu ver-
größern, als man den Vogel vermißte. Man suchte das liebe
Tierchen überall, aber vergebens, meine Urgroßtante ging in
ihrem Fanatismus für den Vogel sogar so weit, wiederholt
eine leere Gosenflasche zu untersuchen, wovon sie auch nicht
abzubringen war, nachdem man sie auf den viel zu engen Hals
der Flasche und das stattliche Enbonpoint des Finkenfräu-
leins energisch aufmerksam gemacht. Das plötzliche Verschwinden war ja auch um so auffallender, als im ganzen
Hause während der Beschießung von Eutritzsch zum Schutz
gegen die damals schon sehr gefürchteten Kruppschen Kano-
nenkugeln alle Fenster geschlossen blieben. Es kam ein sehr
trüber Winter. Trauer lag auf sämtlichen Familienmitglie-
dern, denn der Vogel blieb verschwunden. Im nächsten Frühjahr aber, als die Sonne wärmer schien, saß ein Fink, es war
ein sogenannter richtiger Schmutzfink, auf einem benachbar-
ten Baum dem Fenster gegenüber und schlug mit heller
Stimme ein Liedchen. »Offenbar ein Männchen«, dachte ich.
Aber nein, es mußte unser Finkenfräulein sein, denn die
Augen der zärtlichen Großmutter meiner Stieftante hatten
das gleich entdeckt, nur war das Tierchen ganz beträchtlich
magerer geworden und hatte sich eine Platte stehen lassen.
»Siehst du, Trinchen«, sagte der Hausherr, »unsern armen
kleinen Liebling? Er ist ganz grau geworden, gewiß, er hat
kein Futter gefunden und sehnt sich nicht nach den Fleisch-
töpfen Egyptens, sondern nach unsern Eutritzscher
Schweinsrippchen zurück.« Dabei öffnete der Alte das Fenster, lockte den Vogel mit einem großen Stück Geburtstags-
kuchen, denn die Urgroßmutter war heute 80 Jahr alt gewor-

den. Aber der Vogel tat sehr fremd, machte »piep, piep«, was
so viel heißen sollte, als: »ich pfeif euch was« drehte un-
dankbar den Rücken und flog davon. Ob Kälte und Frost
ihm während des Sommers den Tod gegeben oder ob ein
Raubvogel ihn als erstes Gabelfrühstück mit Bratkartoffel
vertilgt – wer weiß es! Er kam nie wieder. Bei dem großen
Leserkreise unseres Artikels glauben wir die Aufmerksamkeit
des Lesers auf den Deserteur lenken, auch die Frage zur Dis-
kussion stellen zu sollen, ob Instinkt oder Überlegung, oder
was fast noch näher liegt, der *Hunger* das Hauptmotiv in
dieser seltsamen Erzählung ist. Die Wahrheit des Geschilderten aber kann von allen damaligen Familiengliedern, eventuell auch durch Exhumierung der Katze, eidlich bestätigt
werden.

Eutritzsch, den 4. März 1879

HANNS VON GUMPPENBERG

Goethes »Weder – Weder«

Goethe-Gedächtnisrede, gehalten am 22. März

Hochgeehrte Versammlung!

Der Genius läßt sich nur dann wahrhaft nachgenießen, wenn
wir mit Anspannung aller unserer geistigen Kräfte versuchen,
seinen Spuren auch bis in die kleinsten Einzelheiten seines
Wollens und Vollbringens ehrfürchtig zu folgen. Nachdem
mir heute die Auszeichnung zuteil geworden ist, Ihnen,
meine Damen und Herrn, den Vortrag zum Gedächtnis unseres großen Meisters halten zu dürfen, glaubte ich daher dieser
hohen Aufgabe nicht besser gerecht werden zu können, als
indem ich Sie in das Verständnis eines solchen Einzelphäno-

mens Goethescher Dichtkunst einführe, dessen wahrer Wert und weittragende Bedeutung durch kurzsichtige Bedenken profan-grammatikalischer Art bis heute eine traurige Verschleierung, ja fast eine trübe Negation erfuhren. Ich meine jene Stelle in dem großen Lebenspoem des Meisters, wo Gretchen Faustens erster Annäherung entgegnet:

> »Bin *weder* Fräulein, *weder* schön,
> Kann ungeleitet nach Hause gehn.«

Noch heute gibt es, Gott Apollo und den Musen sei es geklagt, allerlei schwächere Intellekte, die nicht begreifen können, welche tiefen inneren Notwendigkeiten den Meister hier zwangen, von der grammatikalisch üblichen Form »weder – noch« in kühner Überzeugungssicherheit abzuweichen und dafür die ungewöhnliche, aber jedes wahrhaft unbefangene Empfinden schon an sich höchst reizvoll berührende Form »weder – weder« zu gebrauchen. Ich will, meine verehrten Damen und Herrn, ganz auf den wohlfeilen Hinweis verzichten, daß der Genius *stets* seine ureigensten Bahnen wandelt, und daß es daher gar nicht überraschen könnte, wenn er ganz grundsätzlich und bei jeder Gelegenheit sich in Widerspruch mit der gemeinen Normalgrammatik setzen würde. Allein, wie gesagt, die begeisternde Wahrheit der schrankenlosen Abnormität des Genius ist ja uns allen so gegenwärtig, daß sie keiner näheren Beleuchtung bedarf. Vielmehr möchte ich zeigen, daß dieser allgemeinen Tatsache, die den Genius nur negativ von uns minderwertigen Sterblichen unterscheidet, in jenem beonderen Falle der Abweichung auch sehr positive Rechtfertigungen zur Seite stehen, und zwar in Hülle und Fülle. Ich maße mir nicht an, diese Fülle der positiven Rechtfertigungen zu erschöpfen: würden doch meine bescheidenen Kräfte hierfür ebenso wenig ausreichen als Ihre eigene physische Ausdauer. Aber ich hoffe, meine verehrten Damen und Herrn, daß meine Ausführungen Ihnen das freudige Bewußtsein von jener unbeirrbar elementaren Treffsicherheit unseres Meisters geben werden, die sich ausspricht in seinem herrlichen Wort:

> »Ein guter Mensch in seinem dunklen Drange
> Ist sich des rechten Weges wohl bewußt;«

oder vielleicht noch bezeichnender in der Gedichtstelle

> »Das Maultier sucht im Nebel seinen Weg.«

Nach diesen notwendigen Vorbemerkungen trete ich meinem Thema mit der bewährten Sonde der literarästhetischen Forschung näher und frage:

Warum ließ Goethe an jener Stelle sein Gretchen »weder – weder« sagen, und nicht »weder – noch«?

Die Antwort lautet erstens: weil Goethe ein *Klassiker* war und sich dementsprechend auch immer streng-klassisch ausdrücken mußte. Denn was allein läßt sich als streng-klassische Ausdrucksweise bezeichnen? Offenbar nur *jene* Ausdrucksweise, welche der Antike am innigsten angenähert ist. Wie aber sagte der antike Kulturmensch für »weder – noch«? Er sagte als Römer »neque – neque«, und er sagte als Grieche »οὔτε – οὔτε«, das heißt: er *wiederholte dasselbe Wort!* Es ergab sich daher für den Klassiker Goethe einfach die immanente Notwendigkeit, auch *seinerseits* das gleiche Wort zu wiederholen! Allerdings muß man dabei annehmen, daß er längere Zeit überlegte, ob er »noch – noch« oder »weder – weder« schreiben sollte: und jeder Feinfühlige wird noch heute die Qualen nachfühlen können, die seine Dichterseele bei diesem schwierigen Dilemma durchlitt. Zuletzt aber half wieder der kategorische Imperativ seines streng-klassischen Formbewußtseins. Denn das Wort »noch« war nur *ein*silbig, das Wort »weder« aber *zwei*silbig, genau wie das Wort »neque« oder »οὔτε«, ferner kam für Goethe mehr das römische »neque« in Betracht als das griechische »οὔτε«, weil er zwar in Rom war, aber nicht in Athen; und da zeigte sich ihm dann zu seiner frohen Überraschung, daß das Wort »weder« zugleich in *vokalischem* Betracht völlig der klassisch-römischen Vorlage entsprach, indem wir in »weder« ganz wie in »neque« den zweifachen E-Laut beobachten. Somit ist sonnenklar nachgewiesen, daß schon der Drang des Goethischen

Genius, sich möglichst klassisch der Antike anzuschließen, geradezu gebieterisch die Form »weder – weder« forderte.

Aber auch noch andere Gründe trieben den Meister zu dieser reizvollaparten Formgebung. Vor allem *zweitens*: die Notwendigkeit des korrekten und gefälligen rhythmischen Versflusses. Man höre nur, wie der fragliche Vers grammatikalisch korrekt sich anhören würde:

> »Bin weder Fräulein noch schön« – –

Hätte das nicht entsetzlich abgehackt geklungen? Und anderseits war es für den Genius völlig ausgeschlossen, Gretchen auf die Frage Faustens mit einem Satze antworten zu lassen, der auf ihrer Seite irgendeine geistige Selbständigkeit verraten hätte, indem er sie zur Versfüllung noch irgendwelche anderen Ausdrücke hätte gebrauchen lassen als jene, die ihr Faust ohnehin in den Mund legt. Das hätte einen schreienden Widerspruch bedeutet gegen die süße Unberührtheit und Einfalt des holden Bürgerkindes! Es gab also auch in rhythmischer und psychologischer Hinsicht nur die *eine* Möglichkeit »weder – weder«.

Drittens aber, meine sehr verehrten Damen und Herrn, war diese Form auch eine schlichte Notwendigkeit im charakteristischen Sinne der momentanen dramatischen Situation. Der E-Laut hat in unserer geliebten deutschen Sprache etwas Ablehnendes und Feindseliges an sich, wie schon die Worte »Ekel«, »Weh« und »Pest« deutlichst bezeugen. Die dramatische Stimmung der so liebenswerten vorläufigen Sprödigkeit Gretchens konnte daher gar nicht entsprechender herbeigeführt werden als wieder durch die Form *»weder – weder«*, die den fast gehässig ablehnenden E-Laut viermal nachdrücklichst wiederholt. Ich kann mir hier nicht die Nebenbemerkung versagen, daß auch schon der *Name* von Faustens erotischem Objekt für jeden Einsichtsvollen in überraschender Weise demselben Zwecke dient; denn auch der Eigenname »Gretchen« enthält diesen vorläufig zurückweisenden E-Laut zweimal, und zudem erfreut er durch die weitere Tiefgründigkeit, daß er klanglich dem Diminutivum von Gräte –

31

ich meine die Fischgräte – ähnelt: also jenem Knochensurrogat der Wasserbewohner, das den Genußfreudigen zunächst durch stachlige Feindseligkeit abwehrt; man vergesse dabei nicht das Backfischalter Gretchens, und man vergleiche in diesem reizvollen Zusammenhang auch Goethes unsterbliches Gedicht »Heideröslein«, in dem es bekanntlich heißt:

>»Röslein sprach: ich steche dich«,

und die mystisch geniale Notwendigkeit auch der Namengebung »Gretchen« wird Ihnen allen unmittelbar einleuchten.

Viertens aber entsprach die Form »weder – weder« dem dramatischen Augenblick auch im mimisch-plastischen Sinne für die Schauspielerin, der die Darstellung des Gretchen anvertraut ist. Es liegt in der Natur der schauspielerischen Wiedergabe jenes Moments der Ablehnung, daß Gretchen ihre Entgegnung, sie halte sich für kein Fräulein und auch nicht für schön, mit einem reizend schnippischen Kopfwerfen erst nach links und dann nach rechts begleitet. Für beide Kopfbewegungen aber muß nach dem künstlerischen Gesetz der Symmetrie selbstverständlich genau derselbe Zeitraum zur Verfügung stehen: und dies wiederum ist nur denkbar, wenn das zweite, den schnippischen Kopfwurf nach rechts einleitende Wort genau ebenso lang ist wie das erste, das den schnippischen Kopfwurf nach links einleitet. Auch in der Wahrnehmung der *rein schauspielerischen* Interessen hat also hier der Genius instinktiv dem Gesetze der höchsten Schönheit gehorcht.

Aus der Fülle weiterer künstlerischer Forderungen, die den erhabenen Meister ganz ebenso zu der Wahl des »weder – weder« nötigten, will ich nur noch *eines* hervorheben: nämlich, daß diese Form auch im Sinne einer *packenden Symbolik des Ewigweiblichen* die einzig entsprechende war. Wir haben Gretchen bekanntlich als ein Wesen aufzufassen, das a) von bezaubernder Jugendfrische, b) ausnehmend schön, c) kindlich fromm, aber d) auch sehr sinnlich veranlagt ist, das ferner e) sich erst sehr spröde verhält, endlich aber f) sich in ihrer selbstlosen Hingabe sogar *verführen* läßt – kurz, meine verehrten Damen und Herrn: wir sehen in Gretchen den *idealen Inbegriff* der deutschen *Jungfrau*, welcher *seinerseits* wieder der *ideale Inbegriff* des deutschen *Weibes* ist. Was aber lag nun näher, als diese bedeutsame Repräsentation der echtesten und schönsten Weiblichkeit durch Gretchen auch lautlich-symbolisch zum Ausdruck zu bringen? Auch *dies* wollte der Genius des unsterblichen Meisters nicht verabsäumen, auch *dieser* Forderung genügte er durch die nachdrückliche Wiederholung des wunderbar-weich-wollüstig-weiblichen Konsonanten »W« in jenem herrlichen »weder – weder«! Ich sage daher nicht zuviel, wenn ich zusammenfassend behaupte, daß die europäische Dichtkunst, ja wohl die gesamte menschliche Kultur nichts von gleicher Bedeutsamkeit diesem faustischen »weder – weder« an die Seite zu stellen hat: weder bisher, weder in allen kommenden Aeonen!

GUSTAV MEYRINK

Jörn Uhl

> St sprich (s-prich) wie S-t
> und mach die Schnauze süß und lieblich.

Jörn Uhl war lang, hatte die Augen enge stehend und strohblondes Haar. – Er war ein Obotrit seiner Abstammung nach. – Möglich auch, daß er ein Kaschube war – jedenfalls war er ein Norddeutscher.
Er lebte abgeschlossen, stand früh vor Sonnenaufgang mit den Hühnern auf und wusch sich dann immer in einer Balje, während seine Brüder noch in den Federn lagen. –
Mach dich nützlich, war sein Wahlspruch, und wenn Sonnabend abends die alte Magd Dorchen Mahnke mit Gretchen

Klempke am Gesindetische saß und tühnte – ach, da schnackte er nu nie mit. –

Er war so abgeschlossen und gänzlich verschieden von seinen Geschwistern, und das kam wohl daher, weil seine Mutter, als sie ihn zeugte, an etwas ganz anderes gedacht hatte. –

»Tühnen – nein« – sagte er sich, biß die Zähne zusammen und ging hinaus in die Abendluft. – –

Er war ein Uhl!!

Dahinten – weit am Himmel – lag das letzte träumende Gelb, schwere Nachtwolken darüber, daß die Sterne nich hervorkonnten. Und dichte Nebelschleier zogen langsam über die Heide. – –

Da kam ein dunkler Schatten mit etwas Blitzendem über der Schulter auf das Haus zu. – Es war Fiete Krey, der so spät noch von Felde kam. – Ein paar Schritte von ihm wech Lisbeth Sootje, das Süßchen; – und sie trippelte auf Jörn zu und bot ihm die kleine Hand.

»'n Tachch, Jörn«, sagte sie so fein zu ihm, als er ihre Hand hielt. – »Ich komme nu man eben bloß ein büschen snacken. Is Dorchen in? – Sieh ma, ich hab mich ein Strickstrumpf mitgebracht – ach, nu hat sich das Strickzeug verheddert. Laß nachch« und: »muß mal klarkriegen«, sagte sie dann, um sich von ihm loszumachen. –

Jörn kuckte ihr auf das blonde Köpfchen. –

Heintüüt, wollte er zu ihr sagen, Heintüüt; aber er sagte es nich, er dachte es bloß – er war ein Uhl! –

Noch oft später im Leben mußte er daran denken, daß er ihr damals nich Heintüüt gesagt hatte, und auch sie dachte später oft daran zurück, wie sich ihr Strickzeug vertüdert hatte. –

So läßt es Gott oft anders geschehen, als wir hier auf Erden uns vornehmen. – Nöch?

Jörn strich noch durch die Wiesen, und es lag so kühl in die Luft. – Von weitem drangen über die Felder die Weisen der Spielleute aus der Schenke, bald leise, leise – bald übermäßig deutlich – wie es der Abendwind herübertruch. –

Als es an zu regnen fing, lenkte er seine Schritte dem Hofe zu. –

Es war schon so finster geworden, daß man es kaum über den Weg springen sah, wenn ein Pagütz mang das Gras hüpfte. –
Jörn legte seine Kappe ab, als er an den Gesindetisch trat. –
»Hast dein Strickzeug all klargekriegt?« sagte er zu Lisbeth. – –
»Hab es klargekriegt«, nickte sie. –
»Hest du all'n Swohn sihn, dej mit'n Buuk opn koolen Woter swemm?« fragte da Pieter Uhl, sein Bruder, und tat vertraulich zu Gretchen Klempke. –
»Ich geh nu man nach oben«, sagte Jörn verdrossen, der solche Redensarten nicht leiden mochte. – »Schlaf süß, Lisbeth!« –
»Schlaf süß, Jörn!« — — — — — — — — — — —
»Baller man jüü«, rief ihm sein Bruder nach. –
— — — — — — — — — — — — — — — — — —
»Ja-nu-man« – – – seufzte Dorchen Mahnke, denn sie war hellsehend.
— — — — — — — — — — — — — — — — — —
Jörn Uhl war nach oben gegangen – in sein Zimmer – reinigte sein Beinkleid, denn er war arg in Mudd gesackt, und aß noch ein büschen Buchweizengrütze mit Sahne, die er von Mittag her in ein Topf getan und hinter dem Ofen verstochen hatte. –
»Schmeckt schön«, sagte er.
Dann nahm er einen Foil und machte reine. –
Bis alles wieder blitzeblank gescheuert war, nahm er ein Buch vor, das ihm Fiete Krey mal von Hamburg mitgebracht hatte, wo gerade Dom war. –
»Ach, das is es ja nich«, sagte er. – »Es is wohl Claudius, der Wandsbecker Bote: – – ›lieber Mond, du gehst so stille‹ – der ruht nu man schon lange draußen in Ottensen.«
Dann nahm er ein ander Buch aus dem Spinde und trat für einen kleinen Augenblick an das Vogelbauer, das vor dem Fenster hing. –
»Bist ein klein süßer Finke«, sagte er, »tüüt – tüüt.« – – Das Vögelchen hatte sein Köpfchen aus den Flügeln gezogen und

sah nu ganz starr und erschrocken ins Lichte. – – Dann klappte er finster die Luke zu, denn von drüben her aus Krögers Destillation tönte das trunkene Gegröle der wüsten Gesellen beim Bechersturz – und setzte sich in Urahns geschnitzten Stuhl. – – – – War auch so'n altes Stück! – Mit steife Lehne, und da, wo die Farbe wechgetan war, kuckte nu das schöne Schnitzwerk durch. –

Clawes Uhl anno domini 1675 stand darüber.

Ja, die Uhlen waren ein erbgesessen Geschlecht, knorrig und hahnebüchen! –

Wie Großmutter Jörn zum Manne nahm – Jörns Großvater hieß auch Jörn –, da wollte sie lange nicht ja und amen sagen. –

Sie war eine stolze Deern gewesen, und verschlossen war sie – verschlossen – hatte Kreyenblut in den Adern; und noch als sie eine Göhre war und zu Schule ging zu Pastor Lorenzen, sprach sie selten ein Wort und spielte nie mit den andern Göhren. –

Hatte klein harte Fäuste und rotes Haar – die lüttje Deern. –

»Ich tanze nich mit dich«, hatte sie zu ihrem Bräutigam gesagt, »im Tanze liegt etwas Sündhaftes in«, und hatte sich wech von ihm gebogen.

Dann hatte sie noch ein »Rundstück waarm« mit Tunke gegessen und war allein hinausgefahren mit ihren Pferden über die dämmerfrische Heide. –

»Weshalb ich ihn nur nich liebe?« wiederholte sie sich immer wieder beim Fahren.

Dann hielt sie plötzlich an. – Ein Junge badete dort, nackend, ganz nackend. – Sie sah sich ihn lange an, und er bemerkte es nicht. – Da fühlte sie, wie etwas in ihre keusche Seele drang: – – daß alles in der Natur zur Liebe geschaffen war. –

Jetzt wußte sie es, sie hatte es deutlich gesehen. – Jetzt wußte sie auch, daß sie Jörn liebe, aus ganzer Seele liebe.

Keusch natürlich.

Da war Jörn leise an ihren Wagen getreten – er war ihr nachgegangen – und hinten aufgesessen. – »Wat kiekst du so?« hatte er gesagt. –

Der Knabe aber verstach sich.
Ihr war ganz sladderig geworden. – »Mien Uhl«, hatte sie
gesagt. Dann waren sie zu zweit weitergefahren. – –
So kam es, daß Großvater Uhl eine Krey zum Weibe
nahm. — — — — — — — — — — — — — —
— — — — — — — — — — — — — — — — — —

Wir hatten Jörn verlassen, als er Buchweizengrütze mit Schüh
aß und ein Buch vorgenommen hatte. –
Es war: »Fietze Faatz, der Mettenkönig« von Pastor Thietgen
und hatte eine Auflage – sooo groß! –
In Hamburch las es jeder, es hieß sogar, daß es demnächst aus
dem Frenssenschen ins Deutsche übersetzt werden sollte. –
Jörn Uhl las und las.
Es handelte davon, wie Fietze Faatz noch drei Jahre alt war,
ein kleiner Buttje – wie er immerzu lernen wollte – immerzu!
– – und mit Nestküken, seinem Schwesterlein, die ein klein
niedlich Göhr war, in der Twiete spielte und im Fleet Stickle-
grintjes fing. –
Wie er dann nach Schule sollte und nich lateinisch konnte. –
Wie Senator Stühlkens lütt Jettchen im Grünen Koppeister
schoß und sie von einem Quittje und einer üderlichen Deern
das Lied lernten:

> »Op de Brüch, do steit
> en ohlen Kerl un fleit,
> un Mareiken Popp
> grölt jem dol
> dat Signol:
> Du kumm man eben ropp«,

und wie Vater da so böse über war. –
Jörn Uhl las und las: – daß Fietze Faatz 10 Jahre wurde, und
10½ und 10¾ und 11 Jahre und Jettchen Stühlken immer
Schritt mit ihm im Alter hielt und keines das andere darin
überflügeln konnte – daß Fietze Faatz von Tag zu Tag ernster
zusah, wenn Jettchen Koppeister schoß, bis sie endlich längere Kleider erhielt.

Jörn Uhl las die ganze Nacht – und Fietze Faatz war erst 11½ Jahre alt –, las den nächsten Tag und die kommende Nacht: – da war Fietze Faatz allerdings schon 16 Jahre, aber Jörn hatte erst ein Drittel des Buches gelesen und fiel vor Schwäche vom Stuhl. – –

Wegen des Gepolters kam das Gesinde nach oben – früher hatten sie es nicht gewagt – er war ein Uhl! –

Voran Fiete Krey, der Großknecht. – Wie der Jörn sah, scheuerte er sich hinter den Ohren und entsetzte sich: hatte der einen langen grauen Bart bekommen und war selber beim Lesen sechzehn Jahre älter geworden. – –

»Junge – Minsch«, sagte Krey – »kuck dich nu man eben im Spiegel.« – — — — — — — — — — — — — — —

»Dat kumt von die verdammten Bücher«, setzte er halblaut hinzu.

Lisbeth Sootje aber mochte Jörn nu mit eins gar nich mehr leiden – – –

Und so blieb es. — — — — — — — — — — — — — —

LUDWIG THOMA

Der Krieg

Ein Schulaufsatz

Der Krieg (bellum) ist jener Zustand, in welchem zwei oder mehrere Völker es gegeneinander probieren. Man kennt ihn schon seit den ältesten Zeiten, und weil er so oft in der Bibel vorkommt, heißt man ihn heilig.

Im alten Rom wurde der Tempel geschlossen, wenn es anging, weil der Gott Janus vielleicht nichts davon wissen wollte.

Das ist aber ein lächerlicher Aberglaube und durch das Christentum abgeschafft, welches die Kirchen deswegen nicht schließt.

Es gibt Religionskriege, Eroberungskriege, Existenzkriege, Nationalkriege u. s. w.

Wenn ein Volk verliert, und es geht dann von vorne an, heißt man es einen Rachekrieg.

Am häufigsten waren früher die Religionskriege, weil damals die Menschen wollten, daß alle Leute Gott gleich liebhaben sollten und sich deswegen totschlugen. In der jetzigen Zeit gibt es mehr Handelskriege, weil die Welt jetzt nicht mehr so ideal ist.

Wenn es im Altertum einen Krieg gab, zerkriegten sich auch die Götter. Die einen halfen den einen, und die andern halfen den andern. Man sieht das schon im Homer.

Die Götter setzten sich auf die Hügel und schauten zu. Wenn sie dann zornig wurden, hauten sie sich auf die Köpfe.

Das heißt, die Alten glaubten das. Man muß darüber lachen, weil es so kindlich ist, daß es verschiedene Gottheiten gibt, welche sich zerkriegen.

Heute glauben die Menschen nur an einen Gott, und wenn es angeht, beten sie, daß er ihnen hilft.

Auf beiden Seiten sagen die Priester, daß er zu ihnen steht, welches aber nicht möglich ist, weil es doch zwei sind.

Man sieht es erst hinterdrein. Wer verliert, sagt dann, daß er bloß geprüft worden ist. Wenn der Krieg angegangen ist, spielt die Musik. Die Menschen singen dann auf der Straße und weinen.

Man heißt dies die Nationalhymne.

Bei jedem Volk schaut dann der König zum Fenster heraus, wodurch die Begeisterung noch größer wird. Dann geht es los. Es beginnt der eigentliche Teil des Krieges, welchen man Schlacht heißt.

Sie fängt mit einem Gebet an, dann wird geschossen, und es werden die Leute umgebracht. Wenn es vorbei ist, reitet der König herum und schaut, wie viele tot sind.

Alle sagen, daß es traurig ist, daß so etwas sein muß. Aber die, welche gesund bleiben, trösten sich, weil es doch der schönste Tod ist.

Nach der Schlacht werden wieder fromme Lieder gesungen, was schon öfter gemalt worden ist. Die Gefallenen werden in Massengräber gelegt, wo sie ruhen, bis die Professoren sie ausgraben lassen.

Dann kommen ihre Uniformen in ein Museum; meistens sind aber nur mehr die Knöpfe übrig. Die Gegend, wo die Menschen umgebracht worden sind, heißt man das Feld der Ehre.

Wenn es genug ist, ziehen die Sieger heim; überall ist eine große Freude, daß der Krieg vorbei ist, und alle Menschen gehen in die Kirche, um Gott dafür zu danken.

Wenn einer denkt, daß es noch gescheiter gewesen wäre, wenn man gar nicht angefangen hätte, so ist er ein Sozialdemokrat und wird eingesperrt.

Dann kommt der Friede, in welchem der Mensch verkümmert, wie Schiller sagt. Besonders die Invaliden, weil sie kein Geld kriegen und nichts verdienen können.

Manche erhalten eine Drehorgel, mit der sie patriotische Lieder spielen, welche die Jugend begeistern, daß sie auch einmal recht fest zuhauen, wenn es losgeht.

Alle, welche im Krieg waren, bekommen runde Medaillen, welche klirren, wenn die Inhaber damit spazieren gehen. Viele kriegen auch den Rheumatismus und werden dann Pedelle am Gymnasium, wie der unsrige.

So hat auch der Krieg sein Gutes und befruchtet alles.

LUDWIG THOMA

Käsebiers Italienreise

Fabrikant Friedrich Wilhelm Käsebier aus Charlottenburg, seine Frau Mathilde und seine Tochter Lilly konnten endlich die längst ersehnte Reise nach dem sonnigen Süden antreten.

Sie fuhren über München–Innsbruck nach Verona, und wir wollen sie ihre tiefen Eindrücke von hier ab selbst schildern lassen.

Frau Mathilde Käsebier an Frau Kommerzienrat Wilhelmine Liekefett in Neukölln.

Verona, 12 febbraio.

My Darling!
Italia! Fühlst Du nicht auch den ganzen Zauber, den dieses Wort auf jeden Gebildeten ausübt? Ich kann Dir nur sagen, daß ich es kaum erwarten konnte, bis sich endlich der ewig blaue Himmel über uns wölbte. Mein Mann, der doch gewiß nicht allzu sensibel ist, rief schon in Kufstein: »Kinder, ich rieche schon den Süden.«

Und Lilly machte so große Augen wie ein Kind, und ich konnte kaum einschlafen.

Denke Dir nur, vor Ala erwachte ich von einem melodischen Geräusche, und ich weckte Fritz, und wir glaubten beide, es sei eine Flöte. Ich sagte noch, es ist gewiß ein Hirte, der seine Ziegen zur Weide treibt und eine alte Weise dazu bläst. Und ich malte ihn mir aus mit einem spitzen Hut und roten Bändern, wie man es doch öfter auf Bildern sieht.

Aber als Fritz den Vorhang hochzog, war es noch dunkel, und der Ton kam von der Dachrinne auf unserem Waggon. Es regnete nämlich. Das war freilich eine Enttäuschung, aber es ist doch schön, wenn die Phantasie so frei zu schweifen vermag und wenn man sich eigentlich nur Poesievolles zu denken vermag.

In Verona kamen wir ziemlich früh an, und es war ein schrecklicher Lärm auf dem Bahnhof. Ich dachte gleich an Deine Mahnung und gab sehr acht, daß der facchino unsere Gepäcke auch richtig an den Wagen brachte. Aber Fritz bekam zwei falsche Lire, als ihm der facchino herausgab.

Es ist doch zu traurig, daß ein so herrliches Land solche Zustände hat!

Addio für heute, Darling! Ich küsse Dich tausendmal

als Deine überglückliche Mathilde.

P. S. Im tea-room unseres Hotels sah ich gestern eine englische Lady in einer Abendtoilette von rosa goldgemustertem Brokat mit rosa Liberty und hellgrüner Tüllspitze. Das Kleid gefiel mir entschieden besser als das von Frau Thiedemann. Du weißt doch, der doppelt drapierte Rock mit Frackjacke und Kimonoärmeln.

Nochmals Grüße und Küsse! Evviva la bella Italia!

KARL KRAUS

Noch ist Polen nicht verloren

Es gibt jetzt eine Jerichoposaune vor allen Festungen, es gibt jetzt, des Morgens und des Abends, einen Ton in der Welt, den man nicht mehr aus den Ohren bringen wird. Etwa so: Die Nase der Kleopatra war eine ihrer größten Schönheiten. Gestern wurde gemeldet, noch ist Polen nicht verloren. Heute wird gemeldet, daß Polen noch nicht verloren ist. Aus diesen übereinstimmenden Meldungen geht auch für den einfachen Laien die wichtige Tatsache hervor, daß Polen noch nicht verloren ist. Vergleichen wir die gestrige Meldung mit der heutigen Meldung, so ergibt sich unschwer, daß Polen, von dem man immer schon gewußt hat, daß es noch nicht verloren ist, noch nicht verloren ist. Hier fällt uns vor allem das Wörtchen »noch« auf. Das Auge bohrt sich förmlich hinein in den Bericht und man kann sich vorstellen, wie er zustande gekommen ist, und die Eindrücke sind lebhaft und die Einbildungskraft wird angeregt und die Gefühle erwärmen sich und die Hoffnungen werden wieder wach und vielleicht ist es in diesem Augenblick schon wahr und vielleicht ist es nicht mehr länger zu verbergen und vielleicht wälzen sie sich schon unruhig in ihrem Bett, wenn sie hören werden, daß Polen noch nicht verloren ist. Wir möchten das Gesicht des Präsidenten Poincaré sehen, wenn er diese Nachricht bekommt. Wir haben schon am Montag aus dem amtlichen Bericht, der in trockenen Worten meldete, daß Polen noch nicht verloren ist, die Folgerung gezogen, daß Aussicht bestehen muß, daß es noch nicht verloren ist. Das kann auch aus dem gestrigen Bericht und auch aus dem heutigen Bericht herausgelesen und nach den einfachen Denkgesetzen behauptet werden. Die besten militärischen Kenner sagen, es steht gut, unser Kriegskorrespondent meldet, die Stimmung ist sehr gut. Das ist ein wichtiges Moment der Lage. Heute läßt sich die Übereinstimmung dieser Folgerungen und Eindrücke mit den Berichten unseres Kriegskorrespondenten feststellen. Wir atmen diese Zuversicht mit der Luft ein und sie kommt aus der inneren Gewißheit des Instinkts. Wer die Karte ansieht und sich auf Grund der amtlichen Berichte in den Zusammenhang zwischen den einzelnen Schlachten und Kämpfen hineindenkt, muß nach den Mitteilungen zu der Folgerung kommen, daß, wie auch aus dem Bericht hervorgeht, angenommen werden kann, daß unsere Armee den Feind zurückgeworfen haben muß. Treues Gedenken dem Vaterlande und einen Glückwunsch den braven Soldaten zu ihrem Vollbringen. Wir möchten nicht sentimental werden und es ist nicht unsere Gewohnheit, übermütig zu sein, bevor die wichtige Meldung, daß Polen noch nicht verloren ist, durch die Ereignisse selbst mit den Einzelheiten und den Details bestätigt ist. Aber schon jetzt müssen die Ereignisse einen Rückschlag auf die Stimmungen ausüben und der Eindruck muß groß sein und der Zweifel dürfte sich ausbreiten und im Flügel ist Blei und im Gemäuer beginnt es zu rieseln. Wer möchte nicht gern heute über die Boulevards von Paris gehen und in den Elyséepalast hineinsehen, wo die Sorge nistet. Das kann nicht sein, daß die Verderbtheit und der Dünkel sich dort noch behaupten können, wo die Einsicht und die Reue schon durch einen einfachen Blick auf die Karte geweckt wird und sich die Erkenntnis durchringen muß, wir haben gefehlt. Der alte Belisar war ein anständiger Mensch. Talleyrand pflegte, wenn er beim Essen war, zu sagen, die Sprache ist der Mensch, und beim Empfang dieser Nachricht wird sich der Schrecken ausbreiten, und vielleicht werden sie, nachdem die Schlechtigkeit ihre Früchte getragen hat und nachdem sie die Einbildungen vergiftet und die Stimmungen nicht geschont und die Leidenschaften aufgewiegelt haben, erkennen, wie sie sich überhoben haben. Vernichten haben sie uns wollen, zerstören haben sie wollen die Früchte des Talents, und die Bosheit hat nicht genug Einfälle gehabt, zu verärgern und Schlingen zu legen und durch Sticheleien zu reizen und durch Neckereien zu verbittern. Die Familie Brodsky ist eine der reichsten in Kiew. Kein Mensch kann heute wissen, was hinter dem Schleier der Zukunft verborgen ist, von der die Lady Hamilton zu sagen pflegte, man soll den Tag nicht vor dem Abend loben. Heute wurde gemeldet, daß Polen noch nicht verloren ist. Wir entbieten der Armee unsern Gruß. Wenn wir hören werden, daß Polen, welches schon so viele Verluste überstanden hat, noch nicht verloren ist, so wird wieder Freude in das Herz einziehen, und überstanden sind die Tage unfruchtbarer Grübeleien. Wenn der knappe Bericht des Generalstabs, den das Auge abtastet, eine so vielsagende Wendung nicht umgeht, sondern mit kurzen Worten andeutet, was zu den Herzen spricht, so können wir uns vorstellen, was es zu bedeuten hat, und auch der einfache Mann von der Straße kann sich an den Fingern abzählen, wenn er hören wird, daß Polen noch nicht verloren ist, daß tatsächlich die Möglichkeit besteht, daß es noch immer nicht verloren ist. Die Einbildungskraft schwelgt in der Vorstellung, wie es geschehen sein mag, und frohe Tage brechen an und die Hoffnung lebt auf und es wird wieder licht um uns. Kaiserin Katharina schrieb in ihr Tagebuch, es ist eine Lust zu leben. Die letzte Meldung ist sehr wichtig. Polen ist noch nicht verloren.

HANS HEINRICH VON TWARDOWSKI

Barczynski

Eine Novelle

Nach Carl Sternheim

Barczynski trat, Wohlhabender Sohn, hervor, gewillt, flinkest zu machende Karriere zu wählen. Zufall warf in Literarisches ihn, nicht unbegabt hier erkennend Möglichkeiten und zinsbringende Kapitalanlage. Dem Geschäft ward Blühen, da überrascht man hereinfiel auf vehement verkürztes Deutsch und koupierten Stil. Kühner Bluff gelang: in Bälde ward, der anstürmte einst, kommenden Geschlechtes Protagonist gegen Bürger und Bürgergenossen, des Bürgers Stolz. Als dies er erreicht hatte, und sogar im »Tageblatt« er Vetter Molières und Prosa-Klassiker genannt wurde, vergrößerte das Geschäft Barczynski, anlegend ertragreiche Novellenfabrik. Dieses gelang und, sinkend immer tiefer in Bürgerlichkeit (anderer Farbe nur), spie monatlich Erzählendes er hervor. Für aller Preziösen Bekämpfer ausgebend sich, erkannte seltsamerweise nicht die ungeheure Komik der Behauptung er, da Imperator und Rex der Preziösen er selbst. Protegiert schließlich sogar vom geschundenen Taggerich krepierte *so*, der *mehr* einst uns war als eine Hoffnung, an novellistisch-

45

intellexueller Arterienverkalkung und erhielt Beisetzung im
»Deutschen Jugendfreund« und in »Norddeutscher Allge-
meiner Zeitung«.

PETER SCHER

Oll Poggensiel

Oll Poggensiel war eine winzige Heidesiedelung, in der es
von strammen rotznäsigen Jungen wimmelte, die immer ein
Stück Pumpernickel in der linken und einen Stein oder Holz-
klotz zum »Klotschießen« in der rechten Faust hatten – so
lange es Eis gab natürlich. Gegen das Vorjahr, wenn das letzte
Eis in den Moorbächen ballerte, wenn das Gras auf den Dei-
chen schoß und die Kiebitze zu schreien anfingen, gab es
andere Freuden und Pflichten.
Den Glanzpunkt von Oll Poggensiel bildete der Heidekrug
mit dem weiß gebleichten Pferdeschädel unterm Strohdach.
Wie ein altehrwürdiges Gesicht erhob sich das Haus in der
flachen Moorebene. An der Vorderfront, rechts und links,
stand je eine Baumgruppe, eine Eiche und drei vier alte Föhren, die dem Hofe, von weitem gesehen, wie ein grauer Schif-
ferbart zu Gesicht standen.
Es war Vorfrühling. An allen Sträuchern platzten die dicken
Knospen auf. Morgens und abends rauchte der Nebel über
der Heide – das war der Heidemann, den die Kinder mit alten
Versen ansangen. Die Jungen trieben ein paar magere Ziegen
und Schafe von einem Grasfleck zum anderen; sie sahen,
ebenso wie die Tiere, magerer aus als ehemals, aber in ihren
braunen Gesichtern brannte die ungebärdige Lust, sich aus-
zutoben. Oft am Abend trugen sie Wacholderbüsche zusammen und verbrannten sie unter dem hellen Gesang der alten
heidnischen Strophen:

Heloe, heloe –
komm du auf unsre Heide,
wo ich meine Schäflein weide –

Wenn sie sich in Hitze gesungen hatten, sprangen sie über den brennenden Busch und machten die tollsten Faxen, wie denn überhaupt in ihnen etwas unchristlich Jähes zum Ausbruch kam. Manchmal, wenn sie verschnauften, nachdem das Feuer ausgebrannt war, sahen sie drüben auf dem Moorbach ein Torf-Floß majestätisch still abwärts treiben, von einer Frau mit flachsgelbem Haar gesteuert, deren Gestalt sich neben dem schwarzbraunen Segel scharf gegen den Horizont abhob. Spät abends, wenn der Heidemann rauchte, lieferten sie die Schafe und Ziegen bei Mudder Mammendiek ab, die den Krug verwaltete, seit ihr Sohn – vor über drei Jahren – gegen den Engländer auf See gegangen war.
Ruhig ging das Leben in Oll Poggensiel dahin – himmelweit ab vom Krieg und der Welt und doch mit allen Fasern beteiligt, denn die ältesten von den Jungen auf Oll Poggensiel zählten schon in allem Ernst an den Fingern ab, wann sie dran wären, sich einschreiben zu lassen.
Der Krug war die Jahre her ziemlich verwahrlost; Mudder Mammendiek hatte genug zu tun, die frechen Jungen im Zaum zu halten, die Tiere zu warten und eine Handvoll Flachs zu spinnen.
Der Hausstand auf Oll Poggensiel näherte sich ganz offenbar wieder dem Urzustand der Menschheit, denn wenn Mudder auch vor dem Krieg abends am Rocken gesessen hatte, so war es doch in der vornehmen Beleuchtung einer Petroleumfunzel geschehen – nun aber waren sie wieder beim Kienspan angelangt, der in einer Ofenritze festgeklemmt saß und scheußlich flackerte.
Ein Abend im Krug. Das Spinnrad schnurrte; die Alte ächzte ab und zu und rieb sich das gichtige Knie. Der Kienspan brannte zu Ende; einer der Jungen setzte einen neuen ein. Hinnerk, der Älteste, las, mit dem Finger die Zeilen verfolgend, laut aus dem Lesebuch die Geschichte vom Großen

Kurfürsten und seinem Stallmeister, der sich auf den Schimmel des Kurfürsten setzte und statt seiner von Kugeln zerrissen wurde.

Draußen schnatterten die Krähen. Der Heidemann rauchte gewaltig, und es war Vollmond. Durchs Fenster lag die Heide wie in einem dicken milchweißen Meer.

Es war, als ob ein paar Jahrhunderte ausgelöscht wären; es war Krieg und harte Zeit, und es war nichts so selbstverständlich, als daß Krüger Mammendiek gegen den Engländer fuhr.

Draußen in den Föhren brüteten die Krähen. Sie hatten den Vorteil davon, daß Mammendiek auf hoher See war, denn zu Zeiten seines Regiments im Kruge würde es ihm eine Schande geschienen haben, daß die Krähen vor seiner Tür in den Föhren nisteten. Da saßen sie nun und schnatterten und freuten sich in heidnischer Bosheit und Lust ihres gelungenen Einbruchs in den Hausfrieden des Krügers und ihrer ehelichen Ungezwungenheit. Schon quarrte und quiekte die Brut mit ewig offenen Schnäbeln, und es war eine Lust und ein Getue, nicht zu beschreiben.

Eines Tages, als Mudder Mammendiek – Gott weiß zum wievielten Male – nach einem Mundvoll Fleisch geseufzt hatte, rotteten sich die vier Jungen zusammen und hielten unter den Föhren eine geheimnisvolle Beratung, wobei sie lebhaft herumzappelten und oft nach dem Krähennest über ihnen zeigten. Hinnerk verschwand im Stall und erschien wieder mit einem Wickel Draht, den die Jungen eifrig auseinander fizten. Hinnerk aber, der das Ganze leitete, stieß ein Geheul aus, spuckte in die Hände und fing an, die Föhre zu besteigen.

Oho – wo will das hinaus! dachte beunruhigt der Krähenvater Jan, der gerade mit der Krähenmutter Trina schön tat, jedoch in den Grenzen des Erlaubten. Sie aber, die den Hinnerk nun schon bedenklich näher keuchen hörte, stieß gleich, ihrem Geschlecht entsprechend, ein gräßliches Gezeter aus und schlug, sich mit den Füßen vom Nestrand abstoßend und Jan mit sich reißend, großen Alarm mit den Flügeln. Hinnerk ließ sich jedoch nicht einschüchtern. Er rutschte, immer den

Draht nach sich ziehend, höher und höher, hockte sich mit kühnem Aufschwung auf eine Gabel und stand nun so in der Föhre, daß er das Nest mit den Händen erreichen konnte. Während Jan und Trina in höchster Bestürzung auf die Nachbarföhre entwichen, von wo sie mit dem nämlichen Herzklopfen wie die Jungen unter dem Baum den weiteren Verlauf des Abenteuers verfolgten, zog Hinnerk den Draht an sich und begann kunstgerecht wie ein Topfflicker ein hübsches Netz um das Nest zu spinnen. Die jungen Jan-Trinas im Nest vollführten mittlerweile ein teuflisches Zetergekreisch, worüber sich die Alten auf der Nachbarföhre zu Tode entsetzten.

Als Hinnerk mit seiner Topfflickerei fertig war, betrachtete er mit Wohlgefallen das Werk und rief den Jungen zu, daß sie der Reihe nach herauf kommen könnten, um die vollzogene Einkreisung ebenfalls zu bewundern. Nachdem alles das geschehen war, trieben die Jungen pfeifend ihre mageren Ziegen und Schafe davon, als ob nichts geschehen wäre, worüber Jan und Trina, nach ihrem anfänglichen Todesschreck, in freudiges Staunen verfielen.

Ha, wie schnatterten und flatterten sie nun um das eingesponnene Nest; wie flogen die Vermutungen, Hoffnungen und Befürchtungen in rasendem Schwadronieren durcheinander.

»Sieh nur – wie es glänzt!« jauchzte Trina, die aus lauter Hochmut schriftdeutsch sprach. »Natürlich! O Weiber!« schimpfte Jan, »wenn es nur glänzt! Die Kinder sind Nebensache! Blöde Trine!« belferte er, indem er wütend auf den Draht loshackte. Da war jedoch nichts zu machen, und sie setzten sich, erschöpft und betroffen, neben das Nest. »Was das nur bedeuten soll!« grübelte Jan, nachdem er geraume Zeit abwesend auf die weit aufgesperrten Kinderschnäbel gestarrt hatte, die aus den Maschen des Drahtnetzes hervorkreischten.

»Döskopp!« schrie Trina, unwillkürlich in ihre Muttersprache verfallend, »Hunger haben sie – das siehst du doch! Flieg einholen!«

Kopfschüttelnd flog Jan davon und kehrte mit einer bedeutenden Ladung fetter Happen zurück. Als den Kleinen der Schnabel gestopft war, fing er wieder an: »Einen Sinn muß es doch haben, Trina –«, aber sie ließ ihn gar nicht ausreden. »Geh du mir bloß mit deiner Weisheit!« schrie sie. »Ich habe es immer gesagt: die Menschen sind gar nicht so! Sie wollen den Kindern eine Freude machen . . . sieh nur, sieh – wie hübsch es in der Sonne blitzt! Ah – ich hab's – Dummkopf, der du bist –: vor der Katze wollen sie unsere Kinder schützen – das ist es! Eine reizende Idee!« Und sie schlug vor Bewunderung mit den Flügeln.

»Meinst du wirklich?« brummte Jan mißtrauisch, »na, wenn du meinst!« und er fing an, mit ihr zu schnäbeln und schön zu tun.

»Schon gut!« sagte sie herablassend, »geh nun an deine Arbeit! Und daß du sie mir recht fett fütterst . . . nein, wie das funkelt! Einfach entzückend!«

Also gut – der biedere Jan ließ sich betapern und schleppte in der Folge so viel Futter heran, daß die Jungen vor Überernährung ganz asthmatisch wurden, woran die eitle Mutter ihre helle Freude hatte.

Die Mammendieksjungen lagen unterdessen wie Indianer auf der Lauer, und jedesmal, wenn das Ehepaar auf Streifzüge aus war, kletterten sie, einer nach dem anderen, auf die Föhre, fuhren mit den Fingern durch das Drahtnetz und betasteten wohlgefällig die kreischenden Kleinen, denen es bald zu eng im Nest wurde. Mit Genugtuung stellten die Jungen an den schwellenden Bäuchen fest, daß Jan und Trina ihrer Elternpflicht musterhaft genügten. Sie meinten, wenn es in dem Tempo weiter ginge, würden sie Mudder Mammendiek beizeiten mit dem Braten überraschen können, nach dem ihr Sinn begehrte.

Jan und Trina ihrerseits hatten sich vollkommen in den Wahn eingelebt, daß die Menschenkinder aus eitel Besorgnis um ihre Brut ein Drahtgehäuse um ihr Nest anbrächten, und unverschämt, wie Krähen sind, belustigten sie sich frech über die selbstlose Dummheit der Menschen. Besonders, wenn sie die Katze scheeläugig um die Föhre schleichen sahen, kannte ihre hämische Heiterkeit keine Grenzen.

Die jungen Krähen waren in ihrem glänzenden Käfig mittlerweile fett geworden wie alte Kapläne, und es konnte nach menschlichem Ermessen nur noch eine Frage weniger Wochen sein, daß von der Wucht ihrer prallen Leiber das Gehäuse springen würde.

Da geschah etwas. Eines Nachmittags wurde der alte Landbriefträger Hulle in Oll Poggensiel gesichtet. Er stolperte direkt auf den Heidekrug los – ganz geschwollen von Wichtigkeit – und lieferte Mudder Mammendiek ein Telegramm ab. Ein Telegramm in Oll Poggensiel – was man alles erleben muß.

In dem Telegramm stand nichts Geringeres, als daß Mammendiek von See auf Urlaub käme und daß er schon unterwegs sei.

»Hurra!« brüllten die vier Jungens, und Mudder vergaß sich in der Aufregung so weit, daß sie Hulle zehn Pfennig Trinkgeld gab.

Das war eine Aufregung und ein Leben in Oll Poggensiel. Die Jungen verbrannten zur Feier des Tages einen ganzen Berg Wacholder und sprangen rasend kreuz und quer über die Flammen. Sie waren ganz heidnisch aus dem Häuschen. Als sie sich ausgetobt hatten, kam erst der Höhepunkt des Festes. Hinnerk versammelte die Jungen um sich, und während Mudder immer wieder das Telegramm mit dem alten Hulle besprach, schlichen sie zu den Föhren. Sie kletterten einer nach dem anderen auf den Baum, und ohne die geringste Rücksicht auf die entsetzte Trina zu nehmen, betalpsten sie das umgitterte Nest und fühlten schon von außen, wie prall und feist die Krähenbäuche waren.

Ehe Jan und Trina zur Besinnung kamen, lagen alle ihre Kinder mit umgedrehten Hälsen auf dem Rasen – eins immer fetter als das andere. Die Entrüstung und Verzweiflung der Eltern war unbeschreiblich. Ihr Glaube an die Menschheit war für immer dahin, und wer war es, der »es schon immer

gesagt hatte . . . aber du Dummkopf natürlich! . . .« Selbstverständlich war das Trina.

Am nächsten Tage traf Mammendiek in Oll Poggensiel ein –
in grauer Matrosenuniform – breit und stattlich wie ein Berg.
Wie staunte Mammendiek über die verteufelten Jungen, und
wie mummelte Mudder mit ihren zwei Zähnen, als sie die
fetten Krähen vor sich in der Pfanne hatten.

Das war ein Feiertag; viele Feiertage folgten – und dann
mußte Mammendiek doch wieder fort gegen den Engländer.
Aber er sagte bestimmt, er käme nun bald für immer
wieder.

Bald für immer!

Mudder und die vier Jungen brachten ihn auf den Weg. Oft
blieb er stehen und sah nach dem Krug zurück.

Es war hart genug, Oll Poggensiel im Frühling zu verlassen.

MYNONA

Der verliebte Leichnam

Lassen Sie mich Ihnen gegenüber, meine geliebten Leser und
-innen, ganz offen sein! Bitte lassen Sie mich meine Karten
aufdecken: ich weiß, während ich, nur um mich zu kitzeln,
zum Lachreiz anzuregen, den obigen Titel niederschreibe, so
wenig von irgendwelchen Vorgängen, Geschehnissen, fabel-
haften Begebenheiten wie Sie; vielleicht noch weniger; denn
vielleicht spielt Ihre Phantasie erfinderischer und rascher als
die meinige. Überlegen wir lieber gemeinsam, wie wir den
Titel realisieren!

»Geben Sie mir einen Knopf«, sagte der künstlerisch
geschmackvolle Schneider, »und ich will Ihnen einen passenden Anzug daran nähen.« À la bonne heure – nennen wir
verliebten Leichnam sofort »Knopf«. Der Vorname müßte

allerdings ein bißchen unheimlicher gewählt werden, etwa Medardus, Barbarus, Rufus oder so. Durchaus braucht Rufus nicht von vornherein ein Leichnam zu sein. Wir lassen ihn einstweilen leben. Rufus muß in der Folge zweierlei leisten: er muß sich zuerst verlieben und dann zur Leiche werden. Die umgekehrte Wendung, daß er zuerst zur Leiche würde und sich dann verliebte, wäre nicht unmöglich, denn der Tod hat immerhin auch eine problematische Seite; indessen ist uns diese Wendung zu phantastisch; dazu gehört, um sie einleuchtend zu machen, eine größere schriftstellerische Kraft, als wir sie aufbieten wollen; es ist uns zu anstrengend. Wir möchten harmlos beisammensein und überlassen jene umgekehrte Wendung lieber Genies vom Range eines H. H. Ewers. Es ist klar, daß wir dem Rufus Knopf etwas Zeit geben müssen, um sich zu verlieben; er darf nicht jählings sterben. Ferner müßte seine Liebe auch erwidert werden; hier gibt es bereits ein höchst kompliziertes Aber: wird die Liebe von seiten der Geliebten direkt und ungezwungen leidenschaftlich erwidert, so ist es sonnenklar, daß sie über den Tod hinaus dauern muß. Wir würden uns das Problem damit nicht etwa nur erleichtern, sondern vernichten. Unsre Aufgabe ist es aber, dieses Problem eines verliebten Leichnams weder phantastisch zu komplizieren noch banal zu erledigen, sondern in einer angenehmen Schwebe zwischen diesen Extremen zu erhalten. Man verliebt sich sehr heftig in Vornamen. Die Dame imprägnieren wir demnach mit einem der lieblichsten und zwar am zweckentsprechendsten mit einem hyperätherisch transzendenten, der die Verliebtheit sogar eines Leichnams motivieren helfen kann; schlimmstenfalls müssen wir ihn erfinden, wenn wir ihn nicht entdecken. Es bieten sich uns wie von selber: Thea, Zölestine, Seraphita, Lucia, Stella u. a. Wir wählen, im Interesse des Amüsements, »Zölestine«.

Um die Beziehung zwischen Zölestine und Rufus zu bewerkstelligen, lassen wir am einfachsten den Rufus auf den Tod erkranken. Wäre Rufus jung, so könnte er durch eine äußerliche Katastrophe zugrunde gehen: Überfahrung, irgendein

Unfall. Rufus muß aber weder uralt sein: sonst verliebt sich Zölestine zu schwer; noch urjung, da verliebt sie sich zu leicht. Er ist ein Mann in mittleren Jahren, dem Alter näher als der Jugend – in diesen Jahren entflammt die Leidenschaft langsam, und um so heftiger. Abstoßend auf Zölestine wirken das Alter des Patienten – halt! Die Lösung ist gut: Rufus erkrankt von innen her, »innen« im weitesten, psychophysischen Sinne; die Leidenschaft unterhöhlt ihn desto tödlicher. Und Zölestine pflegt ihn; und zwar nicht privatim, sondern als . . . ha! . . . katholische Schwester – eine Art Nonne. Sie ist, bis zur Heiligkeit, jungfräulich; Rufus der erste reifere Junggesell, mit welchem sie in intime Berührung kommt. Vieles also wirkt abstoßend auf Zölestine; z. B. gleich der Name; das Alter; der sieche Leib. Ja, dieser Leib des Rufus spricht schweigsam zynische Memoiren; er irritiert Zölestinen anziehend und abstoßend zugleich. Aber alles Abstoßende selber übt, nach und nach, indem sie der leidenschaftlichen Liebe, von welcher Rufus für sie entzündet ist, gewahr wird, eine unheimliche Anziehung, wider ihren sittenstrengen Willen, auf sie aus.

Jetzt ist alles in der passenden Verfassung, und das bald genug endende Spiel kann beginnen. Haben Sie das Bild? – Rufus, von Zölestine keusch abgewartet, verpflegt. Es geht mit Rufus abwärts. Alle seine Sinne konzentrieren sich mehr und mehr auf die seelisch noch mehr als körperlich liebreizende blutjunge Zölestine. Rufus gebraucht seine hinsterbenden Kräfte zu inbrünstigsten Liebeserklärungen. Zölestine, durch sein Sterben sicherer gemacht, wagt sich am letzten Tage aus hart kasteiter Abstinenz zu sachtestem Entgegenkommen hervor; haucht einen Kuß auf die verwelkende Stirn des Kopfes. Dieser Kuß durchdringt den Sterbenden mit dem Leben seiner möglichen Zukunft in einem einzigen und natürlich tödlichen Augenblicke – er flackert zu einem brutalen Attentate auf. Bevor die ahnungslose Zölestine sich besinnen kann, ist sie in seiner Gewalt. Rufus stirbt an dem, was bekanntlich mit dem Tode nicht zu teuer gebüßt wird. Zölestinen umfängt in seinen leichenstarren Armen eine überaus wohltuende Ohnmacht.

Geraume Zeit später stört der Arzt die denkbar zärtlichste Situation, welche hoffentlich für Zölestine keine interessanten Folgen haben soll. –

Wie man sieht, gibt der Titel gleichsam ein mathematisches Exempel auf. Die Leser und -innen sind ersucht, sich nun fleißig selber im Autorsein zu üben. Tummle dich, mein Publikum! Hier sind noch schöne Aufgaben zu lösen: z. B. das drahtlose Medusenhaupt; der unbrauchbare Golem oder das allzu grüne Gesicht; das halb erfrorene, halb aber ausgekochte Herz; Prolete rechts, Prolete links, das Geldkind in der Mitten. –

Übt euch! Übt euch! Das Rezept habet ihr. Oh schöne Zeit, wo man die fremden Autoren abschaffen und nur noch selbstgebackenen Geist essen wird!!! Wo eigne Autorität an Stelle der fremden tritt! Jedermann sein eigenes Publikum – dies ist das Ende nicht nur der Litteratur-, sondern vielleicht aller Geschichte – jedenfalls dieser hier . . .

ALFRED HEIN

Kurts Maler

Ein Lieblingsroman des deutschen Volkes

Kurt, so hieß ein junger, hübscher Mann, saß mitten im Salon auf einem Stuhl an einem Tische und sah in ein Buch, in welchem er Buchstaben las, die interessante Sätze bildeten. Wie gebannt verfolgte der blauäugige Blick des jungen Menschen die Zeilen, indessen in seinem karmoisinroten Schlips eine echte Perle tränte. Eigentlich hieß er ja Kurt Fürst von Veracrux, aber er war zu wohlerzogen, um seine hohe Herkunft nicht durch hochedle Zurückhaltung in geistigen Dingen zu verdecken. Nur konnte er sich in bezug auf einen Ring keinesfalls versagen, diesen, selbst auf die Gefahr hin, ein elender Protz genannt zu werden, zu tragen; dieser Ring stellte nämlich eine seltene Kostbarkeit im Hause derer von Veracrux dar.

Wenn er ihn einmal am Finger, der adelig und mit untadelig gepflegtem Nagel aus der schlohweißen Hand herauswuchs, drehte, erschien der Maler Seltmann und malte die jeweilig von seiner Durchlaucht in diesem Augenblick gestellte Szene. Dies möge also gleich festgestellt sein, weil Kurts Maler gleichsam den roten Faden darstellt, der diesen Roman zusammenheftet.

Der junge Fürst erhob sich und trat lackstiefelknarrend leise in den Garten, indem er zunächst die Fliesen der Glasveranda überschritt, wo er aber niemanden fand, sondern der Gegenstand seiner launigen Liebe gab an der Laube einen Laut von sich, zugleich mit dem Laut traf ihn ein starker Duft. Es war der Jasmin über der Laube.

Kurt fand Liselotte im Garten, schaukelnd in einer Hängematte schmollend. Sie hatte einen ihrer langen nußbraunen Zöpfe in der Hand und schlug mit dem siebenfach geschwänzten Ende nach den Takten der süßen Klingelfee hin und her. Sie bemerkte Kurt erst, als sie ihn zu bemerken vermochte.

»Du sollst zu deinem Vater, dem Grafen Böllerbruch kommen, liebe Liselotte. Also will er es; und ich bin viel zu wohlerzogen, um ihm nicht zu Willen zu sein, indem ich dir seinen Willen hiermit pflichtschuldigst sage.«

»Das tut mir sehr leid, wir wollen eilen, daß es schnell geschieht.«

»Eile mit Weile«, scherzte Kurt.

»Du scherzest wohl?« sagte Liselotte von Böllerbruch.

»Allerdings scherze ich«, meinte Kurt.

»Hoho – wollen wir mal um die Wette laufen«, meinte Komtesse Liselotte unvermittelt. Aber gerade deshalb gefiel sie dem Fürstenjüngling. »Bei 73 laufen wir los!«

Sie gingen hinunter, und Liselotte zählte gewissenhaft: eins, zwei, drei, vier, fünf, sechs, sieben, acht, neun, zehn, elf, zwölf, dreizehn, vierzehn, fünfzehn, sechzehn – es wäre zu viel, alle ihre Worte in diesem Augenblick wiederzugeben – kurzum, bis dreiundsiebzig.

Pfeilgeschwind, wie der Pandora entbüchst, flogen die jugendlichen Gestalten dahin. Kurt war einige Schritte früher am Ziel, als welches man das Gartentor erwählt hatte, weil er X-Beine hatte, während Liselottes fröhlich gebogene O-Beine nicht so schnell mit konnten.

»Alle Achtung – Sie laufen famos. Das hätte ich Ihnen gar nicht zugetraut. Sie sehen immer so entsetzlich würdevoll aus. Aber nun sagen Sie, Durchlaucht, denn so muß ich Sie doch nennen, ich bin viel zu wohlerzogen, was Sie sich als Preis wünschen. Etwas recht Großes und Schönes muß es sein, was man nicht so leicht erfüllen kann. Gerade deshalb aber macht es mir Spaß.«

»Dann bitte ich um die Zopfschleife, die Sie anmutig am Ende ihres Rückens kitzelt.«

Und es geschah nach Wunsch. Sie reichte ihm zögernd-verschämt-zierlich die Schleife, welche er behende mit beiden Händen an sich riß und in seinem Notizbuch auf Seite dreiundsiebzig barg in sinniger Erinnerung an die Wettlaufzahl, auf welcher Seite die Notiz stand, daß der Graf Böllerbruch die Komtesse Liselotte zu sich befohlen hatte, wie sich Kurt bei seiner hochedlen Zurückhaltung in geistigen Dingen, mit der er aber nur seine hohe Herkunft verbergen wollte, überhaupt alles notierte.

Er schrak zusammen, als wenn ihn nun am Ende des Rückens anstatt der Schleife eine Tarantel stäche.

»Was ist Ihnen?« entfuhr es Liselottes sich öffnendem Munde, und zwar erregter als sonst. Außerdem errötete sie.

»Du sollst zu deinem Vater kommen!« Er vergaß in dem Entzücken über Liselottes Erregtheit ganz, den Titel des Vaters der Komtesse zu nennen.

»Aber nun, du Holdeste, Goldeste, Wonnigste, Sonnigste,

Leiseste, Heißeste, gib mir den Kuß, der auf deinen lauteren
Lippen gaukelt.«
Verschämt neigte sich der blonde Mädchenkopf, denn blond
war sie.
Kurt verging sich an einem blühend-sprühenden Munde.
Er drehte dabei an seinem Familienring.
Kurts Maler erschien mit Leinwand und Pinsel und warf das
berauschende Liebesbild in die Farben.
Über seine Schultern sah der Satan und lachte.
»Es ist Kitsch!« schrie Kurts Maler.
»O Hedwig«, seufzte der Teufel, »seit ich dich in einen nach
Ewigkeitswerten strebenden Malerjüngling verwandelte,
hast du keinen Sinn mehr für wahrhaft romanschöne Stoffe.
Ich rate dir dringlich, das Bild aufzuheben, als gelesenste
Dichterin der Deutschen, denen ich dich durch die Verwand-
lung unmöglich lange entziehen kann, wird es dich an-
regen.«
»Meinetwegen«, knurrte Kurts Maler.

HANS REIMANN

Joe und Charlie

Nach Karl May

Es war eines Abends, als ich nach langer Reise in St. Louis
ankam. Ich hatte eben in der Wüste Saharet den Scheich der
Monisten aus den Händen der Kukkluxer befreit, in den Cor-
dilleren ein Libretto für Puccini geschrieben und nebenbei
dreiundzwanzig Naphthaquellen entdeckt, im Lande des nie
untergehenden Mahdi eine Verschwörung der heulenden
Davidsklabündler unterdrückt, siebenhundert Assiretahs*

* Märchen-Erzähler

auf einem Scheiterhaufen verbrennen lassen, eine Sklavenkarawane durch eine Furt des Stillen Ozeans nach Mexiko geleitet, in Radebeul rasch an meiner inneren Vollendung gefeilt, im Tale des Zambesi christliche Bewässerungs-Anstalten getroffen, in Stambul eine an Leo-Fallsucht zehrende Rose gepflückt und im Silbersee einen unermeßlichen Schatz ans Tageslicht gefördert, hatte also nach diesen Tagen der Beschäftigungslosigkeit hinreichend Muße, ein richtiges Abenteuer zu bestehen.

Ganz selbstverständlich suchte ich meinen alten Henry auf. Als ich in seine Werkstatt trat, fuhr er von seinem Sitze auf und schrie dann vor Freude förmlich auf:

»Ihr – Ihr – – – Ihr seid es, Old Shatterhand!«

Dann warf er seine Füße um mich und küßte mich hüben und drüben auf sämtliche Backen, daß es nur so klatschte, setzte rasch eine Maybowle an und freute sich riesenhaft darüber, daß.

»Good evening, Mr. Henry«, grüßte ich, als ob ich erst gestern zum letztenmal bei ihm gewesen sei. Seid Ihr mit meinem Stutzen bald im Geschick?«

»Eben fertig. Da steht er, Sir. Ein Meisterwerk!«

»Dank, Mr. Henry. Aber sagt, wo ist Winnetou, der rote Gentleman?«

»War vor zwei Jahren hier und läßt Euch ausrichten, daß er Euch an den Stromschnellen des Turkey Trot erwartet. Sind große Dinge im Gange.«

Ich schulterte den knapp anderthalb Zentner wiegenden Stutzen, übergab dem alten Freund eine Handvoll Nugat* und eilte zum Turkey Trot, den ich, immer die Luftlinie entlang kriechend, in wenigen Kilowattstunden erreichte.

Aus einem Gebüsch furchtbar wilder Kirschstämme erscholl der Schrei des Präriehuhns. Es war das verabredete Zeichen, auf welches ich antwortete.

Winnetou trat aus den Büschen hervor, nahm seinen Skalp ab als Willkomm und deutete, ohne seiner Freude, welch letztere sich im Schnitt seines ernsten, männlich-schönen

* Goldklumpen

59

Gesichts, welches irisch-römisch genannt werden kann, widerspiegelte, weiteren Ausdruck zu verleihen, nach einer Rauchwolke, die verräterisch hinter dem vor uns belegenen, dicht bewaldeten Steinhäger aufstieg.

Auf ein neuerliches Zeichen sprang mein Mustang hinter einer mit Spaghetti bewachsenen Felswand hervor und drückte meine von Rührung übermannte Hand.

»Weiß mein Bruder Scharlieh«, fragte Winnetou flüsternd, »daß die aussätzigen Soxhlet-Indianer das Kriegsbeil massenhaft ausgegraben haben?«

»All devils!« entfuhr es meiner Zunge.

»Und was sagt mein von Professor Dr. Gurlitt wärmstens empfohlener Bruder zu der teuflischen Absicht dieser Coyoten?«

»Ich werde sie umzingeln und zu corned beef verarbeiten.«

»Das ist nebbich meine Ansicht auch. Howgh!«

»Ich werde sie beschleichen.«

Meine neue Donnerbüchse in die Hand nehmend, schlich ich vorsichtig vorwärts und gelangte so weit an die Soxhlets heran, daß ich, am Boden liegend, die Rothäute zählen und dieselben beobachten konnte.

Es waren ihrer etwa fünfzehnhundert Mann, sämtlich mit Kriegsfarben bemalt und sowohl mit Pfeilen als auch mit Hinterladern bewehrt. Im Hintergrund der Zeltstadt erhob sich eine ungeheure Büste des Heiligen Rabitz, des Schutzpatrons der Soxhlet-Indianer. Einige Krieger, die riesige Trichter in der Hand trugen, hielten Beratung ab mit dem wohlgenährten Häuptling, der blitzenden Auges und eine Reitpeitsche schwingend, welche mich in Verwunderung setzte, den Schlachtplan zu entwickeln schien. Mit einem Mal brachten ein paar stämmige Soxhlets kleine Koffer angeschleppt, welche leer zu sein schienen und auf Stativen befestigt wurden. Dann drehten sie an den Koffern, während die mit Trichtern ausgerüsteten Medizinmänner, denn um solche handelte es sich zweifellos, wie rasend brüllten und die Krieger, sich auf ihre Pferde schwingend, mit verhängten Zügeln davonsprengten.

Da hörte ich einen röchelnden Atemzug hinter mir. Rasch meinen mehrfach erprobten Gurkenhobel zückend, drehte ich mich um. Keine zwei Schritte hinter mir glühten feurige Augen aus dem Dickicht, den Lauf einer Pistole auf mich gerichtet haltend. Ohne auch nur eine Sekunde zu zögern, warf ich mich auf den Schurken, denselben bei der Gurgel packend, um unnützes Blutvergießen zu vermeiden.

»Zounds!«* zischte er durch die Rippen.

Ich erkannte die Stimme. Es war der »blutige Grind«, der Häuptling der Mahagonis, welche letztere den Soxhlets ewige Blutschande geschworen hatten. Rasch steckte ich demselben meinen Bädeker als Knebel in den Mund und lud denselben auf die Schulter. Im selben Augenblick knackte es in den Ästen, und eine Anzahl Feinde, die ich in der Eile kaum zu zählen vermochte, warfen mir von allen Seiten Wickelgamaschen um den Leib, dieselben wie Lassos verknotend.

Inzwischen war der »blutige Grind«, der nicht müßig gewesen war, zur Besinnung erwacht. Dicht vor mich hintretend, schwang er seinen Tomahawk**, spie verächtlich vor mir aus und gurgelte:

»Du stinkende Kröte vom Stamme der bleichgesichtigen Armleuchter sollst von mir als Nachtisch verzehrt werden. Morgen weilt dein verpesteter Leib in den Jagdgründen des großen Manitou, wo er von Aasgeiern gejagt wird, daß ihm der Geifer usw.«

»Stop!« rief ich, »unterlassen Sie Ihre versteckten Andeutungen, mein Herr!«

»Pshaw!« entgegnete der »blutige Grind«, »deine Worte sind lieblich wie Maýglöckchen, verfehlen aber ihre Wirkung auf mein Indianergemüt.« Auf einen Wink desselben banden mich die Mahagonis an den Schweif des Rotschimmels ihres Häuptlings, bestiegen ihre ungeduldig scharrenden Pferde, und fort ging es in atemloser Jagd den Turkey Trot entlang, über die Sevennen, durch Country Medina bis zum Rio Stinkominko.

* Zuntz sel. Wwe!
** Ludwig Thomahawk!

Dort endlich wurde Halt gemacht. Über und über mit Blut besudelt, verlor ich das Bewußtsein. Zu gleicher Zeit fühlte ich, wie mein Schädel durch einen schmetternden Schlag auf den Schädel zerschmettert wurde.

Als ich erwachte, stand die Sonne schon hoch am Himmel und brannte mit versengender Glut auf die Höhe meiner Situation, welche eine hoffnungslose war. Die Mahagonis, welche mich an den Marterpfahl gebunden hatten, tanzten um den Schein eines hellodernden Feuers, an welch letzterem sie mich rösten wollten.

Trotzdem mir die Hände fest aneinandergebunden waren, gelang es mir doch, meine Nagelfeile, die mir schon oft das Leben gerettet hatte, aus meinem Brustbeutel zu ziehen, und mit Hilfe derselben gelang es mir, meine Armfesseln zu durchschneiden. Dadurch bekam ich die Hände frei und lockerte die um Rumpf und Beine geschlungenen Fesseln so weit, daß es nur eines Blickes bedurfte, dieselben abzustreifen.

Dieser List hätte es nicht bedurft, wenn ich geahnt hätte, daß Winnetou unmittelbar nach meinem Verschwinden mit dem Häuptling der Soxhlets das Calomel geraucht und dieselben zur Verfolgung der Mahagonis zu überreden demselben gelungen war. Zum Glück war mir unterwegs Zeit geblieben, in regelmäßigen Abständen unbemerkt frische Zweige zu knicken und meine Visitenkarte daran zu befestigen, aus welch letzteren Winnetou mühelos meine Spur ablesen konnte.

»Mach dich auf dein letztes Stündlein gefaßt, du sächsischer Papierkragenheld!« kicherte der »blutige Grind«, indem er mich mit unverhohlenem Ingrimm durchlöcherte. »Du wirst gelyncht, gespickt, gebraten und mit Mayonnaise serviert!«

Ich verriet meine innere Zorneswallung nicht, da ich bemerkte, wie die im Lager der Soxhlets bereits erblickten Koffer unbemerkt von den wilder und wilder tanzenden Mahagonis dicht neben dem Wigwam des »blutigen Grinds« auf ihren Stativen aufmontiert wurden.

Da durchbrauste ein mark- und beinerzitternder Schrei die Luft, und fünfzehnhundert Krieger unter Winnetous Führung stürzten sich auf die ahnungslosen Mahagonis, welche, von jähem Entsetzen geschüttelt, zu ihren Waffen rannten, um dieselben zu holen. Ein grauenhaftes Bild entbrannte, wie kaum die Phantasie Essig* auszumalen vermag.

Da der Schein des Feuers nicht weit genug reichte und die Sonne vor lauter Angst untergegangen war, konnten die Mahagonis nicht sehen, wieviel Feinde sie vor sich hatten. Zur rechten Zeit aber flammten die Jupiterlampen auf und beleuchteten die auf ihre Pappschilde losschlagenden Soxhlets.

Lanzen sausten, Pfeile schwirrten, Messer blinkten, dazu das Geheul der beiden gegnerischen Scharen und der Anblick des Chaos dunkler, miteinander ringender Gestalten, welche das Aussehen wütender Teufel hatten! Allen Soxhlets voran war Winnetou mit gewaltigem Stoß durch die Linie der Mahagoni gedrungen. In der einen Hand hatte er ein Stemmeisen, in der anderen eine hocherhobene Klosettbürste und in der dritten eine todbringende Nudelrolle. Während jede Kugel aus dem ersteren mit Sicherheit einen Mahagoni niederstreckte, sauste die Bürste wie ein Eichhörnchen von Kopf zu Kopf, und unter den Streichen der Nudelrolle sah man zur Rechten wie zur Linken andauernd halbe Mahagonis heruntersinken.

Ich hatte mich vorsichtshalber noch nicht aus meinen Fesseln befreit, als der »blutige Grind« auf mich zutrat und sich als Harry Piel vorstellte. Die Operateure hörten zu kurbeln auf, die Leichname der Mahagonis erhoben sich und strömten gemeinsam mit den Soxhlets in die nahe Kantine, um den ausgehungerten Eingeweiden zu ihrem Recht zu verhelfen.

Winnetou, der sich abgeschminkt hatte und nun dem Zirkusdirektor Sarrasani zum Verwechseln ähnlich sah, zündete sich eine Wenesti an, neben dem Häuptling der Soxhlets Platz greifend.

»Sind die Herren einander vorgestellt?« fragte er mich.

* es sich

Ich verneinte.

Winnetou wies auf den Häuptling der Soxhlets, welcher sich gemessen verbeugte.

»Scharlieh«, sprach Winnetou lächelnd, »das ist dein Bruder Joe aus Berlin, der Regisseur des ganzen Klamauks.«

HANS REIMANN

Die Sünde wider das Blut

Nach Artur Dinter

Es war am Weihnachtsabend. In dem prunkvollen Festsaale des »Grand Hotel«, dem gesellschaftlichen Mittelpunkte des Wintersportplatzes, herrschte das in jedem Schulaufsatz abgedroschene rege Leben. Myriaden von Menschen in gro-ßer Gesellschaftstoilette wimmelten da durcheinander, um mit ihrem bis auf die Straße dringenden Schrei den erholungs-bedürftigen Hermann Stänker anzuziehen. Da kam dicht unter ihm eine auffallend schöne Blondine vorbei. Ein Kleid von fußfreier Seide umfloß das herrliche Ebenmaß ihrer Gestalt, den oberen Teil der marmorschönen Brust und die prachtvoll gerundeten Schultern freilassend. Siedend heiß schoß es Hermann den Rücken hinauf und herunter. Die Hand vor Augen haltend, mußte er sich setzen. Plötzlich fuhr er wieder in die Höhe, um der davongehenden, ihn himm-lisch dünkenden Erscheinung weiter nachzusehen. Aber spurlos war sie im Gedränge verschwunden. Nun lebte Her-mann seit einem halben Jahre in oder vielmehr bei Berlin. Seine Gedanken weilten meistenteils bei Elisabeth, dem Gegenstande seiner Sehnsucht, der fußfreien Tochter des Kommerzienrats Brodelmann, der ihm ein Laboratorium hatte einrichten lassen, wo er ungestört seiner Erfindung,

eventuell den gesamten Kosmos von dem nach Art eines Pest-
geschwürs wuchernden Einfluß Judas zu befreien, nachhän-
gen konnte.
Bereits am übernächsten Tag erhielt Hermann Stänker von
der Kommerzienrätin eine Einladung zum Tee. Elisabeth
empfing ihn. Er war der einzige Gast. Nur mit äußerster
Mühe vermochte er seine Erregung zu meistern, unvermö-
gend ein Wort zu sprechen, bis er unter den Sonnenblicken
des fröhlichen Mädchens aus seiner Versteinerung auftaute
und einen in der Originalausgabe des Dinterschen Werkes auf
den Seiten 136 bis 180 abgedruckten Vortrag über Materialismus, Haeckel, Ostwald, Schwingungszahlen, Magnetismus,
Kant, Plato, Sokrates, Sternschnupfen, Sinn des Lebens,
Fleischwerdung, Sühnopfer, Somnambulismus, Galiläer,
Tamehu, Enakssöhne, Makkabäer, Seelenanalyse, Palästina,
Berliner Tageblatt, Menaham, Kanaan, Laban, Jacob, Tal-
mud, Schulchanaruch, Jahve und die jüdische Gorgo hielt,
was zur Folge hatte, daß die in allen Herzenstiefen aufge-
wühlte Elisabeth nun wußte, was wahre Liebe ist, ihrem bis-
herigen Verlobten den Laufpaß gab und sich dem Studium
der Gottesgelahrtheit ergebenst widmete. Gleichzeitig begann sie zu fühlen, daß sie ein bemaltes Geschöpf war, bis
sie den Blick Hermann Stänkers auf ihrem Haupte ruhen
fühlte und in aller Stille mit ihm Verlobung feierte.
Unter dem brennenden Weihnachtsboom steckte Hermann,
dem wahre Ströme flüssigen Feuers über den arischen Rücken
wogten, seiner Braut den Verlobungskuß an. Wer beschreibt
aber sein Entsetzen, als er eines Tages bei näherer Durchsu-
chung des Papierkorbes zahlreiche Beweise dafür entdeckte,
daß das chaotische Blut des alten Brodelmann, der noch vor
einer Generation Mandelbrod geheißen hatte, seine verhängnisvolle Natur in Elisabeth geltend machte? Wer bürgte ihm
denn dafür, daß das Kind, das sie erwartete, seinen vom
Furor teutonicus gepackten Lenden entsproß?
In solcher Stimmung betrat Hermann Stänker eines Abends
seine Gemahlin und war nur auf dringendstes Bitten seines
ärztlichen Freundes zu bewegen, die Vollendung des freudi-

gen Ereignisses im Kloster abzuwarten. Es war ein pechschwarzes, mit bläulichen Beulen gespicktes, menschenunähnliches Etwas, das nach Beschneidung schrie. Der ins Mark
getroffene Vater stürzte in sein Bibliothekszimmer, riß mit
fiebernden Nüstern einen Band Brockhaus herunter, um sich
über »Atavismus« zu orientieren. Dann kehrte er zu seiner
tapfer gegen die Dämonen ihres von väterlicher Seite ererbten
Blutes ankämpfenden Gattin zurück und drückte ihr energisch den Stempel seiner neugewonnenen Forschung auf.

Infolgedessen gebar Elisabeth wiederum etwas Schwarzlok-
kiges mit triefäugigem Negermund. Sie schrie laut auf, als sie
den Fremdkörper erblickte, und verschied. An Leib und
Seele zermürbt, begab sich Hermann Stänker ins Krankenhaus, erblickte dort ein wohlgebautes blauäugiges blondes
vollerblühtes fußfreies Weib von etwa dreißig Jahren und
schwängerte sie auf den ersten Blick. Aber zu seinem Entsetzen gebar sie ihm ein unfaßliches Kind mit schwarzem Kraus-
haar, dunkler Haut, dunklen Augen und dunklen Plattfüßen.
»Dirne!« schrie Hermann Stänker der Schwester entgegen
und erschlug sie mit einem Hakenkreuz. Um ihn auf andere
Gedanken zu bringen, brach der Weltkrieg aus.

Hermann, der Stänker, meldete sich freiwillig als Kontrolleur
bei der Helgoländer Straßenbahn und erreichte es auf dem
nicht ungewöhnlichen Wege der Schiebung, daß er als dauernd garnisondienstfähig eine freiwillige Deportation nach
Sachsen erlitt.

Als der Krieg wieder eingebrochen und der Revolution Platz
gemacht hatte bezw. war, stellte er sich auf den auswechsel-
baren Doppelboden der Tatsachen, gewöhnte sich ein Mo-
nokel an, machte in Hintertreppen-Antisemitismus und
schwingt unberufen heute noch die große Klappe.

ROBERT NEUMANN

Ich lasse mich nicht!

Nach Hedwig Courths-Mahler

791. Fortsetzung und Schluß

»... Winfriede aber ist mein eigenes Kind!« Sie hatte geendet
und hielt den Brief in zitternden Händen.
Da trat Götz von Felseneck vor sie hin. »Du bist ebenbürtig,
Trotzkopf – du bist meine Braut!«
Sie aber: »So meinst du, daß ich nun Aufnahme finden darf in
deinem Geschlecht, das, wie du weißt, zu den vornehmsten
unseres Landes gehört?«
Da schloß er sie stumm in die Arme.
Schon im April wurde Winfriede Götzens Gattin. Sie erwähl-
ten Schloß Adlershorst zum Wohnsitz. So konnte die alte
Gräfin ihre Kinder täglich besuchen.
Jettchen Wohlgemut brauchte sich nicht mehr um die blassen
Wangen ihres Komteßchens zu ängstigen; Winfriede ward
eine blühende junge Frau. »Ich lasse mich nicht«, war ihr
stolzer Wahlspruch. Sie war inzwischen Mutter dreier Knaben und vierer Mädchen geworden, die fröhlich in Adlershorst herumtollten.
Dagobert von Schwarzburg aber heiratete die häßliche, bucklige Tochter eines reichen Käsehändlers und huldigte nach
wie vor dem Dämon Alkohol.

ROBERT NEUMANN

Der Sturz

Nach Thomas Mann

Der ergraute Mentor ungezählter Befrager, der Unermüdliche, dem es geglückt war, in zäher Bewußtheit die wenig wirtliche Landschaft sich gefügig zu machen, der erfahrene Zuerkenner und väterlich gerechte Verteiler vorhandener Gelegenheit zu Rast und Erquickung, der Erzeuger endlich (und damit sind die Werke seiner Reifezeit kurz bezeichnet) jener aus Sahne bereiteten Alpenspeise, die unter dem Namen Käse Weltruf gewonnen hat: Peter Haslacher also, der Schutzhauswirt, rief der auf glatt gehobelten Schienen edel gewählten Holzes über die Schneefläche eilends Nähergleitenden eben noch ein warnendes Wort zu, als das Unheil auch schon seinen Lauf nahm. Erzeugt aus einer sanften Blendung des Auges in Verfolg der ungeahnt beschwingten Bewegung, erstanden aus einer leichten Berückung des Hirns, die das glückhafte Bewußtsein schwereloser Befreitheit auf nervlichen Bahnen zum rascher durchbluteten Herzen hinabtrug, aufgestiegen aus einer leichten Ermattung in jener Gegend des Knies, die ein nordischer Betrachter und durch ungekannt tiefe Vertrautheit gewichtiger Zeuge als die schönste des weiblichen Körpers zu bezeichnen sich nicht entbrechen zu sollen vermeint, hatte die Unsicherheit von den Schenkeln der Fahrtbeflissenen unversehens Besitz ergriffen, war höher kletternd in ungebührlich jäher Verbreitung über den unteren Leib bis in die Gegend des Zwerchfells gelangt und hatte den Schwerpunkt weit hinter die Linie lotrechten Standes zurück, ja die Wankende selbst bis zu schlechtweg unmittelbarer Berührung mit dem kristallisch weißen Elemente niedergedrängt: sie saß im Schnee.

CHRISTIAN MORGENSTERN

Knochenfraß

Naturalistische Handlung vom Ende der 80er Jahre

(Berliner Schule)

(Fragment)

Zweiter Vorgang

Ein kleines, viereckiges, den Eindruck der Vernachlässigung bieten-
des Zimmer. Die Diele ist acht Tage lang nicht mehr naß gescheuert
worden. Rechts vorn sind ein paar violettbräunliche Stiefelabdrücke
(eigenwillig auftretender Frauenfuß) auf dem fadenscheinigen, rot-
grünen, mit bleifarbenen, eiförmigen Mustern getupften Teppich zu
bemerken. Die Tapete ist von jenem feuchten ungesunden Blau, wie
man es in ganz neuen Häusern zu finden pflegt; nervöse, hektisch rote
Phantasie-Ornamente verstärken den trostlosen Eindruck. Links
hinten, etwa beim siebenten Ornament von unten, baumelt ein Stück
der Tapete, in schiefem Winkel gewaltsam abgerissen, herab; dahinter
sieht man den gelblich schmutzigen und bereits abbröckelnden Kalk
der Mauer. Aus der angeräucherten Decke ragt ein rostiger Haken,
der von rechts nach links (vom Zuschauer aus) gekrümmt, früher
offenbar eine Lampe trug. Jetzt hängt nur ein lilafarbener Wollfaden
herunter, auf dessen unterer Partie eine stahlgrün schillernde
Schmeißfliege sitzt. Die wässerig-gelben Möbel sind teilweise völlig
ruiniert. Die einwärts gebogenen Tischbeine an der Innenseite abge-
schurrt. Aus dem halboffenen, dreifüßigen Kleiderschrank dringt
erstickender Geruch. Eine bräunliche, ins Lachsfarbige verschie-
ßende Weste pendelt verträumt an einem Holznagel. Im Winkel
rechts hinten liegt eine wimmernde Masse. Eine schwammige wimmernde Masse. Ein aschfahles Gesicht wickelt sich aus den Fetzen
eines türkischen Shawls. Durch die dicke Dämmerung dunstet ein
grünlich-schleimiges Lallen.
Die Tür wird aufgestoßen. Ein Weib in Lumpen trampst herein.
Mitte Vierziger. Fett. Kolporteuse-Manieren.

»Nabend!« (Schnubbert in die Alkohol-Atmosphäre. Geht nach
hinten, stößt mit dem linken Fuß ärgerlich nach dem türkischen
Shawl.)

»Hat sich der olle Knerjel wieder beschikkert wie ne Sack-
strippe.«

(Mit häßlichem Mienenausdruck:)

»Na, wart', du Lerge, du – dat soll dir sauer uffstoßen. Ver-
bubanzt mich meene eenzige Schabracke.«

(Der Shawl wird langsam lebendig.)

CHRISTIAN MORGENSTERN

Aus einer Literaturgeschichte neuerer deutscher Lyrik

... Bald spricht der Dichter vom ›wogenden Meere‹, bald
von ›des Firmamentes blauer Wölbung‹, bald wieder sieht er
›blumengemusterte Wiesen‹ oder ›mondige Teiche‹. Wie treffend ist es, wenn er von ›des Waldes unzähligen Bäumen‹
redet, wie richtig empfindet er, wenn er ausruft: ›O Liebe,
gleichst du nicht des Stromes Welle!‹ Jetzt ergeht er sich auf
der Alpen ›schneebedeckten Spitzen‹, jetzt ruht er hingela-
gert, ›wo der Salzflut Tränenwoge monoton den Felsen
schlägt‹, nun jagt er – wenn auch fast nicht mehr zulässig – auf
dem ›Boot seines Rosses‹ durch ›des Steppengrases flutende
Bewegung‹ dahin, nun sitzt er in »gastlicher Laube‹ beim
ewig jungen Liebesspiel. Oder er deutet symbolistisch auf die
unerforschlichen Rätsel des Lebens, des Daseins, indem er
die Schwäne in jugendlicher Kühnheit fleischgewordenen
Fragezeichen vergleicht, die nur einmal sängen, nämlich,
wenn sie stürben, oder er schildert die Liebe gar ergötzlich als
eine Zwiebel mit vielen Häuten. Wie schön auch, wenn er von

der altehrwürdigen Eiche der Poesie redet, in deren Schatten
wir alle genießend wandelten, wie ergreifend seine tiefe deutsche Frömmigkeit und sein echter deutscher Patriotismus,
wie sie sich in dem Schlußchoral: ›O Gott, bleib unserm
Deutschland treu, / Daß sich die Menschheit weiter freu / An
seiner Tiefe, Macht und Kraft, / Kunst, Technik, Wandel,
Wissenschaft usw.‹ offenbaren. Wir erblicken in diesem jungen Dichter, in diesem werdenden Poeten nicht nur eine bloß
augenblickliche Blüte des deutschen Dichterwaldes, sondern
auch glauben wir, daß er dereinst, nachdem er recht ausgego-
ren hat, ein Zweig an jenem goldnen Eichbaum der Kunst,
des Schönen, des Wahren und des Guten werden wird, unter
dessen Schatten wir es uns allen unangefochten wohl sein
lassen können werden.

KURT ROBITSCHEK

Zeitungs-Parodie

Vorgetragen von Paul Morgan 1929 im »Kabarett der Komiker«, Berlin

Aus dem *Polizeibericht*: Russ-Telegramm 3986, aufgenommen 15.30 Uhr.

»Auf dem Kurfürstendamm an der Ecke Meinekestraße
wurde gestern von dem Radfahrer Peter K. ein Hund unbe-
stimmter Rasse angefahren. Nur dem Einschreiten unserer
wackeren Schutzpolizei ist die Verhütung eines größeren
Unfalls zu verdanken. Polizeipräsident Zörgiebel, Polizeivi-
zepräsident Dr. Weiß und der Kommandeur der Schutzpolizei, Oberst Heimannsberg, weilten an der Unfallstelle.«
Wie sieht dieses Ereignis in der Tagespresse aus?

Das »*Berliner Tageblatt*« schreibt:

»Der Kurfürstendamm liegt still und versonnen da. Denn die Republik ist gefestigt in ihren Grundlagen. Ein Radfahrer jubelt den Kurfürstendamm entlang. Mit weit ausgebreiteten Armen und ebensolchen Augen ruft er: ›Zehn Jahre freiheitliche Verfassung!‹ Da springt ein Hund aus dem fahrenden Autobus. Hund und Radfahrer jagen den Kurfürstendamm entlang, sie eilen, wenn es auch hier und da eine kleine Schramme gibt, in die glänzende Zukunft der deutschen Republik, von der schon Shakespeare so treffend sagte: ›To be or not to be, singing fool, that is the question.‹«

Die »*Vossische Zeitung*«:

»Kleine Ursachen – große Wirkungen. Von Chefredakteur Professor Dr. h. c. G. B. MdR, Präsident des Vereins Berliner Presse, zweiter Vorsitzender des dritten Unterausschusses des Reichstages zur Aufdeckung der Brückenzölle, Vorstandsmitglied der Deutschen Demokratischen Partei.
Ein Hund ist gestern auf dem Kurfürstendamm angefahren worden. Von einem Radfahrer. Ein schwarzer Hund mit weißen Flecken. Der Vorfall wäre an und für sich ganz belanglos, wenn nicht ein kleiner Zwischenfall die politische Bedeutung des Ereignisses erwiesen hätte. Der schwarz-weiße Hund zeigte plötzlich auf dem überfahrenen Pfötchen einen roten Blutstropfen. Man beachte: Schwarzer Hund, weiß gefleckt, rotes Tröpfchen. Die Deutsche Demokratische Partei muß an den Herrn Reichsinnenminister einerseits schärfsten Protest richten, während sie dessen Vorgehen andrerseits nur billigen kann. Die Deutsche Demokratische Partei ist sich dessen bewußt, daß es für sie nur einen Weg gibt: Einerseits – und hie und da auch andrerseits.«

Der »*Berliner Lokal-Anzeiger*«:

»Radfahrer, Hunde und die deutsche Republik.
Wie viele tausend deutsche Herzmuskeln sitzen heute am sonnigen Eckfenster und gedenken des August vor fünfzehn

Jahren! Wie waren damals die Straßen von jauchzenden, jubelnden, singenden Menschen erfüllt! Und heute? Radfahrer schleichen über den Asphalt der Straße. Gestern hat ein ausländischer Radfahrer den Hund eines Generals a. D. überfahren. Vor fünfzehn Jahren wäre das deutsche Volk wie ein Mann aufgestanden und hätte den ausländischen Radfahrer in hellem, männlichem Zorne hinweggefegt! Heute aber liegen unsere treuen Hündchen kraftlos am Boden, niedergeschmettert durch jene Schmachverträge, die uns immer wieder beweisen, daß an allem nur die Radfahrer schuld sind.«

»Die Rote Fahne«:

»Arbeiter! Arbeiterinnen und Jugendliche! Werktätige und national Unterdrückte aller Länder! Auf dem Kurfürstendamm, jener Prunkstraße der satten Kapitalisten, auf der in kürzester Zeit die proletarische Revolution gegen die Imperialisten marschieren muß, hat ein Hund einen einfachen, proletarischen Radfahrer überfallen! So fängt es an! Erst überfällt ein Hund den einzelnen Radfahrer, und dann vereinigen sich alle Hunde gegen die Sowjetunion! Es ist höchste Zeit zu handeln! Denn schon ersteht dem Hund vom Kurfürstendamm ein Helfer in der Person des Generals Tschiangkaischek, der die Ost-China-Bahn den Händen der Sowjets entreißen und durch die Kantstraße auf den Alexanderplatz leiten will, wo Zörgiebel und seine Gummiknüppelgarden bereitstehen, um die proletarische Armee der Radfahrer den nationalfaschistischen Weltunterdrückern auszuliefern. Darum sei die Parole: Heraus aus den Betrieben! An die Bäume mit den Hunden! Es lebe die Diktatur der Radfahrer!«

Der *»Völkische Beobachter«*:

»Der gestrige Vorfall am Kurfürstendamm, dem ein aufrecht fahrender deutscher Radfahrer zum Opfer gefallen ist, hat gezeigt, welcher Werkzeuge sich die Weisen von Zion bedienen. Wieder ist ein Parteigenosse von einem krummbeinigen, o-füßigen Dackel bei Nacht und Nebel hinterrücks überfallen worden. Krummbeinig – das verrät die wahre Rasse dieser ostjüdischen Haustiere, die mit herabhängenden, gelockten Ohren am Rückenmark unserer Volksgenossen saugen und unserem deutschen Schäferhund den Knochen vor der Nase wegschnappen. Unser Führer Adolf Hitler spricht morgen im Sportpalast zu dieser nationalen Sache. Parteigenossen erscheinen in einfacher Feldausrüstung, mit Handgranaten und Flammenwerfern.«

Schließlich das »Acht-Uhr-Abendblatt«:

»Furchtbares Verkehrsunglück am Kurfürstendamm. Rasender Radfahrer zerfetzt das Straßenpflaster. Große Hundemassen schwer verletzt. Feuerwehr greift mit Alarmstufe zehn ein. Aus den Trümmern der Straße tragen Sanitätsleute den schwerverletzten Zwergdackel Peter von Strohlendorf, der sich jetzt mit der Niederschrift seiner Erlebnisse für die Leser des Acht-Uhr-Abendblatts beschäftigen wird. Wir beginnen morgen mit der Veröffentlichung der Erinnerungen des Zwergdackels Peter von Strohlendorf unter dem Titel: ›Aus den Geheimnissen der Hundehöfe – Als ich noch Ludendorffs Hund war‹.«

Und so, meine Herrschaften, gibt die Presse ein klares Bild der Ereignisse.

MAX JOSEF WOLFF

Vor Troja nichts Neues

Wenn man sich im Kriege sattgefressen hat, so hat man nur noch eine Sorge, wie man das von vorn Eingenommene in umgekehrter Richtung auf gute Art wieder los wird.
Die Latrinenanlagen am Hellespont sind großartig, jedenfalls

die beste, vielleicht sogar die einzige gute Leistung, die die Oberste Heeresleitung im Laufe der verflossenen acht Kriegsjahre zustande gebracht hat. Man hat die Aussicht auf das blaue Meer, man sieht in der Ferne die Umrisse der Berge, der rote Mohn blüht auf der grünen Wiese und die Käfer schwirren darüber hin.

Man sitzt da sehr gut und wenn man bei der Sitzung Erfolg hat, wird einem ganz sentimental und wohlig ums Herz. Man sieht den Krieg in anderer Beleuchtung, man hat erstaunlich kluge Gedanken und man fühlt die ganze Wichtigkeit der eigenen Person.

Gesellschaft trifft man da auch immer. Im Frieden pflegt man sich zur Entleerung seiner Gedärme in ein verschwiegenes Gemach zurückzuziehen, wir Soldaten haben diesen Standpunkt längst überwunden. Reihenweise sitzen wir mit heruntergezogenen Hosen beieinander und tauschen unsere Ansichten aus. Manche bringen sich sogar Würfel und Karten mit und verbinden auf diese Weise das Nützliche mit dem Angenehmen, das Spiel mit der körperlichen Erleichterung.

Wenn uns jemand sagen würde, daß es auf diesem unserem Lieblingsplatz gerade nicht nach Nektar und Ambrosia duftet, wir Soldaten würden es ihm nicht glauben. So abgehärtet hat uns der Dienst im Felde. Wir haben längst vergessen, daß wir Nasen haben. Wozu auch? Doch nur, damit sie von den Pfeilen der Trojaner weggeschossen und von ihren Schwertern abgehauen werden. Davon wird künftig noch zu reden sein.

Einstweilen hatte ich meine Sitzung mit bestem Erfolg beendet. Ich bummelte etwas herum, doch die Anstrengung nach Speck und weißen Bohnen war so groß gewesen, daß ich mich niedersetzen mußte. Der Platz war nicht übel und gewährte mir, ohne daß man mich sehen konnte, einen Blick auf das Zelt des Höchstkommandierenden.

Agamemnon ließ sich von seinen Dienern einen Tisch und einen bequemen Stuhl herausbringen. Er setzte sich nieder und nahm den Schreibstift in die Hand. Vor ihm lag ein schönes weißes Papyrusblatt. Ich wußte, was das bedeutete. Es war die Stunde, wo er den täglichen Heeresbericht redigieren mußte. Die Arbeit fiel ihm offenbar nicht leicht. Er sann nach, zog das Gesicht in ernste Falten und setzte ein paar Mal zum Schreiben an, aber dann hielt er wieder inne.

»Man rufe den Chef des Generalstabes«, befahl er endlich einem Diener, da er sah, daß er allein mit dem Heeresbericht nicht fertig wurde.

Der Generalstabschef ist sein Bruder, die Stelle ist mit – ich weiß nicht wie viel – Talenten dotiert. Das schöne Geld muß natürlich in der Familie bleiben.

»Menelaos«, rief Agamemnon, »was sollen wir heute im Heeresbericht nach Hause melden?« Der Angeredete zuckte mit den Achseln. »Ich weiß es nicht.«

»Du mußt es wissen. Dafür habe ich dir doch deine Stellung gegeben. Was war denn an der Front los?«

»An der Front?« Menelaos dachte nach.

»Wurde denn nicht gekämpft? Ich habe doch Lärm gehört.«

»Natürlich wurde gekämpft. Ein paar Muskoten sind auch getötet und ein paar Verwundete ins Lazarett eingeliefert worden . . .«

»Muskoten interessieren mich nicht. Die kann ich in meinem Heeresbericht nicht brauchen. Ist denn keiner von unseren Helden ausgerückt?«

»Nein, der alte Nestor wollte eigentlich mit seiner Division losziehen. Aber unterwegs traf er Odysseus und mit dem ist er ins Gespräch gekommen. Ich weiß nicht, worüber sie geredet haben, aber es muß sehr interessant gewesen sein. Denn Nestor blieb zurück und ließ seine Leute allein marschieren.«

»Und du, Menelaos, was hast du heute gemacht?«

»Ich . . .?«

»Nun ja, du! Der Generalstabschef muß doch Pläne haben, strategische Ideen entwerfen, er ist doch der verkörperte Geist des Heeres.«

»Ach Gott!« seufzte Menelaos. Aus meinem Versteck konnte

ich sehen, wie er rot wurde und verlegen an seinem Vollbart zupfte. »Ich, ich habe einen Armeebefehl erlassen . . .«

»Ausgezeichnet! Einen Armeebefehl . . .«

»Daß die Mädchen in dem Offiziersbordell seidene Hemden erhalten sollen, daß diese aber nur bei Besuchen vom Stabsoffizier aufwärts getragen werden dürfen.«

Agamemnon schien über den Inhalt des Befehls etwas überrascht. Er schwieg eine Weile. »Menelaos«, sagte er endlich, aber im Gegensatz zu seiner sonstigen Sprechweise so leise, daß ich es kaum noch verstehen konnte, »Menelaos, der Generalstabschef muß sich um alles kümmern. Ich finde es sehr verdienstvoll, daß du dich auch mit diesen Dingen abgibst. Aber in den Heeresbericht können wir es nicht aufnehmen.«

»Natürlich nicht, Bruder, die Frauen in der Heimat würden uns schön kommen.«

Agamemnon nickte. »Der Heeresbericht muß moralisch sein und darf nur Siege enthalten.«

»Aber wenn wir keine haben, was schreiben wir dann?« Beide sahen sich verlegen an. Es war ein unsagbar komischer Anblick, die beiden alten Generäle, die nicht mehr ein und aus wußten.

Nach einer langen, sehr langen Pause stotterte Menelaos: »Wenn wir die gefallenen Muskoten meldeten . . .«

»Laß mich mit den Muskoten in Ruhe«, brüllte ihn der Höchstkommandierende an. »Muskoten sind zum Krepieren da. Das ist doch nichts Besonderes und nichts Neues!«

»Nichts Neues«, wiederholte Menelaos, »nichts Neues!« Und sein Gesicht nahm bei diesen Worten einen beglückten Ausdruck an. »Weißt du, Bruder, wir schreiben eben: Nichts Neues vor Troja!«

Ich konnte deutlich sehen, wie Agamemnon bei diesem Vorschlag ein Stein vom Herzen kollerte. »Nichts Neues vor Troja! Das ist ja vortrefflich. Ich sehe, du verdienst deine Stelle als Chef des Generalstabes.«

Er setzte sich hin und schrieb die Worte mit kühnem Schwung auf das Blatt. Gezeichnet: Die Oberste Heereslei-

tung. »Hier, lasse es sofort durch den Zeigertelegraphen nach
Griechenland melden. Unsere Angehörigen können in Ruhe
schlafen, uns ist nichts passiert.«
Sie gingen in ihr Zelt und auch ich zog meiner Wege. Mein
Geist war bedrückt. Buntseidene Hemden gaukelten vor meiner Phantasie, blaue, grüne, rote! Und die Gewänder
schmiegten sich um weiße Frauenleiber, die Leiber wieder
um Stabsoffiziere. Ich fühlte das ganze Elend des gemeinen
Soldaten. Und noch etwas anderes wurde mir klar, etwas
Entsetzliches, nicht Auszusprechendes.
Der Krieg würde nie ein Ende haben, er wird dauern . . .
dauern, in alle Ewigkeit dauern. Die Frauen der Stabsoffi-
ziere zu Hause haben keine buntseidenen Hemden. Ihre
Männer werden lieber hier bleiben als nach Hause zurück-
kehren zu grobem Leinen und wollenen Strümpfen.
Ich muß mir das Denken abgewöhnen, das qualvolle Denken!
Aber kann man auch ohne zu denken, ein Tagebuch schrei-
ben? Ich muß es versuchen.

KURT TUCHOLSKY

Weltbild, nach intensiver Zeitungslektüre

Seit Mussolini fahren die Züge in Italien pünktlich ab, in
Rußland gibt es keine seidnen Strümpfe, und das kommt alles
von der Prohibition. Kein Wunder, sehn Sie mal allein die
englischen Manieren – das sind ehmt Gentlemen, na ja, und
dann die Tradition! Das ist ganz was andres, das ist wie die
Luft in Paris oder die Mehlspeisen in Stockholm, das macht
den Ungarn eben keiner nach! Haben Sie gelesen: Hoesch
war bei Briand? Ja. Ich weiß nicht, was er da gemacht hat –
aber es ist ungemein beruhigend, das zu lesen. In Südamerika
heizen sie mit Mais, riesige Viehbestände haben die, und

unsre juristische Karriere ist auch überfüllt. Was mit dem König von Spanien bloß ist! Soll er doch schon gehn; 'n König heutzutage, das ist doch nichts! Und wo er sich überhaupt immer auf die Unterlippe tritt! Einen richtigen Diktator müßte man dem Mann mal hinschicken; die Hauptrolle spielt Fritz Kortner. Der Zündholz-Kreuger hat einen ewigen Trust erfunden, Brecht will für die ›Dreigroschenoper‹ Arbeitslosenunterstützung haben, er hat gesagt, das wär doch keine Arbeit, Stalin von den eignen Parteigenossen was, weiß ich nicht, aber so kann es keinesfalls weitergehn! Das dürfen die Leute ja gar nicht! Die Butter ist nu auch wieder teurer geworden, seit die türkischen Frauen alles haben fallen lassen, bin ich doch dafür, daß Cilly Außem in die Dichterakademie, Sie, Tennis-Borussia liegt in Front, da kann der Big Tilden nichts machen, und der kann doch gewiß Tennis, im Westen ist ein isländisches Tief mit schwachen südöstlichen Winden, Kortner spielt die Hauptrolle, und meine Meinung ist meines Erachtens die: nur ein Gremium kann uns helfen! Ein Gremium oder Radium, eins von den dreien, und Kortner spielt die Hauptrolle. Ist eigentlich der Joseph Goebbels mit der Josephine Baker verwandt? Die Polizei greift scharf durch, es wird ja in der letzten Zeit wieder kolossal durchgegriffen, da haben sie bei den Nazis eine Haussuchung gemacht, das Haus haben sie gefunden, aber sonst haben sie leider nichts gefunden, Großkampftag im Parlament von Jugoslawien, der König übernimmt die Verantwortung, das wird nicht gehn, die hat doch Brüning schon übernommen, so übernimmt sie immer einer vom andern, und wer sitzt nachher in der, Tschechei stellt die Lieferung von Journalisten an Deutschland ein, was werden wir denn nun machen, o Gott, o Gott, da bleiben uns dann eben nur noch die Wiener, ja, das goldene Wiener Herz am Rhein, davon leben wieder die aus Czernowitz, so eng ist die Weltwirtschaft miteinander verknüpft, und Kortner spielt die Hauptrolle. Daß Briand bei Hoesch . . . das hab ich schon erzählt. Gib noch mal das Hauptblatt her, wo war denn das . . . Ritueller Tenor unterrichtet, nein, das war's nicht, Gesellligkeit, seelenvolle Vierzigerin sucht Balkonzim-

mer mit gleichdenkendem Witwer spätere Badebenutzung nicht ausgeschlossen, man kann aber wirklich keine Zeitung mehr aufmachen, ohne daß man einen Chinesen sieht, dem sie den Kopf, das ist ja an den Haaren herbeigezogen, Stefan Zweig schreibt, dieses Buch ist voll verhaltener menschlicher Genialität und seit dem Reichskursbuch vielleicht das innerlichste, daß von den Nacktfotografien von Lieschen Neumann gar keine veröffentlicht werden! Dividende bei Mittelstahl, der Papst über die Ehe, Al Capone über die Prohibition, Hitler stellt eine Garde rassegereinigter SA-Leute auf, Kortner spielt die Hauptrolle, abgebauter Kardinal sucht Kinderwagen zu verkaufen, Reichstag, werde hart, ach Gottchen, Unterhaltungsbeiblatt, wie ich zu meinen Kindern kam, technische Beilage, die Dampfkesselwarmwasserrohrentzündung, die Herzogin von Woster in einem pikanten rotbraunen, Familiennachrichten, das ist doch die, wo der Mann die geschiedene, Kurszettel und andre Konkurse, verantwortlich für den Gesamtinhalt:
Wir leben in einer merkwürdigen Zeitung –!

KURT TUCHOLSKY

Hitler und Goethe

Ein Schulaufsatz

Einleitung

Wenn wir das deutsche Volk und seine Geschichte überblikken, so bieten sich uns vorzugsweise zwei Helden dar, die seine Geschicke gelenkt haben, weil einer von ihnen hundert Jahre tot ist. Der andre lebt. Wie es wäre, wenn es umgekehrt wäre, soll hier nicht untersucht werden, weil wir das nicht auf haben. Daher scheint es uns wichtig und beachtenswert, wenn wir zwischen dem mausetoten Goethe und dem mauselebendigen Hitler einen Vergleich langziehn.

Erklärung

Um Goethe zu erklären, braucht man nur darauf hinzuweisen, daß derselbe kein Patriot gewesen ist. Er hat für die Nöte Napoleons niemals einen Sinn gehabt und hat gesagt, ihr werdet ihn doch nicht besiegen, dieser Mann ist euch zu groß. Das ist aber nicht wahr. Napoleon war auch nicht der größte Deutsche, der größte Deutsche ist Hitler. Um das zu erklären, braucht man nur darauf hinzuweisen, daß Hitler beinah die Schlacht von Tannenberg gewonnen hat, er war bloß nicht dabei. Hitler ist schon seit langen Monaten deutscher Spießbürger und will das Privateigentum abschaffen, weil es jüdisch ist. Das was nicht jüdisch ist, ist schaffendes Eigentum und wird nicht abgeschafft. Die Partei Goethes war viel kleiner wie die Partei Hitlers. Goethe ist nicht knorke.

Begründung

Goethes Werke heißen der Faust, Egmont erster und zweiter Teil, Werthers Wahlverwandtschaften und die Piccolomini. Goethe ist ein Marxstein des deutschen Volkes, auf den wir stolz sein können und um welchen uns die andern beneiden. Noch mehr beneiden sie uns aber um Adolf Hitler. Hitler zerfällt in 3 Teile: in einen legalen, in einen wirklichen und in Goebbels, welcher bei ihm die Stelle u. a. des Mundes vertritt. Goethe hat niemals sein Leben aufs Spiel gesetzt; Hitler aber hat dasselbe auf dasselbe gesetzt. Goethe war ein großer Deutscher. Zeppelin war der größte Deutsche. Hitler ist überhaupt der allergrößte Deutsche.

Gegensatz

Hitler und Goethe stehen in einem gewissen Gegensatz. Während Goethe sich mehr einer schriftstellerischen Tätigkeit hingab, aber in den Freiheitskriegen im Gegensatz zu Theodor Körner versagte, hat Hitler uns gelehrt, was es heißt, Schriftsteller und zugleich Führer einer Millionenpartei zu sein, welche eine Millionenpartei ist. Goethe war Geheim, Hitler Regierungsrat. Goethes Wirken ergoß sich nicht nur auf das Dasein der Menschen, sondern erstreckte sich auch ins kosmetische. Hitler dagegen ist Gegner der materialistischen Weltordnung und wird diese bei seiner Machtübergreifung abschaffen sowie auch den verlorenen Krieg, die Arbeitslosigkeit und das schlechte Wetter. Goethe hatte mehrere Liebesverhältnisse mit Frau von Stein, Frau von Sesenheim und Charlotte Puff. Hitler dagegen trinkt nur Selterwasser und raucht außer den Zigarren, die er seinen Unterführern verpaßt, gar nicht.

Gleichnis

Zwischen Hitler und von Goethe bestehen aber auch ausgleichende Berührungspunkte. Beide haben in Weimar gewohnt, beide sind Schriftsteller und beide sind sehr um das deutsche Volk besorgt, um welches uns die andern Völker so beneiden. Auch hatten beide einen gewissen Erfolg, wenn auch der Erfolg Hitlers viel größer ist. Wenn wir zur Macht gelangen, schaffen wir Goethe ab.

Beispiel

Wie sehr Hitler Goethe überragt, soll in folgendem an einem Beispiel begründet werden. Als Hitler in unsrer Stadt war, habe ich ihn mit mehrern andern Hitlerjungens begrüßt. Der Osaf hat gesagt, ihr seid die deutsche Jugend, und er wird seine Hand auf euern Scheitel legen. Daher habe ich mir für diesen Tag einen Scheitel gemacht. Als wir in die große Halle kamen, waren alle Plätze, die besetzt waren, total ausverkauft und die Musik hat gespielt, und wir haben mit Blumen dagestanden, weil wir die deutsche Jugend sind. Und da ist plötzlich der Führer gekommen. Er hat einen Bart wie Chaplin, aber lange nicht so komisch. Uns war sehr feierlich zu Mute, und ich bin vorgetreten und habe gesagt Heil. Da haben die andern auch gesagt heil und Hitler hat uns die Hand auf jeden Scheitel gelegt und hinten hat einer gerufen stillstehn! weil es fotografiert wurde. Da haben wir ganz still gestanden und der Führer Hitler hat während der Fotografie gelächelt. Dieses war ein unvergeßlicher Augenblick fürs ganze Leben und daher ist Hitler viel größer als von Goethe.

Beleg

Goethe war kein gesunder Mittelstand. Hitler fordert für alle SA und SS die Freiheit der Straße sowie daß alles ganz anders wird. Das bestimmen wir! Goethe als solcher ist hinreichend durch seine Werke belegt, Hitler als solcher aber schafft uns Brot und Freiheit, während Goethe höchstens lyrische Gedichte gemacht hat, die wir als Hitlerjugend ablehnen, während Hitler eine Millionenpartei ist. Als Beleg dient ferner, daß Goethe kein nordischer Mensch war, sondern egal nach Italien fuhr und seine Devisen ins Ausland verschob. Hitler aber bezieht überhaupt kein Einkommen, sondern die Industrie setzt dauernd zu.

Schluß

Wir haben also gesehn, daß zwischen Hitler und Goethe ein Vergleich sehr zu Ungunsten des letzteren ausfällt, welcher keine Millionenpartei ist. Daher machen wir Goethe nicht mit. Seine letzten Worte waren mehr Licht, aber das bestimmen wir! Ob einer größer war von Schiller oder Goethe, wird nur Hitler entscheiden und das deutsche Volk kann froh sein, daß es nicht zwei solcher Kerle hat!

Deutschlanderwachejudaverreckehitlerwirdreichspräsident dasbestimmenwir!

Sehr gut!

EGON FRIEDELL

Die Welt im Drama

Eine Buchbesprechung im Stile Kerrs

Kerr hat diese wie auch die folgende Kerr-Parodie sehr gelobt und weit herumgezeigt.

I

S. Fischer, Berlin, schickt mir (wackerer Samuel!) *Alfred Kerr, ›Die Welt im Drama‹.* Erster Band: ›Das neue Drama‹. Zweiter Band: ›Der Ewigkeitszug‹. Dritter Band: ›Die Sucher und die Seligen‹. Vierter Band: ›Eintagsfliegen‹. Fünfter Band: ›Das Mimenreich‹. Was soll ich damit tun? All' die Köstlichkeiten einschlürfen wie eine Riesenplatte voll Austern (Natives, bitte, nicht Nordsee!), wie eine Magnumflasche Pommery extra sec, wie den Duft eines verfluchten, geliebten Weibes? Aber das will man ja nicht von mir. Ich soll schreiben . . . schreiben (pfui Teufel).

II

Schreiben . . . na schön . . . aahber – was? Soll ich etwa schreiben: »Dieser Zeitgenosse vereinigt mit bemerkenswertem

Feingefühl eine erkleckliche Summe von Kenntnissen auf
dem Gebiete der modernen . . .?«

Pfui Teufel.

III

Ich spitze meinen Bleistift (Koh-i-noor, hart, mittelschwarz)
mit meiner herrlichen Bleistiftspitzmaschine (Johann Faber,
D.R.P. Nr. 5060, jetzt – etsch! – nicht mehr erhältlich).

Mir fällt nichts ein.

IV

Aber . . . was ist das? Was tritt da plötzlich in meine Gan-
glien? Ich (und wenn ihr zerspringt, liebe Leute) ich werde
meine Kritik auf kerrisch schreiben.

(Ich werde meine Kritik auf kerrisch schreiben.)

Auf kerrisch.

Ecco.

V

S. Fischer (wackerer Samuel!) schickt mir: ›Die Welt im
Drama‹. Von Alfred Kerr. *Von Alfred Kerr.* Damit ist
(eigentlich!) schon alles gesagt. Alle Bücher sind entweder
von Alfred Kerr oder aber: sie sind nicht von Alfred Kerr.
Hier sondern sich herkulesscheidewegmäßig die Geister.
(Will sagen: die Stile, aber die Stile *sind* die Geister.) Ein Buch
ist von Kerr, das heißt: es ist hermetisch dicht gearbeitet,
fettlos, schwerelos, eine Essenz. (Aus zehntausend Rosen,
die die andern nicht haben.) Es ist nicht von Kerr, das heißt:
es ist traurig, schwammig, schwabbelig, molluskig, porös.

VI

S. Fischer schickt mir: ›Die Welt im Drama‹. Fünf Bände.
Auf Holzpapier, in elendem Pappband. Der Pappband wird
zermürben, das Holzpapier wird zerfallen, die Gedanken,
will sagen: die leuchtenden Formulierungen (jede rechtschaf-

fene Formulierung *ist* schon ein Gedanke) werden bleiben. Weiterleuchten. Lampen, schwingend von der heute pulsierenden Gegenwart in noch ungeborene nebelfeuchte Zukunft.

Fünf Bände? Fünf Kosmosse. Oder nein. *Ein* Kosmos, ein Ganzes, ein fünfteiliger Kosmos. (Ein fünf-teiliger Kosmos.)

VII

Herr Professor Eberhard Körbing aus Halle wird im Konversationslexikon buchen: Kerr, Alfred, namhafter Kritiker.

Ein Kritiker? Ein ›das Kunstleben mit Randnoten Begleiter‹? Daß i nöt lach'!

Hirschfeld ist ein mieses Jüngelchen. Eulenberg ist ein Sucherchen. Sternheim ist ein Krampfwitzebold (etwa: mit Panoptikumzwangsgrinsen). Wedekind ist ein ephemerer Excentric-Clown (satanisch einprägsam, ballend, Zeitprofilumreißend, aber ... dennoch ... ephemer). Selbst G. Hauptmann ... ein dichtender Pubertäterich schließlich.

Aber der ›mit Randnoten Begleiter‹? Der ›Horatio‹? Der ›Epilogerich‹? Er hat eben das Schlußwort. Das letzte Wort. Das weiseste. Das wärmste. Das männlichste. Er lebt, er (allein) lebt hinein in kommende Fortinbras-Zeiten.

(Überhaupt: wieso ›Randnoten‹? Der Schlag soll euch treffen! Hier ist, oder aber es treffe *mich* der Schlag, auf jeder Seite Grundmauernstes an Philosophie, Kosmographie der Seele. Jawohl: Kosmographie der Seele. Nehmt nur etwa einmal – aber ihr könnt auch tausend anderes nehmen – nehmt einmal diese schauerlich-erschütternde Welterklärungs-Hypothese im zweiten Band, Seite 214 ff. Ja, da kann man wirklich nur noch sagen: ff.!)

Ein Kritiker?

Ich sage: m. n. (mit nichten).

Und dann: Kinder, Menschenskinder!
Seid's doch gescheit! Ist denn das ›Bleibende‹ wirklich das
›poetisch Gestaltete‹? Die Jamben, die Anapäste, tatatam,
tamtata, tamtata, tatatam?
Sophokles (Ruhe: es *ist* so!) hat eine zweifingerdicke Staub-
schicht. ›Patina‹ nennt man das. Patina erhöht den Wert, ich
weiß, ich weiß. Jedoch für wen? Für den Antiquar, den buck-
ligen, triefäugigen, humpelnden, verschrumpelten hundert-
jährigen Antiquar.
Aber Plato? Die Dialoge? des Symposion, des Protagoras?
Die könnten gestern geschrieben sein.
Nein. Nicht gestern. Heute.
Und Racine? Und Corneille? Laßt's mich aus, Kinder!
Kitschpuppen, Marionettiges, Kaftanmäßiges, weiß und rot
angemalte Tortenaufsätze. Auf Draht Gezogenes. Zucker-
guß. Goldpapier. Zerschlissener Brokat. Von Seele: keine
Spur.
Hingegen: Pascal. Ein Blutvollster. Ein warmer, zuckender
Sichselbstkreuziger. Ein Widerspruchsvollster. Ein Kreu-
zungspunkt alles Jubels und Jammers. Aller Kraft und Ohn-
macht des Engeltiers ›Mensch‹. Prophet, Evangelist, Paraklet
noch für deine Enkel.
  Ich sage: noch für deine Enkel.
  Also wer bleibt? was bleibt?
  Kinder, Menschenskinder.
  Seid's g'scheit.

Dazu kommt noch ein Wesentliches.
Vielem gibt die Kritik erst eine Form.
Sie formt: was der Dichterling *nicht* formen konnte. Sie ballt
zusammen, kondensiert Nebelschwaden, schafft Übersichten, Zusammenhänge ... Sie ist das ›Gefäß‹, das (nun ja,
meinetwegen) ›empfängt‹. Aber *was* empfängt? Wasser.
(Nicht immer, aber sehr oft, meine Lieben, sehr oft!) Und

selbst den Wein ... umgibt sie, umfängt sie ... mit Kristall ... mit edlem Metall. Sie bewahrt ihn. Ohne sie würde er verfließen, verdampfen.

Ich wechsle das Bild. Sie ist nicht das Gefäß, das die Dichtung auffängt, sie ist ganz einfach der Spiritus, der sie konserviert.

Habt ihr verstanden? Der Spiritus.

Aber (und dies euch gesagt, ihr Rezensenten), es muß echter Spiritus sein, reiner, höchstprozentiger, sonst konserviert er nicht.

Sonst stinkt er bloß.

(Ende der allgemeinen Betrachtungen über das Wesen des Kritikers.)

X

Ich sagte zu Lina, der Allerliebsten, der sanften, blonden, mit dem Antlitz der Zwanzigjährigen: Hier ist einer, der brüderlich mitschwingt in unseren Seelen, wie eine Windesharfe, wie eine Memnonssäule; der unser Leuchten kennt und unser Versinken, der schon für die Gegenwart die historische Vogelschau besitzt (für die Gegenwart ... die historische Vogelschau) und vor allem: einer, der lachen kann, weil er ... weil er für Menschen und Dinge den stereoskopischen Blick besitzt. Weil er weiß, daß es ein Oben *und* Unten, ein Vorne *und* Hinten, ein Rechts *und* Links gibt, daß auf dieser Kugel alles rund ist und unendlich viele Seiten und Ecken hat. Weil er die Welt mit Facettenaugen betrachtet ...

Sie sagte: Ja. Aber er schimpft zu viel.

XI

Aber er schimpft ja gar nicht. Wie sagte doch der verstorbene Nietzsche? »Über jedem großen Manne erhebt sich noch sein eigenes Ideal.« Kerr ist dieses Ideal. Zeigt dieses Ideal. Das ist nicht schimpfen.

Und dann: wovon hat der Künstler mehr: von zieltreffendem, kernsten Kern herauspräparierendem Seelentadel oder von Federn-Gelobe mit Klischeesätzen? »Unvergleichlich«, »sich selbst übertroffen« – was gibt ihm das? Ist es ein Spiegel? Oder eine Scheuklappe?

Kerrs fünf Bücher sind Dichterspiegel. Sie sind aber auch . . .

XII

Sie sind aber auch Zeitspiegel. Sie. Nur sie.

Brandes (jener unsägliche Däne) schreibt Hauptströmungen (bitte: Ströhmungen), aber wo strömt es? Was ist es? Ein sabbriges, labbriges, kuhwarmes Gerinnsel, breit, schwammig, schlammig . . . näh. Und dann: gesetzt den Fall, selbst wenn, zugegeben . . . so wären es immer nur Ströme (Strööhme), aber die Landschaft, durch die sie fließen? Aber die Luft, durch die sie rauschen? Aber (malermäßig gesprochen) das ambiente?

Hier ist Literaturhistorie, ihr Herren Professoren! Nicht Literaturhistoohrie, sondern Literaturhistorie. Kurzweg. Schlechtweg. Wo sonst noch? In den sauledernen Wälzern? Oder bei jenem Seminarhäuptling W. Scherer, welcher mit erhobenem Zeigefinger im Gange der deutschen Dichtung die (zerspring!) ›Ideenfiliationen‹ aufzeigt? Oder bei Erich Schm . . ., aber wozu noch Namen?

Hier ist, was dort nicht ist: Stimmungen der Zeit, der *Zeit*, Schwebungen, Unfaßbares gefaßt, Imponderables, Schwereloses, abgewogen mit schwerelosen Gewichten, die *doch* sind . . . Hier ist: Blick für Gestuftestes, Finger für Nunanciertestes.

XIII

Ich fasse zusammen.

Die p. p. besten Dichter sind ein Weltchen im Drama. Ein Hauptmann-Weltchen. Ein Schnitzler-Weltchen. Oder aber: ein Weltscherben. Ein Strindberg-Weltscherben. Ein Hebbel-Weltscherben. Hier jedoch . . . hier ist die Welt. Die *Welt*. Capito?

Aber nun kommt Herr Gottlob Schulze aus Posemuckel und
sagt skeptisch – überlegen – relativistisch: Jaaa . . . sehnse . . .
heernse . . . sehnse . . . ob man für Kerr ist oder nicht . . . dies
ist ja nun wohl doch schließlich Geschmackssache . . .
nöch?
Ich aber erwidere ihm: Nicht Geschmackssache, sondern
Sache des Geschmacks. Erwidere ich.

Nicht – – –
sondern – – –
des Geschmacks.
Eccolo.

BERTOLT BRECHT

Große Rede C.s vor den Distriktsobleuten der Wahlkomitees

»Römer, es gibt einige Römer, denen es zu viele Römer in
Rom gibt. Ich verstehe unter Rom Italien, seine blühenden
Haine und seine Äcker, die unbestellt liegen. Ihr, Römer,
wohnt in elenden Mietskasernen, zu viert in einem Kämmer-
chen, man könnte vielleicht sagen, es gäbe zuwenig Kämmer-
chen, aber einige Römer sagen, es gibt zu viele Römer. Diese
Leute sind der Meinung, es genügten einige Römer für Rom,
und Rom reichte eben aus für einige Römer. Der Rest müsse
eben auswandern. Macht Krieg, sagen sie, erobert fremde
Länder, wohnt dort! Der Rest seid ihr. Es gibt 200 Römer,
meinen diese 200, und es gibt dann noch den Rest der Römer,
und der Rest soll weg aus Rom und aufhören, römisch zu
sein. Werdet Syrier, sagen sie, werdet Gallier! Römer, es wird
euch versichert, der Krieg helfe euch zu allem, was ihr

braucht. Nun, wir hatten einen großen Krieg eben jetzt, den asiatischen. Tatsächlich hoben sich an seinem Beginn die Geschäfte. Es gab Bestellungen. Dann kamen die Sklavenimporte aus Asien. Es gab immer noch Bestellungen, aber jetzt führten die Sklaven sie aus. Einige Römer profitierten. Der Krieg reichte aus, ihnen Gewinne zu verschaffen. Sie reichten aus, die Kriegsbestellungen auszuführen. Der Rest, ihr, hungerte. Und durch die Schlachten und Siege vermehrten sich zwar nicht die Wohnstätten für euch, den Rest der Römer, aber ihr, der Rest, verminderte sich. Römer, die Bodenfrage muß nicht im Osten oder im Westen gelöst werden, sondern auf dieser Halbinsel, hier in Rom. Tatsächlich wohnen einige Räuber in Palästen und Gärten, und der Rest wohnt zusammengepfercht in den Mietshäusern. Tatsächlich schlagen sich einige Römer den Bauch voll mit allen Leckerbissen Asiens, und der Rest steht um Gratiskorn an. Bibulus und seine Freunde im Senat, das ist der Krieg, das sind die Versprechungen. Ich und meine demokratischen Freunde, das ist der Friede, das ist der Boden. Römer, laßt einige Römer den Bibulus wählen, ihr aber, der Rest der Römer, wählt Caesar!«

WERNER FINCK

Verdunkelungsübung

Meinen Enkeln werde ich es so erzählen: Es begab sich aber zu der Zeit, daß ein Gebot ausging, daß alles verdunkelt würde. Und diese Schützung war die erste von diesen Ausmaßen, und sie währte drei Tage und drei Nächte.
Und ein jeglicher ging, damit er es einmal erlebe, ein jeglicher durch die Stadt.
Denn kaum war das Gebot ausgegangen, so taten es die Lich-

ter auch, und eine Finsternis breitete sich aus zwischen den Häusern. Und die Züge der sonst so freundlichen Eisenbahn verfinsterten sich ob dieser Übungen. Und es war da kein Auto, das nicht eine Schwarzfahrt unternahm.

Allein der Mond leuchtete einsam auf weiter Flur, und denkt euch, er, den sie sonst immer belächelten, itzt wurde er für voll genommen. Er schien, nein, er schien noch von keiner Verdunkelung zu wissen. Es waren aber Flieger in der Nähe, irdische Heerscharen mit himmlischer Deckung, die sprachen also:

Auf zum fröhlichen Treffen, denn wahrlich, wir haben ein Geschäft, das noch etwas abwirft.

Da murrte das untere Volk, und etliche warfen Scheine nach ihnen.

Und ein Lärm erfüllte die Luft, und es brauste dahin und daher. Ja, es war wie am Morgen.

Denn am Morgen des ersten Tages hub ein Heulen an in der ganzen Stadt, aber kein Zähneklappern. Denn es wußte ein jeglicher, daß er geschützet wurde von den Geschützen. Und wo ein Wille ist, da ist auch ein Keller. Und die Straßen und Plätze sprachen also: Diese Warnung soll uns eine Leere sein.

So vergingen drei Tage und drei Nächte.

Am vierten Tage aber war wieder alles wie zuvor. Einem jeglichen ging jetzt ein Licht auf, ohne daß er es hätte unter den Scheffel stellen müssen. Als man aber den Schaden besehen wollte: Siehe, da war keiner. Nichts war ernsthaft getroffen worden, außer ein paar Vorkehrungen.

THADDÄUS TROLL

Das Urteil des Paris

Aphrodite tupfte sich ein wenig »Mon espoir« hinters Ohrläppchen, bestieg einen unruhig stampfenden Zentauren und schäkerte mit ihm, als er sie trabend durch die elysischen Gefilde trug. Recht spät kamen sie zum Café Heureka, wo die Kolleginnen Hera und Pallas Athene schon auf der Terrasse ihren Nektar tranken.

»Haben Sie gehört? Sie duzt sich mit ihm«, zischelte Hera zu Pallas und nahm ihr Lorgnon auf die spitze Nase. »Dieses Dekolleté – eine Person ist das!«

»Wenn auf den Olympischen Spielen der Geist bewertet würde, bekäme die auch keine Goldmedaille«, sagte Pallas maliziös, denn sie war stolz darauf, daß sie bei Professor Sokrates promoviert hatte.

Aphrodite begrüßte die Kolleginnen und bestellte einen Eisnektar und eine Ambrosiatorte.

Die Damen plauderten über Kollegen, Bekannte, Kleider und Dienstboten. Hera fand die Preise der Weberei Geschwister Parzen skandalös, und Pallas sprach lobend über Xanthippe, wie Frauen gerne über andere lobend sprechen, die von der Natur nicht allzu reichhaltig mit äußeren Vorzügen ausgestattet sind. »Eine reizende Frau, nicht hübsch, aber klug und häuslich, schlicht und vornehm. Sie trägt einen Knoten wie ich.«

Aphrodite beklagte sich über Hermes, den olympischen Boten. »Er erlaubt sich mir gegenüber Freiheiten, die unerhört sind.«

»Er denkt eben, erhört zu werden«, sagte Hera boshaft. »Männer erlauben sich immer die Freiheiten, die Frauen ihnen zugestehen. Gegen mich benimmt er sich tadellos.«

»Na ja«, meinte Aphrodite und schaute Hera mit leicht nach unten gezogenen Mundwinkeln an.

In diesem Augenblick kam die Göttin der Zwietracht am

Tisch vorbei und warf einen goldenen Apfel mit der Aufschrift »Der Schönsten« auf die Marmorplatte. Hera nahm den Apfel an sich und rief der unedlen Spenderin ein »Vergelt's Zeus!« nach.

»Aber erlauben Sie mal, der Apfel ist doch an mich adressiert«, sagte Pallas.

»Die Damen irren, er gehört selbstverständlich mir!« rief Aphrodite und griff nach dem Apfel.

Bald entstand ein solcher Lärm, daß der Geschäftsführer kam. »Meine Damen, ich muß doch sehr bitten. Der Ruf unseres Hauses . . .«

Doch die Göttinnen ließen ihn nicht zu Ende reden.

»Wollen die Damen nicht einen Schiedsrichter sprechen lassen?« riet der Geschäftsführer. »Mir selbst verbieten leider die Gepflogenheiten unseres Hauses, mich in Meinungsverschiedenheiten der Gäste einzumischen.«

»Einen Schiedsrichter!« riefen die drei olympischen Damen, und da gerade der Hirte Paris mit seiner Schafherde die Straße herabkam, ließen sie ihn kommen.

»Treten Sie ruhig näher, junger Mann, und stehen Sie bequem. Können Sie Schiedsrichter spielen?« fragte ihn Hera.

Paris rieb sich sein stoppliges Kinn. »Ich bin zwar selbst Fußballer und habe in dem Match Sparta gegen Syrakus um den Cup der Antike Verteidiger gespielt – aber Schiedsrichter – nee . . .«

»Es handelt sich hier nicht um einen Vulgärsport, sondern um eine Schönheitskonkurrenz«, fiel ihm Pallas ins Wort. »Sie sollen der Schönsten von uns dreien diesen goldenen Apfel geben.«

Paris stand flegelig da und kratzte sich am Kopf; er war so verlegen, wie Männer zu sein pflegen, wenn sie in Liebesdingen zu einer Entscheidung gedrängt werden. »Eine ist doch so schön wie die andere. Warum wollen denn die Damen das wissen?«

»Nur so aus Daffke«, sagte Aphrodite, denn sie liebte bisweilen den Jargon.

»Mann, seien Sie nicht so feige, entscheiden Sie sich!« rief Pallas ungeduldig.

»Hören Sie mal gut zu«, redete ihm Hera ein. »Ich mache Sie gleich darauf aufmerksam, daß ich mit Zeus, der auch Ihr direkter Vorgesetzter ist, verheiratet bin. Sollten Sie mir den Apfel zuerkennen, so bin ich bereit, ein gutes Wort bei ihm einzulegen. Sie können durch unsere Beziehungen was werden. Vielleicht beim Fernsehen. Die BBC will die ›Ilias‹ verfarbfilmen und sucht einen Naturburschen für die Rolle des Ajax. Das wär 'ne Rolle für Sie. Also urteilen Sie ganz objektiv und geben Sie mir schon den Apfel!«

»Aber meine Beste, das ist ja Beeinflussung!« protestierte Pallas, und ihre Stimme überschlug sich.

»Den Apfel bekommt doch die Schönste«, sagte Aphrodite.

»Den Apfel bekomme ich!« befahl Hera.

»Bei allem Wohlwollen – da können Sie doch wirklich keinen Anspruch darauf erheben, meine Gnädigste. Sie haben zwar Herzensbildung, aber bei Ihrer etwas fülligen Figur . . .«, zwitscherte Aphrodite und setzte hinzu: »Aus gutem Grund ist Juno rund!«

»Ich bin die Göttin der Weisheit«, stellte sich Pallas vor. »Es ist der Geist, der sich den Körper baut, sagen schon die jungen Römer. Der Apfel gehört also unstreitig mir. Sollten Sie ihn mir zuerkennen, so gebe ich Ihnen Weisheit. Ich lasse Sie vielleicht Amerika entdecken. Oder die Atombombe erfinden. Oder den Erreger der menschlichen Dummheit. Auch mit Memoiren können Sie viel Geld verdienen und etwas auf die hohe Kante legen.«

»Ich bin die Göttin der Schönheit«, empfahl sich Aphrodite und zeigte ein Stückchen Bein. »Welcher anderen soll der Apfel gehören als mir! Also entscheiden Sie sich ganz voreingenommen und geben Sie ihn gleich her! Als Lohn sollen Sie eine gute Partie machen – die schönste Frau der Welt soll die Ihre werden!«

Da fuhr Hera auf. »Sie, Sie und den Apfel bekommen, Sie Person! Was sind Sie denn überhaupt für eine geborene? Herkunft dunkel, was? Die Schaumgeborene, daß ich nicht lache! Und Sie, ausgerechnet Sie mit Ihrer Vergangenheit wollen den Apfel!«

»Aber verlieren Sie doch nicht die Kontenance«, hauchte Aphrodite und wurde grün vor Ärger. »Zorn macht alt und häßlich! Und Sie mußten sich über Ihren Herrn Gemahl schon so viel erzürnen, meine Liebe. Ich erinnere nur an den Leda-Skandal und an die Sache mit Europa. Na, ich kann es Ihrem Gemahl nicht übelnehmen. Wer zu Hause nur trockenes Brot hat, nascht Pastete gern aus fremden Töpfen!«

Während sich Hera und Aphrodite zankten, lächelte Paris genießerisch. Die schönste Frau, dachte er, das ist was Handfestes, das ist ein Angebot. Über sein sommersprossiges Gesicht ging ein breites Grinsen, als er Aphrodite den Apfel reichte, die ihn mit einem triumphierenden Girren in ihre Krokodilledertasche schob.

»So weit kommt das noch!« rief Hera zornig und schlug auf den Tisch.

»Ober, zahlen!« verlangte Pallas.

Aphrodite schnalzte kapriziös mit den Fingern und zündete sich eine Zigarette an.

Als am Abend Hera immer noch zornbebend in den Palast ihres Mannes kam, saß der gerade über einem Kreuzworträtsel. »Prometheus, Feuer!« rief er wütend, denn die Pfeife war ihm ausgegangen, und er suchte vergeblich eine Novelle von Storm mit acht Buchstaben, von der er natürlich nichts wissen konnte, denn *Immensee* war ja damals noch nicht verfilmt. So paßte die Erzählung seiner Gattin in seine schlechte Stimmung. »Bei mir!« fluchte er. »Die Menschen sollen es büßen!« Er klopfte seine Pfeife aus, so daß ganze Blitzbündel erdwärts fuhren, und setzte den Trojanischen Krieg auf den Dienstplan der Menschheit.

ERICH KÄSTNER

Das Goethe-Derby

Die Bleistifte sind messerscharf gespitzt. Die Federhalter
haben frisch getankt. Die neuen Farbbänder zittern vor
Ungeduld. Die Schreibmaschinen scharren nervös mit den
Hufen. Die deutsche Kultur und die umliegenden Dörfer
halten den Atem an. Es kann sich nur noch um Sekunden
handeln. Da! Endlich ertönt der Startschuß! Die Federn sau-
sen übers Papier. Die Finger jagen über die Tasten. Die
Rotationsmaschinen gehen in die erste Kurve. Die Mikro-
phone beginnen zu glühen. Ein noch gut erhaltener Festred-
ner bricht plötzlich zusammen. Das Rennen des Jahres hat
begonnen: das Goethe-Derby über die klassische 200-Jahr-
Strecke! Das olympische Flachrennen! Ein schier unüberseh-
bares, ein Riesenfeld! (Hinweis für den Setzer: Vorsicht!
Nicht Rieselfeld!) Ein Riesenfeld! Was da nicht alles mit-
läuft!

»Goethe und der Durchstich der Landengen«, »Faust II, Law
und die Emission von Banknoten«, »Klopstock, Goethe und
der Schlittschuhsport«, »Weimar und der historische Materialismus«, »Erwirb ihn, um ihn zu besitzen«, »Das Genie
und die zyklische Pubertät«, »Goethe und die Bekämpfung
der Kleidermotten«, »Die abgerundetste Persönlichkeit aller
Zeiten«, »Sesenheim, ein Nationalheiligtum«, »Goethe und
die Leipziger Messe«, »Goethe als Christ«, »Goethe als
Atheist«, »Goethe als Junggeselle«, »War Johann Wolfgang
ein schwererziehbares Kind?«, »Goethe und der Sozialis-
mus«, »Goethe und der Monopolkapitalismus«, »Goethe auf
Carossas Spuren«, »Ist Oberst Textor, USA, ein Nach-
komme von Goethes Großvater Textor?«, »Goethe und die
doppelte Buchführung«, »Goethes Abneigung gegen Hunde
auf der Bühne«, »Von Lotte in Wetzlar zu Lotte in Weimar«,
»Goethe und die Feuerwehr«, »Goethe und der Zwischen-
kiefer«, »Wo stünde Goethe heute?«, »Voilà c'est un

homme!«, »Spinozas Einfluß auf Goethes Pantheismus«,
»Genie und Kurzbeinigkeit«, »Vom Mütterchen die Frohna-
tur«, »Goethe als Weltbürger Nr. 1«, »Faust als . . .«, »Cotta
und Göschen über . . .«, »Newtons Farbenlehre und . . .«,
»Tiefurt zur Zeit . . .«, »Die Freimaurerei und ihr Einfluß
auf . . .«, Goethe in . . .«, »Goethe mitnachnächstnebstsamt-
beiseit . . .«

Es dürfte ziemlich schrecklich werden. Keiner wird sich lumpen lassen wollen, kein Redakteur, kein Philologe, kein
Pastor, kein Philosoph, kein Dichter, kein Rektor, kein Bür-
germeister und kein Parteiredner. Seine Permanenz, der
Geheimrat Goethe! In Göttingen verfilmen sie den Faust. In
München verfilmen sie den Werther. Von allen Kalenderblät-
tern dringt seine Weisheit auf uns. Kaufen Sie die herrli-
chen Goethe-Goldorangen! Skifahrer benutzen die unver-
wüstlichen Berlichingen-Fausthandschuhe! Davids Goethe-
Büste für den gebildeten Haushalt! Der Goethebüstenhalter,
Marke Frau von Stein, in jedem Fachgeschäft erhältlich!
O Mädchen, mein Mädchen, die Schallplatte des Jahres!
Goethe-Tropfen erhalten Sie bis ins hohe Alter jung und ela-
stisch!

Sind diese Befürchtungen übertrieben? Von der falschen Fei-
erlichkeit bis zur echten Geschmacklosigkeit wird alles am
Lager sein, und wir werden prompt beliefert werden. Am
Ende des Jubiläumsjahres – wenn uns bei dem Wort
»Goethe« Gesichtszuckungen befallen werden – wollen wir's
uns wiedersagen. Die Schuld trifft das Vorhaben. Goethe,
wie er's verdiente, zu feiern, mögen ein einziger Tag oder
auch ein ganzes Leben zu kurz sein. Ein Jahr aber ist zu viel.

WOLFGANG BUHL

Das Glasperlenspiel

Nach Hermann Hesse

Es muß, darf man Berichten aus jener Zeit glauben, im Frühjahr gewesen sein, etwa zur Zeit des großen öffentlichen Spiels, des Ludus anniversarius oder sollemnis, als das Ereignis eintrat, von dem hier die Rede sein soll, wobei man freilich bedenken mag, daß nach kastalischer Gepflogenheit kaum etwas davon in weiteren Kreisen des Landes bekannt wurde, es sei denn, reisende Mitglieder des Ordens hätten die Kunde weitergetragen. Vielmehr wurde behutsames Stillschweigen darüber bewahrt, nicht zuletzt von Josef Knecht selbst, und je und je hat man sich seither Gedanken darüber gemacht, warum gerade wohl jene Sekunde seines Lebens – denn in nicht geringerer Kürze scheint sich das obengenannte Geschehnis vollzogen zu haben – in historisches Dunkel gehüllt blieb und vielleicht gar gehüllt bleiben wird. Aber wir wollen nicht vergessen, daß Geschichtsschreibung, wie auch immer sie betrieben werden mag, mit Lücken solcher und ähnlicher Art zu rechnen hat, und wenn wir uns dennoch nicht scheuen, gerade dieser Sekunde in Knechts Leben nachzuspüren und eine zwar eigenwillige, aber keineswegs fernliegende Deutung zu geben, so ermutigt uns eben gerade der Umstand zu unserem Unternehmen, der den Chronisten in ähnlichen Fällen daran zu hindern pflegt. Der Umstand nämlich, daß weder verbürgte Nachrichten noch eigene Manuskripte des Ludi Magister über diesen, wenn wir uns so ausdrücken dürfen, Kurzteil seines irdischen Hierseins vorliegen, was nicht besagen soll, daß er von Unwichtigkeit gewesen wäre. Es handelt sich vielmehr um einen Augenblick höchster Bedeutung im Geschick dieses besonnenen und außerordentlichen Mannes, einen Augenblick, in dem Amor fati und Daimonion seines Lebens nach heimlichem, aber

leidenschaftlichem Suchen einander begegneten und eine
merkwürdige Handlung bedingten, derer noch spätere Generationen des Vicus Luscorum voll Unruhe und Verwunderung gedachten.

Falls nämlich Tagularius, der feurige und etwas unüberlegte
Gehilfe Knechts, keiner Täuschung erlegen ist, hatte der
Glasperlenspielmeister just zu jener besagten Zeit seine
Lesung, der er vor den Eliteschülern nachkam, mit abrupter
Gebärde unterbrochen, war gleichzeitig von einer heftigen
Blässe befallen und, entgegen der ehrwürdigen Langsamkeit
seiner sonstigen Bewegung, durch eine höchst plötzliche
Wendung des Körpers ergriffen worden, die ihn im Bruchteil
jenes bedeutungsvollen Zeitraums, von dem hier die Rede
ist, mit dem Rücken zum Übungsspiel zu stehen brachte und die
Seminarzelle ohne weitere Erklärung verlassen ließ.

Bei diesem Sachverhalt wird man einsehen, daß uns nichts zu
der Annahme befugt, der Zusammenhang zwischen der
fremdartigen, ja rückläufigen Bewegung, kurz zwischen der
Körperdrehung Knechts und der ihr vorausgegangenen
Blässe seiner Wangen beruhe auf Zufall. Und wenn wir auch
nicht – wie etwa Alexander – zu dem Schluß neigen, ein plötzlicher Sonnenstrahl, welcher sich durch das Fenster der Zelle
stahl, habe jene körperliche Veränderung bewirkt, oder gar
die Vermutung des Magister Musicae teilen, einer der übenden Novizen habe beim zweiten Spieleinsatz den Quintschritt zu früh in einen Quartschritt und die Dominante in
eine falsche Klausel verwandelt, über welch mangelnde Kalligraphie der Meister alle Besonnenheit und Gesichtsfarbe verlor, so haben wir den Ernst des Vorfalls doch keineswegs
verkannt, ja, wir möchten befürchten, daß er noch ernster
gewesen sei, als man ursprünglich zu glauben sich anschickte.
Zu unserer Bestürzung erhärtete Plinius Ziegenhalß, der
rühmlich bekannte Literarhistoriker, welcher sich schon vor
geraumer Zeit um die Erforschung des feuilletonistischen
Zeitalters Verdienste erwarb, unsere Vermutung, indem er
nach beharrlichen Studien im Archiv des Glasperlenspiels
erklärte, daß Josef Knecht das Opfer seines eigenen, wie wir

wissen, nicht geringen Spieltriebs geworden sei. »Das vorliegende Spiel«, so schrieb der greise Gelehrte unter anderem, »ist in seiner Struktur als Spezialunterhaltung bald der Philologen, bald der Mathematiker, bald der Philosophen, Musiker oder Pädagogen, kurz aller Kenner hochentwickelter Geheimkontrapunktik, in der Lage, den besten, ja virtuosesten, um nicht zu sagen privilegiertesten Glasperlendenkspieler, vielleicht sogar einen recht tüchtigen, ja genialen Esoteriker trotz hundertfältiger Exerzitien auf den Gemeinplätzen Kastaliens behutsamstem Zweifel zu überliefern, zumal sein gläserner, um nicht zu sagen durchsichtiger Name einen ebenso milchgläsernen, um nicht zu sagen undurchsichtigen Charakter birgt, womit die fensterglaserne Blaßsichtigkeit des Ludi Magister Josef Knecht hinlänglich interpretiert wäre.« Eine Auslegung, der wir uns, namentlich nach der kontemplativen Seite hin, nicht zu verschließen wagen. Welch mutwilliger Gedanke Knecht freilich bewog, dem Glasperlenspiel gleichzeitig den Rücken und sich weder um das Vademecum noch an die für diese Fälle vorgeschriebenen Meditationsübungen zu kehren, ist und bleibt auch für uns – wie wir leider gestehen müssen – sehr schwer zu deuten und könnte Anlaß zu einer neuen, nächstens tiefer zu erschöpfenden Legende werden.

ARMIN EICHHOLZ

Das verschüttete Leben

Nach Ernst Wiechert

Dies aber war gut, die schweigsamen Bäume des Waldes mit einem gläubigen Blicke zu umfassen und zu sehen, daß sie eingehüllt sind in die Schale der Ewigkeit und eingeschlossen in das Gesetz, das über der Landschaft aufgeschlagen steht. Es war Schweigen genug gewesen im Leben des begnadeten Pflügers und auch genug des Lärmes, und seine müden Ohren lauschten kaum dem vergänglichen Klopfen des Spechtes, der das Schweigen nicht mehr zerbrechen konnte, sondern tiefer machte in dieser Zeit der großen Untiefen. Mit schwerer Liebe hing er an den Dingen des Abends, aber kein ewig Bleibendes wollte ihm in den geadelten Sinn, als die Sonne am Waldessaume dahinsank wie wenn auch sie mehr verloren hätte als eine Schlacht. Und obwohl die Zeitenrechner den siebenten Tag schrieben, streifte es nicht seine erschauernde Schläfe, daß ER an diesem Tage zu Pflanze und Tier gesprochen hatte: »Was gut ist, ist gut . . .« Die Hymnen zu Ende singen dürfen, war sein bärmlich Los, und so war es in ihm wie der Beginn eines Pendelschlages, der sich aufhob in seiner Brust, und um ihn war es wie der flüchtige Laut des Windes, der über einen der tausend Sterne ging.

Dann aber war es wie ein Falkenschrei, der über den Wald fällt, denn mit einem Male stand vor ihm der Einfache, den Arm erhoben wie zum bösen Gruße, und die Worte bildeten eine schwanke Brücke, über deren Bogen Frage und Antwort verwehend wechselten:

»Gestatten: von der Socken! Auf Sie gewartet! Leider gezwungen, Ihnen Geld abzunehmen!«

Dem Pflüger schnürte es die gute Kehle und, von Hoffnungslosigkeit umhüllt, blickte er auf Rittersporn und Eisenhut, auf Zittergras und Pechnelke, die letzten Gefährten des sinkenden Abends. Und ferner Nachklang (Luk. 8,46) rang sich von seinem Munde:

»Es hat mich jemand angerührt, denn ich fühle, daß eine Kraft von mir gegangen ist.«

Aber der Einfache lief dem Abgrunde zu wie ein dunkles Rad und sprach zu ihm, daß es lauter durch den Wald rieselte:

»Bedaure, keine Zeit für Sprüche! Betone nochmals: wünsche Geld!«

Der Pflüger aber sah, daß ein Unsterbliches in der Verborgenheit des Einfachen glimmen mochte wie eine Monstranz unter dem Schuttberge eines geborstenen Altares, und seine Lippen öffneten sich, danketen IHM und sprachen:

»Auch du wirst dein Pfund nicht retten in der Münze des Tages! Sei gewarnt vor schnödem Mammon, wie schon Matthäus gewarnt hat in Kapitel 19, Vers 23: ›Wahrlich, ich sage euch: Ein Reicher wird schwerlich ins Himmelreich kommen . . .‹ Sieh her, auch ich habe auf ihn gehört, und ER hat mich mit seiner Gnade überschüttet . . .!«

Da brach es aus den Augen des Einfachen wie der Widerschein ferner Brände am Abende der Schlacht und er ergriff abermals sein einfaches Wort und erwiderte:

»Verschüttet gewesen, was? Verstehe! Altem Kameraden kein Geld abnehmen! Na denn . . .!«

Und siehe da, der Einfache entschwand, und es war wieder das raunende Schweigen um den Wald und den gläubigen Menschen, der gesieget hatte über den Schreck in der Abendstunde. Und in seiner leichten Gebärde lag lichter Sinn, als er den geweihten Zeigefinger hob und mit dem letzten Bibelworte dieses Tages (Apostelgeschichte 19,20) einen Regenbogen über die wirre Finsternis unserer Erde zog: »Also mächtig wuchs das Wort des Herrn und nahm überhand.«

ARMIN EICHHOLZ

Der wortwörtliche Leverknödel

Nach Thomas Mann

Wenn sich auch der Chronist zu wiederholten Malen mit dem beschämenden Gefühl artistischer Verfehlung und Unbeherrschtheit fast zum Abbrechen seiner Feder bemüßigt sah, weil den ihr entfließenden Worten ganz offensichtlich eine große Unruhe und Beschwertheit des Atemzuges eignete und weil außerdem, ja dies besonders, vom heutigen Leser – will sagen: von dem illiteraten Abc-Troglodyten in den neurotisch unterteuften Niederungen der neuzeitlichen Publizistik – beklagenswerterweise kaum zu erwarten ist, daß er jemals ein Gespür für die humanistisch-jokosen Festivitäten eines dem Satzende bis zum letzten Schriftenzuge so heroischen Widerstand leistenden Syntaktomanen entwickeln könnte, – wenn sich auch der Chronist wiederholt, wie gesagt, fast dazu bemüßigt sah, so will es ihm jetzt angesichts des doch für ihn nun wieder ganz besonders mitteilenswürdigen Gute-Nacht-Gesprächs zwischen Mama und Tochter nachgerade nur zu ratsam scheinen, die ausharrende Geduld des Lesers annoch ein weiteres Mal zu strapazieren, – nicht ohne vorher in einer erneuten aber nichtsdestoweniger ebensowenig hintanzuhaltenden Abschweifung zu bekennen, daß die aus übervollen Händen eingestreuten Kommata und Gedankenstriche ein reines Zugeständnis an den insipiden Konservatismus der Setzer und Korrektoren sind, und daß, wenn es seinem eigenen Bedunken nach ginge, er das Ganze in einem einzigen dämonisch-enigmatischen Mammutfederstrich hinzuschreiben versucht wäre, – ein wahrhaft marksteinbildendes weiteres Mal zu strapazieren also meint der Chronist nämlich insofern, als besagtes Gespräch an eben jener Stelle, wo er (im Hinblick auf andere, der Aufzeichnung nicht minder harrende Nebenumstände) es fast schon verlassen wollte, dadurch endlich auf die allseits vorausgeahnte Katastrophe zusteuerte, daß die Tochter, als sie, nachdem sie, obwohl sie eines leichten Schnupfens nicht entriet, der Mama die Lippen zum Kusse gereicht hatte, zum letztenmal die Bettdecke zurechtzog, aufseufzend zu bemerken sich sich nicht zu verkneifen zu brauchen glaubte leisten zu dürfen:

»Ach, liebste Herzensmama, verzeihe bitte das unvollständig abgewandelte Pronominaladjektiv, wenn ich dir gestehe: manch einer merkt's nie! Mit der ungeschlechtig endungslosen Form will ich gewiß nichts Ehrenrühriges wider meinen teueren Waldemar angedeutet haben, aber du verstehst . . .«

»Platterdings ja, meine liebe Adelaide, – wenn hinwiederum nicht dich an meinem Umstandswort der unschöpferische Ausgang ›-s‹ irritiert, der, wie du dich zweifellos erinnerst, einst aus dem Genetiv hierher verschleppt worden ist. Dabei fällt mir übrigens ein, daß auch mein anderes Umstandswort, das ›einst‹ meine ich, auf einen alten Genetiv von ›ein‹ zurückgeht. Ach ja, so haben ja wohl auch die Wörter ihre Wechseljahre . . .«

»Um meine Beziehungen zu Waldemar auszudrücken, liebste Mama, scheinen mir die Genetivattribute immer noch weitaus passender zu sein als ein Umstandswort, – wenn du mir ausnahmsweise die Voranstellung eines so wichtigen finalen Nebensatzes erlauben möchtest . . .«

»Aber ich bitte dich, mein Täubchen, – darfst du doch mein innerstes Mitfühlen schon aus dem zarten Diphthong meines Diminutivs heraushören, und vor allem aus dem ›r‹ nach dem nichthaupttonigen Vokal meiner ebenfalls vorangestellten Konjunktion, – ein vertraulich perlendes Zäpfchen-R, meine Liebe, wie es zuerst um die Mitte des 17. Jahrhunderts in der feineren Gesellschaft Frankreichs üblich wurde . . .«

Wenn je das Wort »Entsetzen« unentbehrlich gewesen ist, um die Empfindung eines von den kalamitosen Ereignissen geradezu hinweggespülten Chronisten zum mindesten approximativ auszudrücken, so in diesem verhängnishaft tingierten Augenblick, da nach dem historisch-lustvollen Zäpfchen-R das Gaumensegel von Adelaidens Mama schlaff herabhing und ein Teil der Vorderzunge sich an die Spalte zwischen den künstlichen Gebißreihen legte, um die nächste Adjektiverweiterung mit einem Zahnspaltenlaut einzuleiten, wobei aber gleichzeitig ein stimmlos behauchter Verschlußlaut des Lippengebietes ein neues Umstandswort zu bilden trachtete . . . – eine nicht ganz ungefährliche orale Komplikation, die Adelaidens Mama mit energischen Hintergaumlauten beseitigen wollte, aber gerade dadurch erst zur nunmehr unaufhaltsamen Katastrophe ausweitete, indem sich jetzt nämlich die seit langem angestaute Masse der Metaphern, Metonymien, Hyperbeln und Euphemismen hemmungslos

105

in die Mundhöhle ergoß und hier – als eine Art wortwörtlicher Leverknödel sozusagen – den mütterlichen Atemweg auf eine sensationell-ridiküle aber leider auch todbringende Weise verschloß. Zu spät kamen Adelaidens herzpochend gestammelte Präteritopräsentien, zu spät auch ihre gut gemeinten Hilfszeitwörter ... – noch bevor ihr der gebührend das Zäpfchen-R bewundernde Nebensatz zum Hauptsatze erstarrt war, hatte ihre unglückliche Mama das Leben ausgehaucht – wenn dem medizinisch unberatenen Chronisten diese pietätvoll-annoncierende Formel bei einem Totalverschluß der Luftröhre überhaupt verstattet sein mag.

Der sofort herbeigerufene Philologe konnte nur noch mit achselzuckender Sachlichkeit den Exitus grammaticalis konstatieren, ein psychosomatisch bedingter Todesfall, wie er meinte, der ihm aber gleichwohl in den literarisch besser gestellten Kreisen seiner Praxis schon einige Male untergekommen sei.

Bevor nun der Chronist in einem neu zu beziffernden Abschnitte die ersten Sätze von Adelaidens Wehklag zu intonieren beginnt, möchte er den viel zu bescheiden gehaltenen Hinweis auf das Exzeptionell-Literarisch-Distinguierte dieses Ablebens noch durch die tröstliche Bemerkung ergänzen, daß Adelaidens Mama immerhin an einem Höhepunkt ihres Daseins hinweggerafft worden ist: durfte sie doch ein ganzes Zäpfchen-R lang teilhaben an der vornehmen Konversation in einem der alten französischen Salons, die zeitlebens ihre große Sehnsucht gewesen waren.

SIEGFRIED SOMMER

Das Revolverkino

Aus dem lauwarmen Colt, der auf den Plakaten vor dem Revolverkino abgebildet ist, raucht vorne sinnig der Namenszug Jenny heraus. Mit frostiger Glaspapierhaut, die sich prächtig zum Abschmirgeln der kantigen Heldenköpfe eignen würde, betrachtet der Beschauer die ausgehängten Bilder der Voranzeigen. Er blickt erschaudernd abwechselnd in die tadellos gereinigten Mündungen sechsschüssiger Smith-Wesson, die direkt auf seine Kennkarte zielen, in die lockenden Kinsey-Schluchten blonder Pistolenvamps und auf die zerschmetterte Inneneinrichtung der Texasbar »Zum räudigen Eisbein«. Und dann löst er sich kurz entschlossen eine Karte zu dem sensationellen Banditenfilm »Morgenstund hat Blei im Bauch«.

Ein echter Revolverfilm beginnt fast immer mit einem galoppierenden Reiter, der von der Filmleinwand rechts unten direkt in die billigen Parkettplätze hineinsprengt. Im Hintergrund die blauen Berge. Mit fünf Schritt Abstand und Zwischenraum folgt des Helden getreuer, aber älterer Freund, der nur drei Finger hat, einen Bart wie wildgewachsenes Sauerkraut und einen knochentrockenen Humor »extra dry«. Nachdem die zwei durch eine aufspritzende Wasserfurt parforciert sind, gelangen sie in die staubige Hauptstraße von Bloody Hill. Dort binden sie ihre Mustangs an ein Geländer, das sich unter der Balkonveranda befindet. Dies ist notwendig, weil im dritten Akt eine Szene vorkommt, bei der sie mit geöffneten Staffeleibeinen aus dem Zimmer der Colorado-Lilly direkt auf die parkenden Pferderücken springen.

Vorerst aber steht der Held an der Bar und läßt sich von der mäßig beleumundeten Lilly bedienen, die aber absichtlich so tief gesunken ist, weil sie für ihren lungenkranken Bruder Geld verdienen muß. Dann kommt der Bösewicht und sagt:

107

»Was, du willst mir einen Drink ausschlagen? Kalkuliere, du willst von weitem trinken.«

Dann folgt ein Boxkampf, bei dem man die klatschenden Schläge bis nach San Antonio (Bezirksamt Kentucky) hört. Wenn der Schurke hin ist, greift er tückisch nach dem Colt. Dies sieht wiederum durch den großen Spiegel über der Bar der Dreifingermann. Blitzschnell zieht er seine Kugelspritze und pumpt den schuftigen Slim so voll Blei, daß dieser durch das erhöhte spezifische Gewicht zwangsläufig zu Boden geht. Durch seine zersiebte Brust scheinen die letzten Strahlen der Abendsonne. Starkes Aufschnaufen auf den billigen Plätzen zeugt von der Genugtuung der männlichen Kinobesucher, die von ihren Bräuten prüfend am Oberarm angefaßt werden.

In der Schlußszene geht ein Cowboy mit gemäßigten Biedermeierbeinen durch die menschenleere Hauptstraße, denn im Gefängnis schmachtet sein Freund. Gerade wie er gehängt werden soll, entdeckt er noch schnell, daß die Zellenstäbe genau so weit auseinander sind, daß er mühelos den Wächter heranlocken, niederschlagen und der Schlüssel berauben kann. Das Pferd aber steht mit eingeschaltetem Taxameter schon an der hinteren Tür. Jetzt beginnt die Knallerei. 16 Schüsse fallen, 18 Banditen sinken aus ihren Sätteln. Die eine Hand ist weiß, die andere braun, denn er trägt Handschuhe und schießt aus der Hüfte. Nach der letzten Patrone bläst er das Rauchwölkchen von der Revolvermündung und galoppiert zur Lilly. Er legt die Aufschluchzende quer auf den Sattel wie einen zarten blonden Maltersack. Dann reitet er in den Abend hinein, knapp an der Sonne vorbei. Den Dreifingerbob aber, der den Abmarsch deckte, hat's erwischt. Mit fünf Unzen Blei in der Milzgegend macht er sich auf die große Reise. Sterbend verlangt er noch eine auf C-Dur gestimmte Mundharmonika, um dem jungen Paar das letzte Liebeslied zu spielen, »Braune Rose, jippi, jippi jei«. So treu ist er.

Wenn der Film zu Ende ist, verlassen 124 junge Helden stumm und mit schleppenden Schritten das Kino. Ein paar Schurken sind auch darunter. Well!

MANFRED BIELER

Null-Acht-Strammstehn

Mit wippenden Knien stand Hauptmann Schulz vor der
Kompanie altgedienter Volkssturmsoldaten. Asch, mit Spe-
zialauftrag von der Heeresgruppe Nordwest – Raum Fren-
zelshausen/Angersdorf – desertiert, stand in der letzten
Reihe. Hauptmann Schulz begann sein Morgengebet mit den
erfrischenden Worten:
»Na, Jungs, da freut ihr euch wohl gleich ein zweites Loch in
den Arsch, daß ihr mich wiederseht? In dieser Stunde der
Besinnung für unser ganzes deutsches Volk werden keine
Mätzchen verlangt, sondern Manneszucht, Mannestum und
Mannesehre. Verstanden, ihr Saftköppe?«
Nach diesen Worten war es, als pinkelte jemand in die ent-
standene Stille hinein. Kasinogedämpft erkundigte sich
Schulz:
»Wer war das?«
Asch meldete sich grinsend.
»Ich, Herr Kasernenhoflöwe!
Hauptmann Schulz griff sich an das Deutsche Kreuz in Gold.
Renitenter Bursche, der . . . schien seine Frau zu kennen . . .
hier half nur ein Exempel . . .
»Raus aus 'm Glied!«
Asch, fröhlich, zackig, heiter, trat vor.
»Meinten Sie mich?«
»Nehmen Sie gefälligst die Hände aus den Hosentaschen der
Uniform des Führers!«
Auch der quicklebendige Asch fühlte, daß es ernst wurde.
Noch vor einer Stunde hatte er mit Generalmajor Luschke
ausgemacht, diesem Krieg durch einen letzten verzweifelten
Einsatz ein Ende zu bereiten. Sollte es umsonst gewesen
sein?
»Wissen Sie überhaupt, was Sie da gemacht haben?«

»Das«, sagte Asch versonnen, »das war sozusagen mein Vermächtnis, Herr Hauptmann.«

»Das ist Sabotage, Mann! Ich bringe Sie vor ein Kriegsgericht!«

In der Ferne sah Asch den Jeep des Generalmajors heranbrausen. Er blieb fest. Während Hauptmann Schulz brüllend herumtobte, kam O. E. Hasse mit einem wunderbar sanften Lächeln auf die Kompanie zu. Er tippte den Hauptmann von hinten an. Der drehte sich rum und stand wie in Erz gegossen. Luschke ließ sich zu einer Erklärung herbei:

»Äh, Hauptmann, ich brauche diesen Mann für ein Sonderkommando. Den Wisch können Sie sich von meinem Adjutanten holen.«

»Zu Befehl, Herr General!«

Luschke nahm den Obergefreiten Asch beim Arm und ging mit ihm auf den Jeep zu. Beim Einsteigen sagte er:

»Sehen Sie, Asch, ich weiß genau, was Sie für unsere Sache getan haben. Es war eine große Leistung. Vielleicht wäre alles anders gekommen, jetzt. Aber es ist ein neuer Befehl vom Hauptquartier da. Kleine Offensive. Und da werden Sie dringender gebraucht. Ohne Sie können wir den Krieg nun mal nicht gewinnen.«

Und als der Wagen in das Standortquartier des Generals einfuhr, meinte er nachlässig:

»Übrigens sind Sie auf meinen Vorschlag hin zum Oberleutnant befördert worden.«

Asch war es, als hörte er nicht recht.

»Oh . . ., vielen Dank, Herr General, die Schornsteine rauchen noch . . .«

Und mit einem verstehenden Lächeln betraten sie beide den Unterstand.

FRIEDRICH TORBERG

Der Komplex tanzt

Aus dem Drehbuch eines drohenden Hollywood-Films über Sigmund Freud

Einstellung Nr. 62

Hörsaal der Wiener Universität. Innen. Tag.

Totale des mäßig gefüllten Hörsaals. Stimme des dozierenden Professors. Unverständlicher Text. Kamera fährt vom Katheder aus durch die Bankreihen und hält auf dem eifrig mitschreibenden Studenten Sigmund Freud, dem plötzlich der Bleistift abbricht. Der daneben lümmelnde, am Vortrag sichtlich nicht interessierte Student nickt schadenfroh.

STUDENT. Pech!

FREUD. Pech? Es gibt kein Pech.

STUDENT. Also Zufall.

FREUD. Es gibt keinen Zufall. Alles hat seinen Grund. Wir wissen ihn nur nicht. Warum, zum Beispiel, ist mir der Bleistift abgebrochen?

STUDENT. Weiß ich nicht.

FREUD *(triumphierend)*. Da haben Sie's! Und warum gerade mir? Und warum gerade jetzt? Und warum gerade der Bleistift?

STUDENT. Weiß ich nicht, weiß ich nicht, weiß ich nicht.

FREUD. Sie sträuben sich vergebens gegen die Erkenntnisse der modernen Seelenforschung. In wenigen Jahren –

STIMME DES PROFESSORS. Ruhe dort hinten!

FREUD *(leiser)*. Sehen Sie. Der Mann verdrängt eine anale Hemmung. Warum sagt er: Ruhe dort hinten? Warum sagt er nicht: Ruhe dort vorn?

STUDENT. Weil wir hinten sitzen.

FREUD. Und das halten Sie für einen Zufall? Ich halte es für symbolisch. Aber in wenigen Jahren –

STUDENT. Schon gut, schon gut.

(Freud zuckt die Achseln, will weiterschreiben. Kamera schwenkt scharf auf den Bleiftiftstummel in seiner Hand.)

FREUD. Haben Sie einen Bleistift?

STUDENT. Nein.

FREUD. Aha. Kastrationskomplex.

(Überblenden.)

Einstellung Nr. 63

Ringstraße. Außen. Tag.

Freud auf dem Heimweg. Kamera fährt mit und fängt die Gesichter einiger Passanten auf, die sich ehrerbietig nach ihm umwenden und bedeutsam miteinander tuscheln. Durch Kontrastschnitte wird dem Zuschauer klar, daß sich das nur in der Einbildung Freuds abspielt. In Wahrheit kümmert sich niemand um ihn. Einblendung der Einbildung. Nach einer Weile hält die Kamera auf einem Ladenschild mit der Aufschrift ÖSTERREICHISCHE TABAK-REGIE. *Freud betritt den Laden. Halbtotale vom Eingang.*

Straßengeräusche. Achtung, technischer Beirat: keine Autohupen! Wir schreiben etwa 1890, und in Wien herrschte damals auf Anordnung des kaiserlichen Hofes strenges Hupverbot.

FREUD. Bitte ein Trabucco mit Spitz.

TRAFIKANTIN. Ein Trabuccerl mit Spitzerl, jawohl biddesehr Herr Dokter.

(Die Trafikantin, eine typisch wienerische mollige Wienerin, öffnet eine Zigarrenschachtel und befühlt die einzelnen Stücke.)

FREUD *(halbnah)*. Woran denken Sie jetzt?

TRAFIKANTIN *(nah)*. Daß ich dem Herrn Dokter ein schönes Trabuccerl aussuchen möcht.

FREUD *(noch näher)*. Das glauben Sie nur.

TRAFIKANTIN *(hält ihm die Zigarre hin)*. Wieso? Stimmt's vielleicht net? Is das vielleicht kein schönes Zigarrl?

FREUD *(groß)*. So habe ich's nicht gemeint.

TRAFIKANTIN *(dick)*. Ah, Sie meinen schon wieder was andres? Herr Dokter, wann S' mit die Schweinereien net aufhören, hol ich meinen Mann!

FREUD. Also doch.

TRAFIKANTIN. Was: also doch? Geben S' eine Ruh.

FREUD. Gute Frau, Sie sträuben sich vergebens –

TRAFIKANTIN. In Ruh lassen!

FREUD. – gegen die Erkenntnisse der modernen Seelenforschung. In wenigen Jahren – –
(Freud entfernt sich in Gedanken. Die Trafikantin ruft verärgert hinter ihm her, dann geht ein wohlwollendes, typisch wienerisches molliges Lächeln über ihr Gesicht.)

TRAFIKANTIN. Haltaus! Macht zwei Kreuzer . . . No ja. Verliebt is er halt.
(Kamera schwenkt abermals auf das Ladenschild. Es zeigt jetzt die Aufschrift ÖSTERREICHISCHE TABUREGIE.)
(Schnitt.)

Einstellung Nr. 64

Wohnzimmer bei Familie B. Innen. Tag.

Mädchenzimmer der jungen Tochter. Demzufolge Jugendstil. Kamera panoramiert durch den Raum.

FRAUENSTIMME *(von draußen)*. Annaliese! Annaliese!
(Jetzt ist die Kamera bei der Tür angelangt, wo die Tochter gelauscht hat. Sie zuckt nervös zusammen. Die Tochter.)

FRAUENSTIMME *(wie zuvor)*. Hörst du nicht?

TOCHTER *(öffnet spaltbreit die Türe)*. Ich heiße Martha.

FRAU B. *(zwängt sich in den Spalt)*. Gewiß, mein Kind. Das ist allgemein bekannt. Aber die Nachkommen haben protestiert.

TOCHTER. Sollen sie nur. Es wird ihnen nichts nützen. Er is

113

ein Genie, dem man mit Protesten nicht beikommen kann. In wenigen Jahren –

FRAU B. Fängst du auch schon an? Mein Gott, wo soll das noch hinführen . . .

(Überblenden.)

Einstellung Nr. 65

Unterbewußtsein bei Freud. Innen. Nacht.

Freuds Schlafzimmer. Kamera fährt von der Türe zum Bett. Freud halbnah im Halbschlaf. Wirft sich unruhig hin und her, spricht mit zwei verschiedenen Stimmen, die jedoch keineswegs eine beginnende Schizophrenie andeuten sollen, sondern seinem Über-Ich und seinem Unter-Ich gehören.

STIMME DES UNTER-ICH. In wenigen Jahren . . . in wenigen Jahren . . .

STIMME DES ÜBER-ICH. Gar so wenige?

STIMME DES UNTER-ICH. Also gut, in vielen . . .

STIMME DES ÜBER-ICH. Gut? Du glaubst, dann wird es gut sein? Willst du sehen, wie es sein wird? Willst du sehen, was sie in Amerika mit dir treiben werden? Willst du den Film sehen, den sie über dich drehen werden?
(Kamera schwenkt. Freud schwankt. Wenn er wieder ins Bild kommt, hat er sich in den Gelehrtenkopf verwandelt, wie wir ihn alle kennen, und führt gerade eine Ordination durch, wie wir sie alle nicht kennen. Der Patient steht vor ihm. Das Ganze ein wenig traumhaft.)

FREUD. Wer sind Sie?

PATIENT. Einer Ihrer berühmtesten Patienten. Ich könnte fast sagen: eine Ihrer berühmtesten Erfindungen.

FREUD. Sie sprechen in Rätseln.

PATIENT. Eben.

FREUD. Und was führt Sie zu mir?

PATIENT. Mein Vertrauen. Heute sind Sie noch nicht recht flügge und Ihre Lehre ist noch jung, aber eines Tags werden Sie wie ein Adler –

FREUD. Lassen wir das. Kommen wir zur Sache.

PATIENT. Darf ich Platz nehmen?

FREUD. Selbstverständlich.

PATIENT *(legt sich auf die Couch)*. Herr Professor, ich muß Ihnen einen merkwürdigen Traum erzählen. Ich will mit meiner Mutter Kahn fahren, merke aber, daß ich kein Ruder habe. Plötzlich kommt mein Vater, und der *hat* ein Ruder. Ich entreiße es ihm und rudere mit meiner Mutter davon. Was bedeutet das?

FREUD. Ganz einfach. Sie wollen mit Ihrer Frau Mama . . . *(seine Stimme senkt sich zu einem kaum hörbaren Flüstern, aus dem nur einzelne Worte deutlicher zu vernehmen sind)* . . . merken aber, daß Sie kein . . . und deshalb . . . denn eigentlich . . . weil Sie Ihren Vater hassen . . . und daraufhin . . . mit Ihrer Mutter.

(Während der letzten Worte blendet das Bild ins Schlafzimmer zurück, wo Freud sich noch unruhiger hin und her wirft.)

STIMME DES UNTER-ICH. Entsetzlich . . . entsetzlich . . .

STIMME DES ÜBER-ICH. So wird es sein.

STIMME DES UNTER-ICH. In Amerika?

STIMME DES ÜBER-ICH. Nicht nur in Amerika.

STIMME DES UNTER-ICH. Im Film?

STIMME DES ÜBER-ICH. Nicht nur im Film.

STIMME DES UNTER-ICH. Kann man da gar nichts machen?

STIMME DES ÜBER-ICH. Höchstens eine Rückprojektion.

STIMME DES UNTER-ICH. Projektion ist von mir. Aber was ist Rück?

STIMME DES ÜBER-ICH. Ein Playback.

(Das Bild überblendet wieder in die Ordination. Freud und der Patient haben ihre Plätze getauscht. Der Patient spricht jetzt im gleichen Flüsterton wie vorhin Freud.)

. . . einen merkwürdigen Traum . . . will mit meiner Mutter . . . merke aber, daß ich kein . . . und deshalb . . . denn eigentlich . . . weil ich meinen Vater hasse . . . und daraufhin . . . mit meiner Mutter. Was bedeutet das?

FREUD. Ganz einfach. Sie wollen mit Ihrer Frau Mama Kahn fahren.

PATIENT *(erhebt sich)*. Vielen Dank, Herr Professor. Das habe ich mir gleich gedacht.

FREUD. Nichts zu danken. Wie ist der werte Name?

PATIENT. Oedipus.

(Schnitt.)

Einstellung Nr. 66

Da diese Einstellung von der Ziffer 6 beherrscht wird (bekanntlich ein Symbol für Sex), sind Zensurschwierigkeiten zu befürchten. Die Einstellung entfällt.

(Wischblende.)

Einstellung Nr. 67

Innerer Burghof. Außen. Tag.

Freud begleitet Fräulein B. auf einem Spaziergang. Kamera begleitet beide. Fräulein B. bleibt stehen und richtet etwas an ihrem Schuhwerk.

FREUD. Drückt dich der Schuh?

FRÄULEIN B. Nein, der Steckel.

FREUD. Mich auch. Aber das macht nichts. In wenigen Jahren –

FRÄULEIN B. Ich weiß, Sigi, ich weiß. Du mußt es nicht bei jeder Gelegenheit –

FREUD *(faßt sie aufgeregt am Arm)*. Schau!

(Kamera schwenkt auf die soeben angetretene Burgwache, die von einem Zugsführer mit aufgezwirbeltem Schnurrbart kommandiert wird. Der Burghof füllt sich mit Stutzern, Wäschermädeln und dem aus einem Fenster gütig herablächelnden Kaiser Franz Joseph.)

ZUGSFÜHRER. Prrräsentiert – das – Gewehr!!

(Halbtotale von unten gegen die aufragenden Gewehrläufe. Die Wache steht stramm.)

ZUGSFÜHRER. Rrreagiert – ab!!

*(Die Burgmusik hat schmetternd eingesetzt. Radetzky-
und Deutschmeistermarsch gehen allmählich in die Melo-
die des Duetts zwischen Freud und Fräulein B. über.)*

FREUD. Mein Herz schwärmt nur für Annaliese.

Ich liebe keine so wie diese.

FRÄULEIN B. Und hast du mich erst heimgeführt,

Bleib ich auf dich oral fixiert.

FREUD. Es blühn in unsrem Liebesreiche

Narzissus- und Neurosensträuche.

BEIDE. Und das Trauma hält Wacht

Und Libido lacht

Und flüstert: jetzt wird sublimiert!

*(Sie mischen sich tanzend unter das gleichfalls tanzende
Volk, das jetzt den inneren und äußeren Burghof füllt. Der
ganze Komplex tanzt.)*

(Rasch abblenden.)

ROBERT GERNHARDT

Der Kulturfilm

*Diese Zeilen sind dem Andenken Dr. h. c. Pechtels, des lang-
jährigen Nestors der deutschen Kulturfilmarbeit, gewidmet.
Der Kulturfilm, wie ihn jeder Kinobesucher kennt, ist sein
Werk. Seine Filme ›Wunderwelt im Teich‹, ›Die Uckermark,
Land der tausend Wälder‹, ›Das Torfstinkeln, ein aussterben-
der Brauch‹ sind Marksteine der Gattung geworden. Vorbild-
lich benutzte er Ton, Bild und Wort; als einer der ersten
erkannte er, daß diese Gestaltungsmittel am besten zur Geltung kommen, wenn sie alle auf einmal eingesetzt werden. Er
machte deutlich, wozu der Kulturfilm fähig ist: zu allem.*

Pechtel erhielt den Ehrendoktor, nachdem er 250 nachweis-
lich aussterbende Bräuche aufgespürt hatte.
Er ging überlegt und pädagogisch ans Werk: Immer dachte er
auch an den Zuschauer. »Er hat die Möglichkeit, das Kino zu
verlassen«, sagte Dr. Pechtel gern, »das darf ihm gar nicht zu
Bewußtsein kommen.« Daher stand er auch dem Fernsehen
skeptisch gegenüber. »Der Kampf hat sich verschärft«, ver-
traute er mir einmal an. »Wer einen Fernsehapparat einschal-
ten kann, kann ihn auch ausschalten. Aber solange es noch
Kinos gibt, die Kulturfilme zeigen müssen, um Steuererleich-
terungen zu erhalten, und Kinobesucher, die den Kulturfilm
sehen müssen, weil sie den Hauptfilm sehen wollen, so lange
brauchen wir uns nicht zu sorgen. Kultur kommt nach wie vor
von Kulturfilm.«
Das folgende Exposé zu einem Film, den er nicht mehr ver-
wirklichen konnte, beweist diesen Satz auf das schönste.

DIE REISSZWECKE –
EIN KLEINES WUNDERWERK DER TECHNIK
Wir beginnen mit dem Hinweis, daß jeder von uns zwar oft
Reißzwecken verwendet, sich jedoch wahrscheinlich noch
keine Gedanken darüber gemacht hat, wie viel Arbeit und
Erfindungsgeist nötig waren, um die Reißzwecke zu dem zu
machen, was sie heute ist. Nun sind alle Zuschauer gespannt
und wollen mehr erfahren. Das muß man ausnützen und
einen geschichtlichen Exkurs einschalten. Wir zeigen ausgewählte Stücke der größten Reißzweckensammlung Europas,
die der Studienrat i. R. Wüllner in Northeim aufgebaut hat.
Zu klassischer Musik dreht sich ein Samtkissen, auf das die
historischen Stücke gelegt werden. Ein Sprecher gibt die
Erläuterungen, z. B. daß es sich um eine spätromanische
Reißzwecke aus der Gegend von Limburg handle, hand-
punzt und mit Schmiedehaken verkrampt, dann weiß jeder
gleich Bescheid. Damit sich alles festsetzt, lassen wir jede
Zwecke längere Zeit auf dem Samtkissen, mal ganz hell vor
dunklem Hintergrund, mal ganz dunkel vor hellem Hintergrund, bis sie jeder genau gesehen hat.

Nun können wir zur Neuzeit überleiten, indem wir sagen, daß auch bei der Reißzweckenherstellung die Handarbeit von der Maschine abgelöst worden ist, ein Vorgang, der positive, aber auch negative Folgen gehabt hat. Viel Kunstfertigkeit und Brauchtum sind dabei verlorengegangen, nur im Schwarzwald und in abgelegenen Tälern der jugoslawischen Tundra haben sich noch alte Zweckenstecher erhalten, die wie vor Jahrtausenden jedes Frühjahr Reißzwecken von Hand aus selbstgeschürften Erzbrocken schnitzen und mit jahrhundertealten Volkskunstmotiven verzieren. Dazu singen die vereinten Chöre der Donkosaken, unterstützt von den Zillertaler Bläserschrammeln.

Um so einschneidender ist dann der Kontrast zu den modernen Produktionsstätten der Reißzwecke, der dem Betrachter die ganze Vielfalt unserer Zeit vor Augen führt. Die Entstehung der Reißzwecke fängt im Laboratorium an, betonen wir, und zwingen dadurch jene Zuschauer, die auf ein schnelles Ende gehofft hatten, zu erneuter Aufmerksamkeit. Wir zeigen die Männer im weißen Kittel, wie sie konzentriert über Reißbretter gebeugt versuchen, noch größere, schönere und teurere Zwecken herzustellen, und nachdem wir das alles von oben und unten gebracht haben, strahlt einer der Ingenieure, nimmt seine Zeichnung vom Brett und läuft zum Chef. Jeder ahnt nun, daß er einen Einfall gehabt hat, dadurch kommt ein dramatisches Element in den Film und verbindet Belehrung mit Spannung. Zwanglos führen wir den Zuschauer mit dem jungen Wissenschaftler durch das Werk. Der Chef ist begeistert, und mit dem Werkmeister stellt der Ingenieur die sogenannte Probezwecke her, die auf der Prüfstation den verschiedensten Tests unterworfen wird.

Die Spannung erlebt ihren Höhepunkt, wenn die Reißzwecke die letzten Zerreißproben in der Druckkammer zu bestehen hat. Wird sie es schaffen, bei einer Temperatur von –150 Grad Celsius nicht mehr als die erlaubten 75 % ihrer Zweckfähigkeit, wie der Fachmann sagt, einzubüßen? Nun schweigen alle, der Sprecher, die elektronische Musik, die Maschinengeräusche. Eine normale Postkarte wird an die

Versuchswand aus Fichtenholz geheftet, die Türen der Kammer schließen sich, und alle schauen wie gebannt auf die Meßinstrumente: –80 Grad, –90 Grad, ja, die Zwecke schafft es, der junge Wissenschaftler lächelt, der grauhaarige Werkmeister lächelt zurück, alle Arbeiter lächeln, und der Sprecher betont, daß sie alle wissen, daß es ihr gemeinsames Werk ist und daß sie nur gemeinsam solche Erfolge erringen können. Damit aber niemand denkt, der Film sei nun zu Ende, fügt er hinzu, daß es von der ersten Probezwecke bis zur serienmäßigen Produktion ein weiter Weg ist.

Den gilt es nun zu zeigen, die Werkhallen, die endlosen Fließbänder, die verschiedenen Arbeitsgänge. Das alles wird nicht zu schnell vorgetragen, mit den bewährten Einstellungen und Schnitten, die Maschinen rattern, die Bamberger Symphoniker geigen, und der Sprecher erklärt alles, was es zu sehen gibt. Am Ende des Fließbandes werden die Zwecken numeriert, in Kästchen verpackt, die Kästchen kommen in Kartons. Wer hofft, daß jetzt Schluß sei, der irrt sich: den weiten Weg vom Produzenten zum Verbraucher zeigen wir auch noch. Auf Straßen, Schienen, in der Luft und unter Wasser eilen die Reißzwecken vom Hersteller zum Großhandel, vom Großhandel zum Einzelhandel, und wenn die junge Hausfrau am Morgen das Geschäft betritt, um wie gewohnt frische Reißzwecken zum Frühstück einzukaufen, dann weiß sie nicht, wie viel Mühe und Erfindergeist nötig waren, ihr diese Annehmlichkeit zu verschaffen. Aber die Zuschauer wissen es nun, die Musik wird lauter und lauter, und der Sprecher gibt noch einmal der Hoffnung Ausdruck, daß alle, die diesen Film gesehen haben, die scheinbar unscheinbare Reißzwecke fortan mit anderen Augen betrachten werden.

120

GEORG SANGERBERG

Das Märchen vom Wunschkind

Es war einmal mitten im Winter, da saß in einem Vorort ein
Ehepaar am Fenster und sah hinaus, wie die Schneeflocken
zur Erde fielen. Die Frau nähte und stach sich mit der Nadel
in den Finger, so daß ein Blutstropfen zur Erde fiel. Da sagte
sie vor sich hin: »Ach, wenn ich mir's so recht überlege, ich
hätte doch gern ein kleines Kindchen.«
Der Mann war's zufrieden, denn er mochte Kinder sehr.
Im Jahr darauf ging ihr Wunsch in Erfüllung.
Das Kind war so rot wie Blut, so weiß wie Schnee und so
schwarz wie Ebenholz. Der Mann erschrak furchtbar, als er
es zum ersten Male sah, aber er schwieg zu seiner Frau und
nahm sich vor, es immer lieb zu haben, denn er hatte sich ja
so gewünscht.
Als das Kind vier Jahre alt war, las der Vater ihm einmal
Märchen vor, damit es einschliefe. Er dachte sich gar nichts
dabei, denn seine Mutter hatte ihm oft Märchen erzählt und
dieser die Großmutter und so fort durch die Generationen,
und alle waren sie rechtschaffene Bürger mit gesunden
Instinkten geworden, die ihre Nachbarn piesackten, den
König liebten und ihre Feinde totschlugen.
Das Kind aber verlangte mehr und immer mehr Märchen und
konnte sich einfach nicht satthören und schrie und zeterte,
wenn die Eltern ihm nicht zu Willen waren.
In den Tagen darauf brachte es Vater und Mutter mit eigenartigen Aussprüchen in Verlegenheit. So sagte es, wenn die
Mutter ihm den Frühstückskakao eingoß: »Strip, strap strull /
ist der Becher nicht bald full?«
Beim Mittagessen hieß es: »Frau Meisterin / wenn sie uns kein
besser Essen gibt / so geh ich fort und schreibe morgen früh
mit Kreide an die Haustür / Kartoffeln zuviel / Fleisch zuwenig / adjes, Herr Kartoffelkönig.«
Den Eltern war die ganze Sache ein wenig peinlich, besonders

121

da sie moderne, aufgeschlossene Menschen mit ebensolchen Bekannten waren.

Auf Spaziergängen rief das Kind nun häufig »Hussa, hussa« und »Heda, holla« und versuchte, das Hifthorn im Walde nachzuahmen.

Der Vater hätte das Märchenvorlesen nun am liebsten eingestellt, aber es war bereits zu spät.

Eines Nachts sprach er: »Wir wollen's gut sein lassen. Ich bin müde und will schlafen wie du.«

Da wurde das Kind bitterböse, warf ihn mit allen Kräften an die Wand, daß ihm die Rippen krachten und sagte: »Nun wirst du Ruhe haben, du garstiger Frosch!«

Es meinte fest, wenn er von der Wand herabfiele, würde er sich in einen schönen verzauberten Prinzen verwandeln. Es geschah aber nichts.

Die Mutter war von dem Gepolter wach geworden und lief eilends die Treppen hoch, fand aber die Tür verschlossen, und als sie anklopfte, sagte das Kind: »Wir machen nicht auf, du bist unser Mütterlein nicht, die hat eine feine, liebliche Stimme, du aber bist der böse Wolf!«

Als die verzweifelte Frau, die ihren Mann stöhnen hörte, noch inständiger bat, sagte das Kind: »Leg erst mal deine Pfote aufs Fensterbrett, damit ich sehe, ob du mein Mütterlein bist!«

Und ließ sie nicht herein.

Am nächsten Morgen war das Kind in aller Herrgottsfrühe wach und sagte zu seinem Vater: »Dein Leben ist verwirkt, und du kannst bloß Gnade finden, wenn du den Berg abträgst, der vor meinem Fenster liegt, und das mußt du binnen acht Tagen zustande bringen.«

Der Vater war inzwischen so eingeschüchtert, daß er wirklich den Spaten nahm und vorm Haus zu graben anfing, wobei ihn die Nachbarn argwöhnisch betrachteten. Er wußte aber schon, daß er keine Chance mehr hatte.

Da ging das Kind zur Mutter, die den Schrecken der Nacht noch nicht ausgeschlafen hatte, rüttelte sie wach und schrie sie an: »Steh auf, du Faulenzerin, trag Wasser und koch dem

Herbert (so hieß der Mann) was Gutes, der sitzt im Stall und soll fett werden. Und wenn er fett ist, will ich ihn essen.«

Dann ging es zu seinem Laufställchen, da saß der Vater und traute sich nicht zu rühren. »Vaterle, steck den Finger heraus«, sagte das Kind, / damit ich fühle, ob du schon fett bist!«

Der Vater aber steckte ein kleines Hölzchen heraus.

Da bekam das Kind große Angst, es mochte ihm gehen wie der Hexe. Aber es ließ sich nichts anmerken, und als der Vater eingeschlafen war, schlug es ihm den Kopf ab. Aber auch diesmal stand kein verwunschener Königssohn an seiner Stelle und hielt um seine Hand an. Das Kind seufzte und nagelte den Kopf in den dunklen Flur über die Tür, und so oft es nun vorüberging, sprach es: »Oh, du Falada, da du hangest.« Und da der Kopf schwieg, antwortete es an seiner Stelle: »Oh, du Jungfer Königin, da du gangest / wenn das deine Mutter wüßte / das Herz im Leib tät ihr zerspringen.«

Da war dem Wunschkind wieder leichter zumute. Es sprang fröhlich ins Wohnzimmer, wo die Muter wie versteinert am runden Tisch saß und vor sich hinstarrte.

Das Kind fragte: »Nun, Ziege, bist du satt?«

Die Mutter antwortete wie unter einem schrecklichen seelischen Zwang:

»Wovon sollt ich satt sein / ich sprang nur über Gräbelein / und fand kein einzig Blättelein / meh, meh.«

Da jauchzte das Kind auf, nahm die Peitsche von der Wand und versetzte ihr solche Hiebe, daß sie in gewaltigen Sprüngen in die Welt hinauslief. Darauf setzte sich das Kind an den Tisch, an dem noch das unberührte Frühstück stand, sprach »Tischlein deck dich« und aß und trank, daß ihm das Herz im Leibe lachte.

FRIEDRICH KARL WAECHTER

Die Nacht des Schreckens

Bei dem Geruch, den diese Steine hier verströmen, besonders nach einem leichten Regen wie jetzt, denke ich oft an mein Zuhause. Es ist nicht sonderlich weit von hier gelegen, aber eine unverminderte Angst verbietet mir, es zu besuchen. Ich verbrachte dort ein gut Stück meines Lebens, und wenn die Decke meiner Wohnung mir auch bedrohlich niedrig über dem Kopfe hing, war ich doch immer glücklich – bis zu jener Nacht, von der ich Ihnen nun berichten will, erfüllt von der Hoffnung, Sie möchten mich ein wenig verstehen.

Es war dunkel und feucht, als ich meine Behausung verließ. Den ganzen Nachmittag und Abend hatte ich verdöst. Ich wußte: draußen war es heiß, staubig und laut; die Nacht aber war für mich geschaffen. Viel sehen konnte ich in jener Nacht nicht, eigentlich nur Umrisse. Kaum hatte ich mich daran gewöhnt, tauchte vor mir jemand auf, den ich bislang nie zu Gesicht bekommen hatte. Er war kräftig gebaut, etwas untersetzt, und gefiel mir. Noch heute wundere ich mich, mit welch selbstverständlicher Vertraulichkeit wir den gleichen Weg einschlugen. Der Boden war feucht und klebrig – ich mußte fest geschlafen und einen Gewitterschauer überhört haben.

Die Wolkendecke riß kurz auf und fahles Mondlicht tastete nach uns. Da erst sah ich die rissige und näßliche Haut meines Begleiters. Gleich danach war es wieder stockfinster, aber dennoch war jetzt alles anders. Es schauderte mich. Die Furcht überwucherte mein Gefühl für Höflichkeit und trieb mich davon. Er aber folgte mir. Er war sehr leise, doch ich spürte ihn deutlich hinter mir. Eine nicht endenwollende, von irrsinniger Angst getriebene Flucht durch die Dunkelheit nahm ihren Anfang: zuerst kopflos nur geradeaus, die eigene weibliche Wendigkeit nutzend, dann hin und her, unsinnigste Abschüttelmanöver versuchend. Er aber war wie ein Schatten, der sich nicht abschütteln läßt.

Nach Stunden erst, gegen Morgen, sah ich, daß meine Flucht sinnlos war. Erschöpft streckte ich mich auf den steinigen Grund und war bereit, mich dem Verfolger zu ergeben. Er näherte sich langsam meinem Körper, sein scheußlicher roter Kopf war schon ganz nahe. In diesem Augenblick geschah etwas Schreckliches. Der schmutzige Morgennebel füllte sich mit lautem Brausen, das zu grölendem Donner schwoll und schließlich einen dunklen Koloß durch den Nebel mit sich führte. Ein greuliches Monstrum polterte mit gewaltigem Schalle über uns hinweg und verging im Nebel, ein Schauspiel zurücklassend, das mich erstarren ließ: was zuerst mein Begleiter und eben noch mein Verfolger war, lag wild zukkend als glitschig rosige Masse vor mir. Der rote Kopf aber tanzte unverletzt über dem Brei, der mit nasser Erde sich mischend noch heute meine Träume füllt. Drei Tage und zwei Nächte trieb mich das Grausen fort aus einer Gegend, wo solche Dinge geschehen konnten.

Sie haben mir so geduldig zugehört. Ich fürchte aber, Sie werden von meiner Geschichte nicht viel verstanden haben; auch bei mir selbst ist trotz aller Grübeleien noch kein Licht in die Düsternis dieser Erlebnisse gedrungen. Doch es erleichtert mich, daß Sie mich anhörten. Ich habe mir ein wenig von der Seele reden können. Ein offenes Wort – so von Regenwurm zu Regenwurm – tut Wunder. Ich danke Ihnen.

Gruppenkritik

von 25 Autoren lasen 16 zum erstenmal 10 wurden positiv 9
negativ und 6 verschieden beurteilt in der Kritik fielen von
200 Wortmeldungen je 20 auf Walter Jens und Joachim Kaiser
17 auf Walter Höllerer 16 auf Erich Fried 12 auf Günter Grass
11 auf Hans Mayer 9 auf Marcel Reich-Ranicki je 7 auf Heinz
von Cramer Fritz J. Raddatz und Peter Weiß 6 auf Erich
Kuby je 5 auf Hans Magnus Enzensberger Alexander Kluge
Jacov Lind und Hermann Piwitt 13 Kritiker sprachen je 4 mal
und weniger

Hermann Piwitt glaubt eine wirklich positive Geschichte
gehört zu haben Günter Grass ist mit dieser Geschichte nicht
so einverstanden Peter Rühmkorf unterscheidet einen blassen
Erzähler Marcel Reich-Ranicki ist nur nicht im geringsten
dafür daß die Grenze zwischen fiction und nonfiction ver-
wischt wird Fritz J. Raddatz muß sich fragen was dem Thema
nun Neues abgezwungen wird Walter Jens fragt sich in welcher Weise ein bestimmtes Milieu angemessen dargestellt
werden kann also Heinz von Cramer findet das eine ganz
besonders saubere Arbeit

Joachim Kaiser sieht sich als Zeugen eines Manövers bei dem
am Schluß das Gelände beinah leer ist Walter Höllerer sieht
eine Metapher aus einem Familienbild heraustreten dann
Pantomime werden und schließlich Kabinettstück Dieter
Wellershoff erscheint das als Analogie zum Fertighausbau
Roland H. Wiegenstein riecht eher eine schweißtreibende
Modernität Reinhard Baumgart sieht eine furchtbare Art von
Demokratie im Stil Günter Grass sieht reines Papier Hans
Mayer geht die moralité daneben Walter Jens glaubt daß es
gelungen ist

Walter Höllerer fragt nach der Bezugsfigur und entdeckt die
Relativität der Relationen als Prinzip es geht ihm um Daseins-
formen und Bewußtseinsmöglichkeiten Walter Jens hat von

Walter Höllerers Rede nichts verstanden Hans Magnus
Enzensberger gesteht daß er beim Zuhören etwas geschwankt
hat Marcel Reich-Ranicki kann nicht recht verstehn was Hans
Magnus Enzensberger gesagt hat und befürchtet dadurch den
Schritt vom Asketischen zum Sterilen er hat wenig dagegen
nichts dafür zu sagen Hans Mayer hat Walter Höllerer eigent-
lich durchaus verstanden und beim Hören die merkwürdig-
sten Evolutionen durchgemacht Joachim Kaiser wendet sich
gegen das Wort steckenbleiben von Walter Höllerer
Walter Mannzen weiß nicht ob Günter Grass weiß ob Brecht
wissen konnte was Grass weiß und Unseld wissen kann was
Brecht wußte und Grass weiß ob Brecht wissen konnte ob
Unseld weiß was Grass nicht weiß aber er sagts auch nicht
Walter Höllerer findet sehr viel an subtiler Substanz Walter
Jens findet weder Theologie noch Libretto Alexander Kluge
findet eine sehr interessante Abkehr von der Rhetorik Günter
Grass findet das nun einmal eine pausbäckige Angelegenheit
Hans Mayer findet den Text sehr schön
Günter Grass kommt es auf den langen Atem an Marcel
Reich-Ranicki will nur nicht gleich aufhören zu kritisieren
wenn es sich nicht um avantgardistische Kunststücke handelt
Hans Mayer findet es schwer etwas zu sagen er ist sehr bewegt
und findets wunderschön Joachim Kaiser hat keinen Kunst-
fehler entdeckt

Hans Werner Richter wundert sich über sich selbst

FELIX REXHAUSEN

Grabrede auf einen Schriftsteller

Liebe Frau Elise Bartels! Herr Regierungspräsident, Herr
Oberbürgermeister, verehrte Trauergemeinde!
Ein Mann ist uns entrissen worden, den wir verehrt und
geliebt haben und an dessen Tod wir noch immer nicht glauben wollen: in unserer Mitte steht die Bahre von Bodo Bartels. (Ergriffenheit.)
Es war im Frühsommer 1922, als ich in der »Vossischen Zeitung« eine kleine Erzählung las, die mit dem unvergeßlichen
Satz begann: »Es war Herbst und die Blätter fielen.« Ich weiß
noch wie heute, daß jener Satz mich in ganz eigenartiger
Weise ergriff – hatten wir doch eben erst das große Völker-
morden des Ersten Weltkrieges hinter uns und das Ende, das
herbstgleiche, so vieler überkommener Werte erlebt. Dieser
eine Satz nun deutete mit wenigen Worten diese ganze
Gegenwart, faßte sie in einem einfachen Bilde überzeugend
zusammen. Dieser Autor hatte etwas zu sagen; gewiß war er
einer unserer Großen. Ich sah nach dem Namen des Verfassers – ich hatte ihn nie gehört; die Geschichte stammte von
einem unbekannten Mann. Dieser unbekannte Mann war
Bodo Bartels.
Es sollte noch ein halbes Jahr vergehen, ehe ich ihn selbst
kennenlernte. Ich hatte zwar überall in Berlin nach ihm
gefragt, aber das einzige, was ich über ihn in Erfahrung bringen konnte, war, daß er als Lehrer für Deutsch und Zeichnen
in einer märkischen Kleinstadt lebte. Wie es so oft geht, kam
uns ein Zufall zu Hilfe. Eines Abends saß ich nach einer
Reinhardt-Premiere im Café, als ich plötzlich bemerkte, daß
ein jüngerer Herr meinen Schirm vom Haken nahm und im
Begriffe stand, das Lokal zu verlassen. Ich ging auf ihn zu,
stellte mich vor und erklärte ihm, dies sei mein Schirm. Er
war etwas verwirrt, sah auf mich, dann auf den Garderoben-
haken, erkannte, daß er die Schirme verwechselt hatte, hängte

den meinen wieder hin. Dann fragte er mich: »Sind Sie der Dichter Dohrer?« Es hatte damals gerade mein Gedichtband »Fuge der Zeit« einiges Aufsehen erregt. Ich nickte, und er sagte: »Entschuldigen Sie, mein Name ist Bodo Bartels, ich freue mich, Sie kennenzulernen.« Nun, die Freude war ganz auf meiner Seite. Er legte seinen Mantel wieder ab und wir blieben noch lange zusammen.

Wir haben später noch oft über diesen seltsamen Beginn unserer Bekanntschaft lachen müssen. Bald darauf gab er seinen Lehrerberuf auf und zog nach Potsdam, wo er, oft kümmerlich genug, als freier Schriftsteller lebte, bis sein erster Roman »Waldwind in der Stadt« ihn über Nacht berühmt machte und ihm den Wieland-Preis der Stadt Oberholzheim eintrug.

Alle seine Romane spielen in ländlichen Kleinstädten – immer aber wird die Kleinstadt bei ihm zum Symbol der Welt, ja des Universums. Mensch, Gott, Teufel, die Industrie und die mit ihr heraufziehenden Spannungen einer neuen Zeit, das alles ist dort versammelt zu einem großen Welttheater. Und stets ist sein Werk Deutung unserer Zeit von einem überzeitlichen, ja zeitlosen Standpunkt aus und darum selbst von zeitloser Gültigkeit.

Nach dem Machtantritt des Nationalsozialismus hat Bodo Bartels den satanischen Charakter dieses Systems sehr früh erkannt und oft versucht, sich den Ehrungen zu entziehen, mit denen die Machthaber ihn als einen der Ihren proklamieren wollten. Schließlich zog er sich bald nach Kriegsbeginn mit seiner treuen Lebensgefährtin, der er soviel verdankte, nach Dänemark zurück, wo er bei den deutschen Behörden eine Stellung in der Kulturarbeit annahm.

Von neuem wurden nach dem Krieg einige seiner großen Romane aufgelegt und nicht umsonst – und das zeigt, wie deutsch und wie modern diese Werke waren – war er Jahre hindurch der meistgekaufte Autor in Europas größtem Leseringe. So war er wirtschaftlich einigermaßen gesichert; seelisch und geistig aber rang er mit dem gewaltigen Stoff seines

Nachkriegsromans »Feuer und Wasser«, zudem machte ihm ein Bandscheibenleiden viel zu schaffen.
Wir alle haben seine Zähigkeit, seine Begeisterungsfähigkeit bewundert bis zu seiner letzten Stunde. (Ergriffenheit.) Und er hatte ein natürliches Talent zur Freundschaft, nie war er einem guten Schoppen Wein abgeneigt, nie verschmähte er heitere Anekdoten; Bodo Bartels konnte wundervoll lachen. (Ergriffenheit.) Immer war er aber auch zu leichten wie ernsten Gesprächen aufgelegt, denen er mit solcher Intensität folgte, daß er sich oft das spitze Ende seines Pfeifenstopfers zentimetertief in den Schenkel bohrte, ohne es zu merken.
Für mich aber, der ich mit ihm befreundet war, war diese Freundschaft ein um so größerer Gewinn, als ich ihm bei allen seinen Büchern wesentliche Ratschläge geben konnte, und ganze Passagen hat er nach meinen Vorstellungen neu gefaßt, denn er war aus tiefster natürlicher Seele bescheiden und ohne jene Eitelkeit, die wir bei so vielen Schriftstellern heute bis zum Ekel bemerken müssen. (Pause.)
Und nun ist die Stunde des Abschieds gekommen; des Abschieds für immer. (Ergriffenheit.) Unser Freund hat zum letztenmal seine Augen geschlossen und ist fortgegangen »durch jene Tür, an der das Leben endet«, wie er den Tod einmal so wundervoll genannt hat. Was Deutschland, was die deutsche Literatur an ihm besessen hat, wissen wir; was aber der achtzig-, der neunzigjährige Dichter Bartels ihr hätte geben und bedeuten können, ist nur zu ahnen. Doch wer gesehen hat, mit welcher Geduld Bodo Bartels in letzter langer Bewußtlosigkeit dem Tod entgegengeblickt und ihn tiefstinnerlich auf sich genommen hat, der weiß, daß dieser Mann als ein Vollendeter uns verlassen hat. Uns: seine Frau, seine Freunde, sein Vaterland, seine Leser, seine Heimatstadt, seine geliebte Deutsche Dogge Senta. (Tiefe, lange Ergriffenheit.) Nur einmal noch ist er erwacht; in dem eingefallenen Gesicht strahlten seine Augen, schon von jenseitigem Lichte erfüllt, uns an, und mühsam formten seine Lippen ein einziges letztes Wort: »Bienenhonig« – ein Wort, das den

Sinn seines Lebens, das im Einsammeln und Verwandeln bestanden hatte, in sich schloß.

Wir aber müssen nun ohne ihn leben, und die Welt ist ärmer geworden. Wir müssen ohne ihn wachbleiben, und die Welt ist dunkler geworden. Der Tod hat ihn an der Hand genommen und von uns fort in ewige Reiche hinweggeführt, und die Welt ist leerer geworden. (Bewegte Ergriffenheit.)

Über seinem Leben und Sterben aber könnten jene Worte stehen, die er selbst einst in seinem Roman »Das Glasfenster« dem Landrat in den Mund gelegt hat, der dort von dem Musiker Bartholomä sagt: »Dieser Mensch ist ein Brunnen. Seine Fläche spiegelt alles wider, was das Licht ihr zuwirft, und aus seinen tiefen Wassern taucht alles auf, was die Jahrzehnte und Jahrtausende in ihnen versenkt haben. Er ist frisch und erquickend, labend und herb, und wenn solch ein Brunnen einmal austrocknet, so werden von den dankbaren Menschen noch jahrhundertelang die Straßen nach ihm benannt, in deren nassem Pflaster sich die Myriaden Sterne spiegeln, die sein nächtliches Auge so sehr geliebt hat.« (Lange Ergriffenheit.)

Bodo Bartels, leb wohl! (Verschiedentliches Aufweinen.) Dein Vermächtnis ist unser Auftrag, Dein Auftrag unser Vermächtnis. Lebe wohl! (Allgemeine Bewegung.)

GÜNTER DE BRUYN

Das Ding an sich

Nach Günter Grass

Wer steht da, hat sich erleichtert und betrachtet sein Produkt? Der Mensch, der hier die Feder führt – nicht mit der Hand, nicht mit den Zehen, nicht mit dem Mund, er hat weder noch –, blickt nachdenklich der Vergangenheit hinterdrein und sinnt neuen Überraschungen nach. Kann Hotten Sonntag durch Ohrenwackeln das Conradium in Langfuhr zum Einsturz bringen? War Himmlers in Westpreußen gezüchteter Wellensittich kriegsentscheidend?

Duft steigt auf, schlägt zu und gewinnt. Glibbrige Aale, Schaumzeug auf rostigem Wrack, rosige Puddinggebisse hatten wir schon. Doch jeder Mensch hat seinen eigenen Geburtsvorgang. Jedes Buch weiß warum. Jeder Leser will auch mal. Jeder Erfolg hat Gründe. Jeder Autor sein Ziel: Brechreiz oder Tränenfaß, Großauflage und Parnaß.

Es war einmal ein Hintergrund,

> der war fix und fertig und kann hier wieder mal benutzt werden.

Es war einmal ein Zeitalter,

> das man die Matzerath-Mahlke-Matern-Epoche nennt. In der kam ich – Geschichte ereignet sich dauernd – wie man so sagt zur Welt. Das war, als Tulla Pokriefke noch im Fruchtwasser schwamm.

Es war einmal eine Frau,

> die unter Schmerzen gebar, was sie nachher in Entsetzen versetzte.

Die Weichsel mündet immerfort. Man sagt den Wehen nach, daß sie einsetzen. Also: die Wehen setzten ein. Die Weichsel mündet auch in diesem Buch. Die Frau schreit im Kindbett. In Danzig fahren die Straßenbahnlinien Zwei und Fünf. Aber da ist kein Kindbett. Da ist auch keine Couch und kein Himmelbett und keine Hängematte. Da ist eine Straßenbahnbank. Die Bank ist hart hart hart. Aber die Frau will muß will das Kind. Aber so leicht kann man ein Kind nicht. Auch nicht ein so aufs Wesentlichste reduziertes. Dreh dich nicht um, der Mißwuchs geht um.

Der hier mit Weißnichtwas die Feder führt und zwecks Anregung ins Becken stiert, sieht dabei deutlich das Menschenknäuel, das Kuddlmuddel in der Linie Fünf nach Oliva, langbehost, seidenbestrumpft, blechbetrommelt, hundebejahrt, wortzerspielt. Das rauft sich um die besten Plätze, das sieht,

132

schaut, blickt unter über durch nach auf vorbei. Das schreit schreit schreit: »Nu kick doch dem an!«

Was da herauskommt ist kein Arm, kein Bein, kein Kopf, kein Steiß. Das alles fehlt an dieser originellsten Schöpfung. Warum? Darum. Was da herauskommt ist rot, tomatenrot, ziegelrot, schamrot, sozialistenrot, periodenrot, ordensbandrot, blutegelrot, abendrotrot, trommelrot, mülltonnenrot, frackrot, grassrot. Was da herauskommt ist groß, größer am größten. Größer als bei Mahlke? Als Shakespeare? Aber ja. Als Brecht? Ohne Frage. Als ich? Der hier auf neuen siebenhundert Seiten weißen Papiers Artistik betreibt und eigentlich wie der Große Mahlke Clown dann Modeschöpfer werden wollte, weicht augenzwinkernd aus: »Am größten ist der liebe Gott.« Der schaut auch zu, als das Menschenstück geboren wird, diese endlich von allem unnötigen Ballast befreite literarische Gestalt, das Ding, an dessen Größe die Größe des Mannes gemessen wird, das Ding aller Dinge endlich ganz rein, dies Dingslamdei, dieser Artikel, der Magnet, das Gegenstück zur Schrippe, der Apparat, das Ding Ding Ding, das Ichspreschnichtaus. Der hier die Feder führt hat es wieder und wieder benannt, deutsch, lateinisch volkstümlich medizinisch direkt bildlich und sonstwie. Und jetzt weiß er keinen Namen. Aber braucht er einen? Er zieht die Wasserspülung, hebt den Blick und hat sich, während er betrachtete, der Zeit erinnert, in der er noch nicht altersmüde die Feder führte, sondern in der Helene-Lange-Schule dann Gudrunschule, in Düsseldorf und am katholischen Kölner Hauptbahnhof – grassierte.

LORIOT

Literaturkritik

Der Literaturkritiker einer Fernsehanstalt erscheint auf dem Bildschirm und beginnt mit der Geziertheit des intellektuellen Fernsehschaffenden zu sprechen.

Die Frankfurter Buchmesse liegt nun drei Monate zurück, aber diese Zeit war erforderlich, das Angebot zu sichten, Wesentliches von Überflüssigem zu trennen, Bedeutendes von Unbedeutendem zu scheiden.
Lassen Sie mich aus der Fülle der wichtigen Neuerscheinungen ein Werk herausgreifen. Hier werden Dinge in einer Eindringlichkeit und Präzision beschrieben, die bisher in der schöngeistigen Literatur nicht zu finden waren. Der Autor zieht es vor, anonym zu bleiben. Das überrascht, denn bei aller Offenheit zeigt das Werk eine ungewöhnliche Reinheit der Sprache, und man sollte nicht zögern, es gerade der heranreifenden Jugend in die Hände zu legen, um sie mit den ganz natürlichen Vorgängen des Lebens vertraut zu machen. Keine deutsche Fernsehanstalt hat es bisher gewagt, eine Leseprobe der zu Unrecht umstrittenen Stellen zuzulassen. Aber bitte urteilen Sie selbst. Ich beginne auf Seite 294:

Germersheim ab	12.36 Uhr
Westheim	12.42 Uhr
Lustadt an	12.46 Uhr

Schon diese Stelle ist ein kleines Meisterwerk. Ein nur scheinbar harmloses Zeugnis für die bestürzende Sachkenntnis des Verfassers. Und kurz darauf steigert sich das Werk zu einem seiner vielen dramatischen Höhepunkte:

Landau ab	12.32 Uhr
Anweiler	12.47 Uhr
Pirmasens an	13.13 Uhr

Das ist fein beobachtet. Jedermann weiß, wie peinlich solche Stellen gerade bei Literaten minderer Qualität wirken können.

Mit den Worten »in Saarbrücken Hauptbahnhof kann mit Anschluß nicht gerechnet werden« schließt das Werk. Es sollte in keinem Bücherschrank fehlen.

LORIOT

Bundestagsrede

MODERATOR. Guten Abend, meine Damen und Herren, seit kurzem hat sich die Szene in Bonn verändert. Der zur Zeit parteilose Abgeordnete Werner Bornheim hielt eine Rede, die für einen neuen politischen Stil richtungweisend sein könnte. Werner Bornheim gehörte in der Weimarer Republik der Deutschen Volkspartei an, wurde nach dem Kriege Mitglied der L.A.P., wechselte 1952 aus Gewissensgründen zur CDU und stieß 1957 zur F.D.P. 1961 legte er jedoch sein Mandat nieder und wurde Landtagsabgeordneter der SPD. 1964 überwarf er sich mit dieser Partei und zog als CSU-Abgeordneter in den Bundestag ein. Danach war er noch je zweimal Abgeordneter der SPD und der CDU, bevor er aus Gewissensgründen vorerst die Parteilosigkeit wählte. Die Rede, die Werner Bornheim am vergangenen Montag im Bundestag hielt, stellt durch ihre Unbestechlichkeit und ihre politische Linie, so meine ich, alles in den Schatten, was man an Äußerungen von seiten der Regierung gehört hat.

W. BORNHEIM. Meine Damen und Herren, Politik bedeutet, und davon sollte man ausgehen, das ist doch – ohne darumherumzureden – in Anbetracht der Situation, in der wir uns befinden. Ich kann meinen politischen Standpunkt in wenige Worte zusammenfassen: Erstens das Selbstverständnis unter der Voraussetzung, zweitens, und das ist es, was wir unseren Wählern schuldig sind, drittens, die konzen-

135

trierte *Be-inhaltung* als Kernstück eines zukunftweisenden Parteiprogramms.

Wer hat denn, und das muß vor diesem hohen Hause einmal unmißverständlich ausgesprochen werden. Die wirtschaftliche Entwicklung hat sich in keiner Weise ... Das wird auch von meinen Gegnern nicht bestritten, ohne zu verkennen, daß *in* Brüssel, *in* London die Ansicht herrscht, die Regierung der Bundesrepublik habe da – und, meine Damen und Herren ... warum auch nicht? Aber *wo haben* wir denn letzten Endes, ohne die Lage unnötig zuzuspitzen? *Da*, meine Damen und Herren, liegt doch das Hauptproblem.

Bitte denken Sie doch einmal an die *Alters*versorgung. *Wer war* es denn, der seit 15 Jahren, und wir wollen einmal davon absehen, daß niemand behaupten kann, als hätte sich damals – so geht es doch nun wirklich nicht!

Wir haben immer wieder darauf hingewiesen, daß die Fragen des Umweltschutzes, und ich bleibe dabei, wo kämen wir sonst hin, wo bliebe unsere Glaubwürdigkeit? Eins steht doch fest und darüber gibt es keinen Zweifel. Wer das vergißt, hat den Auftrag des Wählers nicht verstanden. Die Lohn- und Preispolitik geht *von* der Voraussetzung aus, daß die mittelfristige Finanzplanung, und *im* Bereich der Steuerreform ist das schon immer von ausschlaggebender Bedeutung gewesen ...

Meine Damen und Herren, wir wollen nicht vergessen, draußen im Lande, und damit möchte ich schließen. Hier und heute stellen sich die Fragen, und ich glaube, Sie stimmen mit mir überein, wenn ich sage ... Letzten Endes, wer wollte das bestreiten! Ich danke Ihnen ...

DIETER SAUPE

Mein Name sei Gänseklein

Nach Max Frisch

Ich stelle mir vor:
Gänseschmalz.

Gänseschmalz am Tisch, er wartet auf Lila, sie betrügt mich
mit ihm, ich stelle mir vor, das läßt sich erzählen.

Es könnte auch so sein:
Ich sitze am Tisch, Glas in der Hand, Whisky im Glas, Eis im
Whisky, Sauerstoff im Eis, Hand am Glas, Luft um die
Hand, Lila im Kopf, sie betrügt mich mit Engerling, ist
Engerling Gänseschmalz?

Oder auch so:
Ich bin Architekt, Lila ach Lila, ich baue uns Kartenhäuser,
Gebäude aus Luft, sie stürzen bald ein, man geht miteinander, man schläft miteinander, verliert bald den Faden, ich bin
kein Architekt, bin Photograph, man geht durcheinander, ich
sehe das Positiv, ich halt es für negativ, ist Lila denn Lila,
vielleicht Violetta, vielleicht Orangeade?
Du mit deinem Identitätsfimmel, hat sie neulich gesagt, das
ist zu überdenken, ich fahre mal weg, ich sitze im Zug, ich
fahre mit der Gedankenbahn.

Ich mache mir weis:
Ich sehe die Probleme.

Ich sehe die Probleme, aber ich stelle mich blind.
Ich tappe im dunkeln, ich suche das Unmotiv, Kunst oder
Nichtkunst das ist hier die Frage.

Was auch möglich ist:
Ich bin gar nicht Engerling, ich selber bin Gänseschmalz, Lila

137

betrügt mich gar nicht, das wäre schade, Betrug muß herein,
was soll ich erzählen, ich rede mir ein:

Mein Name sei Gänseklein.

Ich stelle mir vor:
Ihr wartet auf Handlung, ich reite ein Dichtpferd, lenden-
lahm krumm, ihr wartet auf etwas, auf Lösung, auf Spannung.

Ich stelle noch klar:
Erwartet euch nichts.

DIETER SAUPE

Monologischer Dialog im Literarischen Safthaus

Ein Podiumsgespräch

Nach Marcel Reich-Ranicki

»Willkommen also im Literarischen Safthaus und gleich in
medias res, meine Herren: es gilt, die Notwendigkeit der
Literaturkritik im Gegensatz zur fragwürdigen Existenzbe-
rechtigung der Literatur zu diskutieren, wobei natürlich zu
beachten ist, daß ein Kritiker noch lange kein Kritiker ist, das
heißt, ich meine doch glauben zu dürfen, daß ich zu den
allererersten gehöre, wie Sie, lieber Mayer, immer wieder
bestätigten, und da darf ich gleich am Anfang . . . ja, ja, lieber
Böll, Sie dürfen ja gleich ein Wort . . . aber bitte nur diesen
einen ganz kurzen Gedanken noch . . . mit Ihnen habe ich
sowieso noch ein paar Hühnchen . . . und wenn Sie mir darin
auch nicht recht geben, so ist Ihr ›Irisches‹ Tagebuch *doch* ein
Werbefeldzug für die Armut gewesen, bitte bitte lieber Frisch

melden Sie sich doch nicht immer gleich zur Sache, denn der Kritiker *hat* das Recht abzuschweifen und lassen Sie mich nur noch diesen kleinen kurzen Gedanken, ich meine, der Kritiker muß ja seine intellektuelle Vielschichtigkeit beweisen, und wenn wir nun einmal über die Sonette Shakespeares diskutieren, wobei ich bemerken möchte, daß die Desbordes-Valmore natürlich auch welche geschrieben hat, so möchte ich doch meinen dürfen glauben zu können, daß wir das nicht ohne die Beachtung der Prosa der Berber tun sollten, nicht wahr lieber Böll nein lächeln Sie nicht, ich weiß jetzt was Sie denken, das heißt, ich weiß was Sie jetzt denken, sehr richtig lieber Frisch, ich ahne da einen Einwand von Ihnen und Sie dürfen sofort im Anschluß an diesen meinen kurzen Gedanken etwas dazu . . . aber bitte lassen wir diese etwas rude oder auch rüde Rudheit in der Musikalität der Esoterik der Feuerländischen Versprosa nicht außer acht, wobei ich Sie erinnern möchte, daß Sie ja wissen, gewiß, daß ich unmusikalisch bin, aber daß ich ein unmusikalischer Flegel sein kann, habe ich doch, nicht wahr lieber Mayer, unlängst in dem Hause jenes Mannes mit den drittrangigen Korrespondenzpartnern erfahren ganz recht ganz richtig Sie denken da an Thomas Mann, bitte bitte lieber Böll nur noch diese eine ganz kleine kurze Minute, ich möchte eigentlich noch gern etwas über meine Kenntnisse der dreizehntausend dichterischen Gesamtwerke einschließlich der Bibliographien hinzufügen, aber ich sehe ich werde sie in dieser wieder einmal überzogenen Sendestunde des Dritten Programms nicht unterbringen . . . und wenn Sie jetzt vielleicht ganz kurz lieber Böll und lieber Frisch, aber da sehe ich die Zeit ist tatsächlich um, bedauerlicherweise, ich könnte noch stundenlang so fortfahren, und so darf ich eben nur noch ganz kurz mein Schlußzitat sprechen, das ich erst dreiundsiebzigmal an den Schluß dieses unseres gemeinsamen Gespräches gesetzt habe, nämlich, um mit Brecht zu reden, Sie wissen lieber Mayer, der Vorhang fällt, und alle Fragen sind offen, was ich hoffentlich bewiesen habe, ich danke Ihnen für Ihre rege Beteiligung.«

HEINZ ERHARDT

Die Entstehung der Glocke von Schiller
oder
Warum Schillers Glocke keinen Klöppel hat

Am 31. Februar 17 ... saßen Schiller, Goethe und Eckermann beim Skat. Im Kamin knisterte traurig ein Buchen-
scheit, und eine müde Tranfunzel verbreitete teils Geruch,
teils Licht. Aber Geheimrat Goethe haderte nicht, sondern
liebte den trüben Schein des Trans*.
Die drei Herren saßen also beim Skat und auf weichen
Plüschsesseln – nach dem Motto: Noblesse o'Plüsch. Goethe
hatte gerade Schellen** gereizt, als Schillers Augen plötzlich
heller strahlten als die der Funzel und er anhub, also zu sprechen: »Verzeihen Sie, Herr Geheimrat, bei Ihrem Gebot
›Schellen‹ fiel mir eben etwas Wichtiges ein: könnten Sie mir
mal flugs Ihren Gänsekiel leihen?« Goethe, der gerade gereizt
hatte, war nun selber gereizt: »Aber, lieber Schiller, wozu
brauchen Sie denn gerade *jetzt* meinen Gänsekiel?« Schiller:
»Weil mir beim Wort ›Schellen‹ der Gedanke kam, ich könne
mal ein Gedicht über die ›Glocke‹ schreiben. Und um dieses
kleine Gedicht zu Papier bringen zu können, brauche ich
Ihren Gänsekiel. Weil ich meinen nämlich nicht bei mir
habe!« Goethe, indem er die Karten auf den Tisch und seine
Stirn in Falten legte, sagte: »Das mit der Glocke ist eine gute
Idee! Wir Klassiker können unsere Werke nicht oft genug an
die große Glocke hängen! Habe ich nicht recht, Eckermann?«
Eckermann, der für Goethe so etwas Ähnliches war wie Dr.
Watson für Sherlock Holmes, antwortete: »Jawohl, Herr
Geheimrat!« – »Nun denn«, fuhr Goethe fort, »hier haben
Sie meinen Gänsekiel! Wir paar Dichter müssen zusammen-
halten! Und während Sie sich, Friedrich Schiller, von der

* Erst kurz vor seinem Ableben verlangte es ihn nach *mehr Licht*.
** *Deutsche* Klassiker bedienten sich selbstverständlich *deutscher* Spielkarten!

Muse küssen lassen, werden ich und Eckermann Sechsundsechzig spielen!«

Nachdem die beiden ungefähr 2 Stunden lang dem 66 gefrönt hatten und Goethe alle Spiele gewann, weil Eckermann bei ihm weder 20 noch 40 noch sonstwas zu melden hatte, sprach plötzlich Goethe, indem er erst den Blick und dann sich selbst erhob: »Halt, Herr Schiller! Nun muß ich aber schleunigst meinen Gänsekiel zurückhaben; denn soeben fiel mir ein, daß ich im 2. Teil meines ›Faust‹ einige Sätze zu stehen habe, die ich sofort ändern muß, weil sie der *Unverständlichkeit* entbehren! Bei einem Dichter meines Formats wirken nur *unverständliche* Sätze verständlicherweise selbstverständlich! Notieren Sie diesen Ausspruch, Eckermann!« – »Jawohl, Herr Geheimrat!« – »Außerdem«, setzte Goethe den Vortrag fort und sich wieder hin, »außerdem wird Ihre Glocke zu lang, wenn Sie nicht augenblicklich mit dem Dichten nachlassen! Denken Sie doch an all die lieben Schulkinderchen, die Ihre Glocke dermaleinst vielleicht werden auswendig lernen müssen!« – – –

So verdanken wir eigentlich diesem *Goethe* die Entstehung dieses Schillerschen Werkes – aber auch den erfreulichen Umstand, daß dieses Gedicht nicht *noch* länger wurde – aber auch die betrübliche Tatsache, daß Schiller keine Zeit mehr hatte, das Werden und die Nutzanwendung des für eine Glocke doch so notwendigen *Klöppels* zu schildern!

Vielleicht wußte er damals schon, daß seine Glocke gar keine Gelegenheit haben würde, jemals mit eherner Zunge zu reden – – – denn wie sagt der Dichter: *Friede* sei ihr erst Geläute . . .

HERBERT ROSENDORFER

Soziologische Situation des Vampirs

Die Neuauflage von Bram Stokers ›Dracula‹ vor einem Jahr und jüngst die seines Novellenbandes ›Bram Stoker, Draculas Gast‹, sechs Erzählungen, Zeichnungen von Peter Neugebauer (Zürich 1968, Diogenes Erzähler Bibliothek), der Film – in dem vor allem der englische Schauspieler Peter Cushing mit seinen vielen Verkörperungen von Vampirjägern unvergeßlich ist – und nicht zuletzt die Bemühungen des vielleicht bedeutendsten Draculisten unserer Zeit: H. C. Artmann, haben der Kenntnis um vampirische Dinge weltweiten Aufschwung gegeben. Nun hat – leider noch nicht in deutscher Übersetzung – der durch seine Forschungen über Friedrich II. von Preußen bekanntgewordene Professor Zwi Ygdrasilović eine Untersuchung veröffentlicht, die geeignet ist, eine bisher schmerzliche Lücke sowohl in der Vampirologie als auch in der Soziologie zu schließen. Dieses Werk, das unter dem Titel ›Tusks – And What Else?‹ im Verlag Goosskin & Spasm Ltd. London erschienen ist, bringt eine Fülle von Material zu dem in der Überschrift dieses Artikels bezeichneten Thema. Ygdrasilovićs Buch richtet sich allerdings ausschließlich an den wissenschaftlichen Leser. Der Stil des Buches ist spröde, den auch die gewiß wertvollen seitenlangen Tabellen und Übersichten nicht aufzulockern vermögen. So soll hier versucht werden, für den interessierten Laien die wichtigsten Gedanken Ygdrasilovićs in allgemeinverständlicher Form zusammenzufassen.

Ygdrasilović hat zusammen mit einem Team von Assistenten in insgesamt achtunddreißig Ländern, darunter auch solchen des Ostblocks, Daten gesammelt. Über zweitausend Vampiren – in der Mehrzahl englischen, deutschen und französischen, aber auch einem liechtensteinischen – wurden Fragebogen vorgelegt. Die Antworten wurden durch einen Computer ausgewertet. Die profunde Sachkenntnis der Ygdrasilovicschen Arbeitsgruppe erhellt nicht zuletzt daraus, daß zwei der Assistenten selber Vampire sind, ein weiterer im Laufe der Untersuchungen Vampir wurde.

›Tusks – And What Else?‹ ist ein völlig unpolitisches Buch. Dennoch konnte sein Verfasser nicht umhin, es nach unseren gesellschaftspolitischen Gegebenheiten zu gliedern. Es zerfällt demnach in zwei Teile: I. Der Vampir im Ostblock, und II. Der Vampir in der kapitalistischen Konsumgesellschaft.

In Rumänien, wo die ursprüngliche Heimat des Vampirs zu suchen ist, gibt es heute so gut wie keine Vampire mehr. Das Grafengeschlecht der Dracula – das von dem legendären Urdracula abstammt, welche Figur sich um die historische Persönlichkeit des Hospodars Vlad IV. Basaraba, genannt ›der Mönch‹ (von 1477 bis 1481 Fürst der Walachei), rankt, dessen Bildnis von unbekannter Hand heute in der Sammlung von Schloß Amras hängt –, dieses sagenumwobene Grafengeschlecht ist schon vor dem Zweiten Weltkrieg aus Rumänien emigriert. Ein letzter Abkömmling lebt heute in Detroit als Generalagent für Dosenblutwurst. Die eigentliche, engere Heimat des Vampirs ist jedoch Siebenbürgen. Bei der Auflösung des siebenbürgischen Landtages (nach der Integration des ehemals selbständigen Großfürstentums Transsilvanien in das Königreich Ungarn im Jahr 1867) waren achtzehn Mitglieder dieses Gremiums Vampire. Noch nach dem Anschluß an Ungarn stellten die Vampire einen Anteil von zeitweilig über zehn Prozent der siebenbürgischen Abgeordneten im ungarischen Reichstag. Bis 1919 war der Obergespan des Hermannstädter Komitats regelmäßig ein Vampir. Dieser, an heutigen Verhältnissen gemessen, paradiesische Zustand für Vampire änderte sich, als Siebenbürgen 1919 durch den Frieden von Trianon zu Rumänien kam, wo der – obwohl von der Schwäbischen Alb stammend – nüchterne König Ferdinand ein vampirfeindliches Regiment führte. Schrecklich wurde es aber erst nach dem Zweiten Weltkrieg. Nach anfänglicher ideologischer Unsicherheit – die meist adeligen Vampire galten zwar als Blutsauger, konnten aber nachweisen, daß sie ausschließlich vom Blut entweder ihresgleichen oder aber des bürgerlichen Standes, nicht jedoch vom Arbeiter- oder Bauernblut gelebt hatten – wurde ein großangelegtes Vampir-Pogrom entrollt. Mit dem für Vampire unerträglichen Knoblauch bewaffnet, Kreuze (ebenfalls ein Vampir-Abschreckmittel) vor sich hertragend – man denke: kommunistische Funktionäre, die sich nicht scheuten, Kreuze vor sich herzutragen –, stürmten die aufgeputschten Horden die Grüfte, rissen die Vampire, die ja am Tag fast wehrlos sind und das Tageslicht nicht vertragen, aus ihren Särgen und schleppten sie zu Tausenden an die Sonne, wo sie unter gräßlichsten Qualen versengten und verschmorten. Kaum einer entkam.

Nicht viel besser ist die Lage der Vampire in den übrigen sozialistischen Staaten. Die Tatsache, daß ein armenischer Vampir, der Genosse Gagik Smbatewitsch Achmeteli, Abgeordneter im Obersten Sowjet und ein anderer, Panteleij Gennadewitsch Kapuzow, Landesmeister im Dreibeinlauf der Autonomen Turkmenischen Sozialistischen Sowjetrepublik ist, darf nicht darüber hinwegtäuschen, daß der Vampir in der sozialistischen Gesellschaft nur mehr eine untergeordnete Rolle spielt.

Die Volksrepublik China endlich, die sich mit dem Problem der jahrtausendealten – übrigens von der abendländischen Entwicklung unabhängigen – Vampirtradition konfrontiert sieht, hat den Vampiren radikalen Kampf angesagt. Es gibt in Peking Pläne, nach denen für die Dauer eines Jahres die Erdumdrehung derart angehalten werden soll, daß in China ein Jahr lang Tag ist. Dadurch sollen die Vampire ein Jahr lang gehindert werden, ihre Gräber zu verlassen, wonach sie verhungern. Ob diese Pläne, denen man wegen ihrer großzügigen Konzeption eine gewisse Achtung nicht versagen kann, jemals zum Tragen kommen, bleibt wohl abzuwarten.

Anders, wenn auch vielleicht nicht günstiger, ist die Lage des Vampirs in der kapitalistischen Gesellschaft. Jahrzehnte-, um nicht zu sagen jahrhundertelang schenkte man den Vampiren kaum Beachtung, was einerseits den meisten von ihnen ziemlich angenehm war, andererseits aber eine äußerst mangelhafte Rücksichtnahme auf die Lebensnotwendigkeiten der Vampire auf so gut wie allen Gebieten des öffentlichen Lebens mit sich brachte. Hie und da wurden Vampire nach dem Aussaugen ihrer Opfer wegen Mordes zu lebenslänglichem Zuchthaus verurteilt, in anderen Fällen erfolgte Bestrafung nur wegen Körperverletzung, manche Gerichte sahen sich außerstande, anders als wegen Nahrungs- und Genußmittelentwendung zu verurteilen. Eine tiefe Rechtsunsicherheit machte sich unter den Vampiren breit.

Bekanntlich kann ein Vampir fließendes Wasser – Flüsse, Bäche, aber auch unterirdische Wasserläufe – nicht überqueren. Was demnach dem Vampir in der modernen Konsumgesellschaft das Leben – den Nicht-Tod, korrekt gesagt – fast restlos vergällt, ist unsere nahezu lückenlose Kanalisation. Nur in einzelnen Gegenden des Sauerlandes, wo der Anteil der regierungstreuen Wählerschaft besonders hoch ist (sollten da Zusammenhänge mit der fehlenden Kanalisation bestehen?), ist eine leichte Zunahme des Vampirbestandes zu verzeichnen. Überall sonst ist die Tendenz rückläufig. Dazu erleichtert der Umstand, daß die Vampire das Tageslicht nicht vertragen, nicht gerade ihre Eingliederung in den bürgerlichen Arbeitsprozeß.

Die Ernährungslage der Vampire ist trostlos. Es gibt bereits Vampire, die sich auf tierisches Blut umgestellt haben. Abgesehen davon, daß sie auch hier auf weitgehendes Unverständnis der Landwirte gestoßen sind, waren Folgen von Degeneration und Verweichlichung unausbleiblich. Der Plan, den Vampiren Altersheime und Greisenasyle zur Nahrungssuche zuzuweisen, womit – nach einer Denkschrift des leider viel zu spät ins Leben gerufenen ›Bundes Deutscher Vampire e. V.‹ – gleichzeitig das Problem der Überalterung unserer Sozialstruktur einer harmonischen Lösung zugeführt worden wäre, wurde von der mächtigen Sozialrentner-Lobby erfolgreich als angeblich herzlos torpediert. Ein Sprecher des genannten Vampir-Bundes wies dabei auf die Inkonsequenz hin, die darin liegt, daß die ›Aktion 65‹ der Bundesbahn klaglos hingenommen wurde. Nach außen hin begründet man diese

145

Aktion – nämlich die, daß wer über fünfundsechzig Jahre alt, zum halben Preis mit der Eisenbahn fahren darf – mit der Aufbesserung der defizitären Kassenlage der Bundesbahn. In Wirklichkeit will man damit den Anteil der Rentner an den Opfern künftiger Bahnunglücke künstlich erhöhen, wobei noch dazukommt, daß Angehörige dieses Personenkreises öfter aus dem Zug fallen und sich häufig in Zügen und Anschlüssen irren, dadurch nie dorthin kommen, wo sie erwartet werden, und damit die Verlustquote der Bahnpassagiere unter Rentnern wesentlich höher ist als bei der übrigen Bevölkerung.

Ein düsterer Punkt für die Vampire sind auch die Krankenkassen. Sie weigern sich bis heute, die geringen Mehrbeträge, die bei Vampirzahnprothesen durch das Einfügen der bekannten Fangzähne entstehen, zu ersetzen.

Die Kirchen endlich stehen dem Vampirismus völlig indifferent gegenüber. Daran ändert weder der Umstand etwas, daß nicht wenige katholische Geistliche – allerdings rein privat – gleichzeitig Vampire sind (diese Geistlichen verwenden, wegen der Kreuzesscheu der Vampire, Kreuze, die nicht ganz rechtwinkelig sind; für den oberflächlichen und ahnungslosen Betrachter sind diese winzigen Abweichungen oft gar nicht zu bemerken), noch die vorgesehene Denkschrift der EKD ›Zur Lage der Vampire im geteilten Deutschland‹.

Eine noch ziemlich geheime Studie des französischen Generalstabes gibt Ygdrasilović Anlaß, auf eine mögliche soziologische Umstrukturierung der Vampire hinzuweisen. Die Studie heißt: ›Der Vampir im modernen Verteidigungskonzept (Force de succion)‹. Dem Vampir, der bekanntlich unter gewissen Bedingungen fliegen kann und bei angemessener Ernährung die Kraft zwölf starker Männer hat, werden erhebliche Chancen im nächtlichen Nah- und Einzelkampf eingeräumt. Ob dieses Konzept bei dem ausgeprägt individualistischen, ja eigenbrötlerischen Hang der Vampire jemals verwirklicht werden kann, ist mehr als fraglich. Keinesfalls dürfen übertriebene Hoffnungen darein gesetzt werden, die dahinwelkende Zahl unserer heimischen Vampire könne so wieder angehoben werden. Es hieße, die Augen vor der Wirklichkeit unserer reglementierten Gesellschaftsordnung gewaltsam verschließen, wollte man verkennen, daß die große Zeit der Vampire vorbei ist. Die neue Vampir-Kommune der Berliner Studenten ist wohl kaum mehr als eine Mode und kein Weg in die Zukunft.

Der Vampirismus mag als kostspieliges Hobby einiger weniger noch eine Weile fortdauern. Aber eigentlich ist damit das steinerne Wappen über der Gruft Draculas schon zerbrochen.

KARL HOCHE

Die Hochzeitsreise

Nach Heinrich Böll (›Ansichten eines Clowns‹)

Die Ankunft vollzog sich nach der dem Reisen innewohnenden Automatik, Waggontür auf, Waggonstufen 'runter, Bahnsteigsperre, Koffer auf, Tasche 'raus, Tasche auf, Fahrkarte 'raus, Tasche zu, Tasche 'rein, Koffer zu, aus dem Bahnhof 'raus, Bahnhoftreppe 'runter, ein Taxi, Hotel 'rein, Lift 'rauf, Koffer 'runter, Zimmertür.

Ich schaute Grete an. Ich dachte an alles, was wir miteinander getan hatten, ich und Grete, Mann und Frau, ich dachte daran, wie sie war und wie ich war und wie es war als wir zusammen das taten, was Männer und Frauen miteinander tun. »Vorehelicher Geschlechtsverkehr« nennen es die Katholiken und machen dabei ein so angeekeltes Gesicht als sagten sie »moderne Literatur«. Wie kann man »vorehelichen Geschlechtsverkehr« nennen, was in Wirklichkeit Gretes Bewegungen, ihre Stimme, ihre Brust, ihre Hände sind. Katholiken können sich das nur »in der Ehe« vorstellen.

Wenn sie daran denken, werden sie kitschig und nennen es »Liebe«. Aber für einen, der nicht der faden Süßlichkeit dieser Brüder verfallen ist, für mich also, bleibt »es« die Sache, die Männer und Frauen miteinander tun. Das ist vielleicht unromantisch. So wie ich eben gemacht bin, für Grete gemacht bin. Und sie ist für mich gemacht. Nur mit ihr kann ich es tun. Diese Katholiken verstehe ich nicht. Die können es mit jeder tun. Falls sie mit ihr »verheiratet« sind. Bevor sie heiraten, sublimieren sie »es« mit »Fußball«, so nennen sie dieses Spiel ja wohl, um die »fleischlichen Gelüste« in sich »abzutöten«, als ob ihnen »damit« irgendwie »geholfen« wäre.

Was tun ein Mann und eine Frau, die füreinander gemacht sind, wenn sie miteinander in einem abschließbaren Raum sind? Sie tun miteinander das, was Männer und Frauen miteinander tun. Jetzt war sie meine Frau. Irgendwelche kirchlichen und staatlichen Behörden hatten sich bemüßigt gefühlt, mir das »schriftlich zu bestätigen«. Ich brauchte das nicht, fand es aber gar nicht so übel. Denn seit wir »diese Sache« das erste Mal getan hatten, war sie meine Frau. Das hatten wir die ganze Zeit gewußt, wenn wir es miteinander taten und auch in den Zeiten, wo wir nicht miteinander taten, was wir sonst miteinander taten.

Als ich jetzt tun wollte, was ich mit ihr tun wollte, konnte ich es nicht tun. »Ich habe es mir schon gedacht«, sagte Grete. Mich erstaunte das nicht. Sie ist schon so lange meine Frau, sie war mir von irgend etwas, das »Schicksal« heißen mag, vorherbestimmt, sie kennt mich. Ich legte mich »an ihre Seite«.

»Warum hat du es dir gedacht? Weißt du den Grund?«
Sie war ganz ruhig. »Ich kann ihn mir denken. Schau, du hast dich so daran gewöhnt, daß wir jedesmal, wenn wir es als Unverheiratete tun, der Katholischen Kirche einen Tort antun, so daß dir jetzt was Wesentliches fehlt. Wenn die Kirche nichts mehr dagegen hat, dann kannst du es einfach nicht mehr tun, deine Potenz ist eben anti-ekklesiastisch.«
Ich sah an mir herunter. Wenn meine Männlichkeit und die

148

Stärke der Kirche wirklich so eng zusammenhingen, wie Grete meinte, dann stand es jetzt um die Kirche sehr schlecht.

Ich stammelte: »Ja, aber wir sind doch Mann und Weib. Ich meine, wir möchten es miteinander tun.«

Sollen wir denn, dachte ich, nie wieder tun können, was wir tun möchten, nur weil die Kirche mal nachgibt, vielleicht so eine der Enzykliken – so nennen das diese Katholiken wohl, warum haben sie nur so scheußliche Wörter, damit wollen sie wohl ihre »Katholizität« beweisen, oder wie das heißt in ihren Büchern – zurückzieht, sich liberalisiert. Ich kann mich doch von der »Kirche« oder wie sie das nennen, nicht impotent machen lassen. Wo bleibt denn da das sogenannte »christliche Gewissen« dieser hauptberuflichen Religionsdiener. Denen ist alles zuzutrauen.

Ich weinte.

Wie immer wußte ich auch in diesem Augenblick, daß da meine Frau sprach. »Du bist ein Kleinbürger . . .«

»Ja, ich bin ein Kleinbürger«, schrie ich. »Meine Mama hatte keinen ›jour fixe‹, saß an keinem Kamin und ich hatte auch keinen Bruder, der immerfort einen Mazurka von Chopin spielte. So sieht es doch bei Großbürgern aus, oder? Ich bin nun mal ein Kleinbürger, was ist daran so schlimm?«

»Gar nichts ist daran schlimm, davon gibt es genug. Und weil du einer bist, deshalb kannst du dich an mir auch nur reiben, wie sich Männer und Frauen aneinander reiben, wenn du dich gleichzeitig an einer mächtigen Institution reiben kannst, das heißt, wenn du nebenher ein bißchen raunzen darfst. Sollte die Kirche ›nachgeben‹, dann mußt du dir eben andere Gegner suchen.«

»Ich kann mich nicht so schnell umstellen. Ich kann mich überhaupt nicht umstellen. Zum Beispiel kann ich es nur mit dir tun, das weißt du doch. Und jetzt nicht einmal mit dir. Ich kann von der Katholischen Kirche nicht weg, durch sie leb ich, mit ihr sterb ich, durch sie leid ich in alle Ewigkeit. Ich kann sie nicht lassen.«

Grete lächelte. »Aber sieh sie dir doch an, deine Kirche. Sie ist

doch noch recht kräftig. Was hat sich denn geändert? Denk an
den Papst, die Pillen-Enzyklika! Das muß dich doch bestär-
ken . . .«
Sie konnte nicht weitersprechen. Wir taten jetzt nämlich wieder miteinander, was Männer und Frauen miteinander tun.
Dabei weinte ich die ganze Zeit. »Das« werden diese Katholiken nie »verstehen«.

KARL HOCHE

Ein Film und ein Gefühl, das man dabei hat
(Eine Filmkritik)

In der Wochenschau, die zu dem Film ›Sie kennen kein
Gesetz‹ gezeigt wird, kann man 80 Sekunden lang sehen, wie
Kino zu sich selbst kommt. Alles was man davor und danach
sieht und hört, sind die ungeheuer beschädigten Bilder und
die ungeheuer kaputten Geräusche, die eine auseinanderfal-
lende Produktionsmaschine ausstößt, die nur noch von der
Verachtung lebt, die sie für ihr Publikum hat.
Diese 80 Sekunden, derentwegen sich der Eintrittspreis
lohnt, zeigen ein Fußballspiel, dessen Protagonisten, Verlauf
und Ergebnis gleichgültig sind gegenüber der Tatsache, daß
man Bilder sieht, die schön sind, weil sie schön sind, weil sie
genau sind, weil sie ruhig sind, weil sie einen Rhythmus
haben, und weil man etwas sieht. Es sind Bilder, die im
Moment des Hervorbringens erfunden wurden, um gleich
wieder vergessen zu werden, ineinander montierte Kinobil-
der und zugleich die Erfahrungen mit diesen Bildern, man
sieht sie zum ersten Mal und weiß, daß es zum ersten Mal ist.
Es sind irrsinnig künstliche Filmerfindungen, die eine Wahrheit, die perfekte, sich selbst genügende Wahrheit des Kinos
herstellen.

Der Film beginnt mit einer Totalen, die so traumhaft schön ist, daß sie schmerzt. Sie zeigt das gesamte Stadion. Und schon in der ersten Einstellung sieht man Action, Action, die nichts anderes sein will als Action, die nichts transportiert, weder eine verkommene Story noch die Gangstermoral einer Gesellschaft, die die Produktionsmittel des Films dazu verwendet, um ihr Geld zu verdienen. Der Film setzt sofort ein mit der ungeheuer filmischen Action und wird so zum Film. John Ford konnte das noch zu der Zeit, als er ›Stagecoach‹ drehte, später hatte er nicht mehr die Kraft, seine Bilder zusammenzuzwingen, sie zerfielen ihm unter den Händen.

Die immer weiter voranschreitende, nach einem sich leicht verändernden Grundmuster gleichsam spielerisch immer wieder abgewandelte rituelle Action saugt den Zuschauer in sich auf. In einem wunderbar klaren, genau durchdachten Rhythmus, der zur sich selbst genügenden Hektik der Actionszene in einem notwendigen Kontrast steht, diese sozusagen leerlaufen und damit sich als Filmaction erfüllen läßt, wechseln die Bilder von der Totalen zur Großaufnahme. Der Schnitt, mit äußerster Brutalität auskalkuliert und diese zugleich symbolisierend, versetzt den Zuschauer in einen jähen, sich selbst verschlingenden Schrecken und entlarvt dabei ganz nebenher die Italowestern als das, was sie sind: Ammenmärchen für Filmsäuglinge.

Dieser sich so gleichmütig gebende Film, der für jemanden, der sehen kann, geradezu aufbirst unter der Fülle von irrsinnig schönen Regieeinfällen, trumpft sofort mit einem solchen auf, der dem Zuschauer den Atem verschlägt. Der Film ist ein Schwarz-Weiß-Film, und es kommt darin ein Ball vor, der sich mehr und mehr als die Hauptfigur entpuppt. Und dieser Ball ist schwarz-weiß. Das ist von einer so betäubenden Folgerichtigkeit, daß einem das Herz stockt. Dieser Ball stellt den Film selbst dar, man kann sehen, wie sich der Film im Film durch den Film verändert, man kann die Spieler sehen, ihre Beziehungen zueinander und zu dem Ball, man kann sehen, wie sich die Spieler durch den Ball verändern und wie sich der Ball durch die Spieler verändert und wie alles immerfort aufeinander einwirkt und einander verändert. Der Film handelt von einer Wirklichkeit und einer Weise zu gehen, zu stehen, zu laufen, und davon, wie sich ein Ball bewegt. Er beschreibt das in dem Maße, wie er ein Film, etwas Ablaufendes ist, als einen Zustand in Form einer Bewegung. Beim ersten Anblick dieses Balls hat man das Gefühl, das man hat, wenn man sieht, wie Humphrey Bogart in ›The Big Sleep‹ über die Straße in das Antiquitätengeschäft geht.

Die Spieler wirken wie ästhetische Erfindungen, ihr Zusammenspiel hat etwas Marionettenhaftes. Man fragt sich, wer wohl an den Drähten ziehen mag. Die Kamera hat diese Frage erwartet, sie macht einen leichten Schwenk und bringt die sich um das ganze Spielfeld herumwindenden Reklameflächen ins Bild. Man hat den Eindruck, daß die Spieler die Marionetten der dort genannten Riesenfirmen sind. Das macht die Größe dieses Filmes aus, ein einziger winziger Kameraschwenk zeigt, wie der Spätkapitalismus den Menschen zur Ware macht. Es ist dies eine Regie, die mit Bildern zu tun hat, Bilder vermittelt, Teil der Bilder wird. Diese Bilder sind höhnische Statements, die sich selbst reflektieren, indem sie zur Reflexion herausfordern. Die Welt dieses Films ist eingegrenzt auf das Bild, das man sich von ihr macht, und ist daher nicht anders wiederzugeben als mit einem Bild, das man sich macht. Er ist gedreht mit dem Ziel, Bewußtsein vom Kino im Kino zu verändern.

Plötzlich zeigt die Kamera mit einem weiteren wunderschönen Schwenk eine Art Tür aus Latten, davor einen dunkel Gekleideten. Es ist der ins Filmische transportierte Mythos vom Eingang in die Unterwelt. Man weiß, daß jetzt gleich jemand hereinkommen wird. Ein glänzender Kunstmoment bringt auch schon den Ball ins das Goal. Das ist ein zum Wahnsinnigwerden schönes Bild vom Film, der in den Underground geht und mit neuer Intensität prall geladen als Flesh aus Warhols Factory wieder heraufsteigt. Und nun kommt ein Einfall, der so unwirklich ist, so außerhalb dessen, was man für möglich gehalten hat, so sehr Fiktion, daß man alles vergißt, was nicht mit dieser Sequenz zu tun hat. Man sieht das Hereinkommen des Balls noch einmal in Zeitlupe.

Das ist, wie wenn John Waynes Bewegungen im Augenblick der höchsten Gefahr ganz langsam werden und eigentlich diese Bewegungen erst die Gefahr anzeigen und gleichzeitig erhöhen.

Was einem bei vielen Filmen in das helle Entsetzen treibt, ist der Ton. Mit unbeschreiblicher Lieblosigkeit wird da irgend etwas, das die Ohren füllen soll, zusammengehauen und auf den Soundtrack geknallt. In diesem Film gibt es auch hierfür eine erstaunliche Lösung. Man hat ihm ein immerwährendes Rauschen – dem des Meeres nicht unähnlich – untergelegt, das in Momenten steigender Spannung sich in Tonhöhe und Lautstärke steigert. Ebenso tut das der gewollt unverständliche Singsang eines Sprechers. Keine schleimigen Hollywood-Orchester, keine idiotischen Dialoge, nur ein einfaches, vielfach moduliertes Geräusch.

Dieser Kinofilm im Filmkino ist stark, ruhig und groß. Man kann in ihm herumgehen wie auf einem Fußballplatz. Seine bildschönen Bilder sind betörend, man ertrinkt in ihnen wie auf einem Trip. Ich konnte danach das Geröll, das man mit dem Etikett »Hauptfilm« versieht und einem in das Gehirn schüttet, nicht mehr ertragen. Schon während des Vorspanns habe ich das Kino verlassen.

JANOSCH

Hans im Glück

Es war einmal so ein glücklicher Hansl, der freute sich den ganzen Tag und über alles. Was ihm auch geschah. Schon bald, nachdem er geboren wurde, fiel er aus dem Bett. Aber er freute sich und dachte: »Das Bett hätte höher sein können, dann wäre ich tiefer gefallen und hätte mir den Hals gebrochen.«

Als er größer war, konnte es geschehen, daß ihm jemand einen Stein an den Kopf warf. Dann war er froh, daß der Stein nicht größer war. Immer war der Hansl lustig, pfiff ein Lied, freute sich, daß die Sonne schien, aber auch, weil es regnete, und auch, wenn es schneite.

Als er alt genug war, von zu Haus wegzugehen und sich eine Arbeit zu suchen, war er kaum aus der Tür heraus, da überfuhr ihn ein Motorrad: Bein gebrochen, Hose zerrissen, Krankenhaus.

Da freute sich der Hansl und sagte: »Wie gut, daß meine Sonntagshose im Koffer war, sonst wäre sie auch zerrissen worden. Aber meine alte Hose war sowieso schon alt.«

Das Bein heilte. Er ging wieder los und fand einen Meister, bei dem er sieben Jahre arbeitete.

Einmal geschah es, daß er bei großer Kälte Bäume im Wald fällen mußte. In der Frühstückspause schlief er ein und erfror beinahe. Der Förster fand ihn, und der Hansl war schon halb tot.

Aber wie freute sich der Hans. Er sagte. »Wie gut, daß Sie mich geweckt haben, ich hätte ja erfrieren können bei dieser Kälte.«

Als die sieben Jahre um waren, sagte der Meister: »Wie die Arbeit, so der Lohn. Ich war immer *ganz* mit dir zufrieden, also gebe ich dir eine Gans.« Gab ihm für sieben Jahre also eine Gans.

Wie freute sich da der Hans und dachte: »Eine Gans ist ja wunderbar! Die tausche ich gegen ein kleines Schwein und lasse es wachsen. Das tausche ich gegen ein Kalb und lasse es wachsen. Die Kuh tausche ich gegen ein kleines Pferd, und das lasse ich wachsen. Das Pferd wird ein Rennpferd, und ich tausche es gegen einen Klumpen Gold, und ich bin reich. Oder ich esse die Gans auf, denn Gänsebraten ist meine Leibspeise. Obendrein lasse ich mir die Hosentasche mit Gänsefedern füttern, das wärmt im Winter. Da kann ich mich wirklich freuen.«

Er machte sich auf den Weg nach Hause zu seiner Mutter.

154

Unterwegs hörte er die Vögel pfeifen, die Sonne schien, da setzte er sich unter einen Baum, und die Gans lief ihm weg.

Er lief ihr ein kleines Stück nach, ging dann wieder zurück an seinen Baum und dachte: »Was ist schon eine Gans? Wär's ein Pferd gewesen! Freuen kann ich mich, daß es kein Pferd war, sonst hätte ich mich geärgert.«

Er freute sich und schlief noch ein Stündchen, dann ging er weiter.

Zu Hause war es schön, und seiner Mutter ging es gut. Da freute sich der Hansl, setzte sich in den Garten, ruhte sich aus, aber nach drei Tagen kam Krieg, und er mußte zu den Soldaten.

»Wie gut, Mutter«, sagte er, »daß der Krieg nicht schon vor drei Tagen anfing. Da hätte ich gar nicht so lange dableiben können.«

Und dann schossen sie ihm im Krieg ein Bein weg. Aber eines blieb ihm noch. Zwei Beine weg ist schlimmer! Dann hätte er nicht mehr laufen können. Da war der Hansl aber froh darüber.

Und als der Krieg verloren war, sagte er: »Freuen können wir uns, Mutter, daß wir nicht gewonnen haben. Dann hätte unser König sich stark gefühlt und hätte bald wieder einen neuen Krieg angefangen.«

Als der Hansl heiraten wollte, bekam er so eine faule Liesa zur Frau, eine mit kurzgestutzten Haaren und einem dicken Hinterteil. Den ganzen Tag lag sie auf dem Sofa.

Da dachte der lustige Hans: »Glück hab ich mit der Liesa gehabt, daß sie kein Ziegenbock ist. Ein Ziegenbock gibt keine Milch, braucht einen eigenen Stall für sich, denn man kann ihn nicht in der Küche halten, frißt einen Zentner Gras und stinkt obendrein.« Und er freute sich.

Aber die Liesa lief ihm eines Tages davon, ging mit einem, der Strumpfbänder und Kämme verkaufte und ihr schöne Augen gemacht hatte.

Da freute sich der Hansl, daß er die faule Liesa los war. Aber nach drei Tagen kam sie zurück; denn immer von Tür zu Tür

gehen und den Koffer mit den Strumpfbändern tragen, war
ihr zuviel Arbeit.

Doch auch darüber freute sich der Hans, denn jetzt war er
nicht mehr so allein.

Und so ging das Leben vorbei. Der Hans wurde alt, und als
die Zeit zum Sterben kam, legte er sich hin und sagte: »Schön
war's gewesen. Hab lange gelebt. Immer war's lustig, und
Glück hab ich gehabt – immer nur Glück.«

So war der Hans, und keiner konnt's ihm nehmen.

FRITZ DEPPERT

Sterntaler

Vater und Mutter waren umgebracht worden. Es besaß nichts
als zerfetzte Kleider auf dem Leib und Brot in der Hand, das
ihm die Soldaten schenkten, die Vater und Mutter töteten.

Es hoffte auf den lieben Gott – als es noch eine Schule gab,
hatte es dort von ihm gehört – und ging auf ein freies Feld.
Dort begegnete ihm ein alter Mann und nahm ihm das Brot
weg. Das Mädchen hatte in einem Märchenbuch ähnliches
gelesen. Es freute sich, hielt es für ein gutes Zeichen, blieb
stehen und wartete auf die Kinder, denen es seine Kleider
schenken mußte. Sie kamen. Sie waren drei. Sie waren größer
als das Mädchen, schlugen es, rissen ihm die Kleider vom
Leib. Es freute sich, weil es auch das so ähnlich gelesen
hatte.

Als es nun auf dem freien Feld stand und sich freute und auf
den lieben Gott hoffte, fielen Sterne aus dem Himmel. Als sie
auf den Boden trafen, detonierten sie.

156

THADDÄUS TROLL

Wie man ein böß alt Weib wird, ohne seine Tugendt zu verlieren

So die Jungfern in die Jahr geraten, da auff ihrem Venus-Berge ein gar zärtliches Vlies sprosset, überkömbt sie nit selten das Verlangen nach einem Knaben, denselben zu hertzen und zu küssen, auf selbigem Vliese und auch darumb herumb gestreichelt und geliebkoßt zu werden, und mangelt es solch leicht-sinnigen Weiberleut auch oft der Krafft, dem sündigen Verlangen des Liebsten, sey es im Grasse, oder sey es gar im Bette, genügenden Widerpart entgegen zu setzen. Vermögen sie solches nit, kömbt es zur vermaledeiten Kopulation, gestehet das Mägdelein dem schlimmen Buhlen zu, das Pfeffer-spiel mit ihr zu betreiben und findt, unter Anzeigung des Unverstands, gar selbst etliches Wohlgefallen daran, so dräuen allerley böße Molesten, alsda sind die gemeine Filtz-laus (Phthirius pubis), die schlimme Frantzosenkrankheit, vorzeitig und unerwünscht Kindbett, aber weit schlimmer, so die Pfefferbüchs, welchselbe den rammeligen Stößel geborgen, erneute Lußt verspüret, denselben widerumb, zu mächtigem Fleische aufferstanden, in sich auffzunehmen, und hanget sie mit immer größerem Verlangen dem Buhlen mit Leib und Seele an, wirdt nit selten von ihm verlassen, worauff sie sich nit will zurückbesinnen auff ein keusch und ehrbar Leben, sondern suchet alsobald einen anderen, und will ihr das nicht gelingen, ist sie offtmals auch bereit, sich selbst Freud anzutun und selbsthändig so recht Gottes Schöpfung am eigenen Leibe zu lobpreißen. Nun gibt es etli-che, die zu solchem Schlusse kommen: Was soll's? Wen gehet solches an? Ist ein Mägdelein mit solchem Thun nit sich und auch anderen nützlich und thuet niemandem wehe? Ist aber so leichtfertig zu gedencken nit rathsam und verdienet alsbal-digen Widerspruch derer, die Tugendt und Ehrbarkeit nit nur zu ihrem Nutzen gebrauchen, sondern solchen Fürsatz auch bei anderen in Achtung zu halten stets bemühet sind. Ja, bey Weibern, so mit der Sünde gleich einem Schlachtensieg prangen, ist die Tugendt dahin, das Blümelein geknicket, bevor vor dem Altar ewige Treu gelobet, und alsda sind andere Weiber, so sich nit selber solcher Lußt erfreuen, dieselben betrachten das sündig Mensch mit scheelen Blicken, schütten über sie die Jauche gifftiger Red, denn sündig Thun erreget beim anderen eine Krankheit der Seele, den gemeinen Fotzenneid, so die Gelehrten »invidiam vaginae communis« nennen, und hat selbiger schon allerorten und allerzeit viel Elendt über die Welt gebracht, sind selbst gekrönte Häupter nit von ihm verschont geblieben, so die großmächtig Kaiserin Marie Theres, die ihren Untertanen keinerley Lußt außerhalb der Ehe vergunnet, auch jene Lisel auf Englands Thron, selbige neidet der Stuarts Marie ihre Liebhaber und ließ derselben dieserhalb das Haupt abschlagen und ist selbige eher durch ihr sündig Leben, als durch falschen Glauben zu frühzeitigem Hinschied gekommen.

Folget daraus: Die Jungfern mögen sich wohl hüten, dem Teuffel Wohllust sich hinzugeben, sie mögen die Lippen und die Beine fest verschließen, damit alles Verlangen austrücknet, sie mögen mit Abscheu an das zerzettelte Glied denken, so sich beim Manne erst mächtig rühret, alsobald er Begierde verspüret, darneben möge jedwelche Jungfer alles Thun vermeiden, so sündiges Begehren erreget, alsda sind aufgeilend Kleidung, so den Blick auf nackiges Fleisch nit verwehret, alsda ist auch Reinlichkeit des Körpers und wohlgefällig Düfften, so die Männer anziehet. Auch ist liebliche Red und Thun nicht rathsam, falle man aber im Gegentheile über andere her, so solches fröhlichen Leibes und Gemüths thun, was man selbst zu thuen sich nit vergunnt, nenne sie Metzen und Huren, bewahre aber selbst seine Tugendt und Jungfernschaft, bis einer kömbt, so vielleicht arm an Leibes- und an Liebes-Gaben sein mag, daderfür aber einen strotzenden Säkkel voll Dukaten vorzuweißen hat und ein tugendthafft Wesen zur Ehe zu wünschen sich unterfängt. Dem gelobe und halte man die Treu. Nachdem man sich in der auf die

Hochzeit folgenden Nacht mit Jammern und Klagen der Jungfernschafft begeben, lasse man den Gemahl wissen, daß mit ihm die Lußt zu theilen keinerley Bereitschafft sey, und erfülle man die ehelichen Pflichten mit augenscheinlichem Abscheu und dem Zwecke, alsobald ins Kindbett zu kommen, so solches jedoch offenkundig, erhebe man ein groß Wehgeschrei, wie krank einen der Gemahl mit der unverschambten Stößelei gemacht, welch Molesten er einem auferleget, lasse es ihn auch tüchtig entgelten und fodere von ihm Peltzwerk, Näschereien, Ringe und Kleinodien zum Troste. Ist das Kindlein zur Welt gebracht, so bewahre man weiterhin die ehelich Treu und entsage der Versuchung nach einem Galan, der im Bette und im Fleische größere Kurtzweil ahnen läßt als der Gemahl. Man gebe sich statt dessen der Völlerey hin, schlinge getrüffelte Pasteten, gestopfte Gäns und allerley Zucker- und Backwerk in sich hinein, so daß man mächtigen Leibs wird, der Gatte denselben nimmermehr begehrt und nach einer Buhlin Umschau hält. Hat er ein solch Lumpenmensch gefunden und man solches bemerckt, erhebe man wieder groß Wehklagen, heuchle Jalousie, lasse ihn jedoch gewähren, aber solches Gewähren teuer bezahlen. Die Kinder aber erziehe man in Furcht und Haß vor dem Teuffel Wohllust und vor den bößen Hexen, so mit ihm Umgang haben, und schildere ihnen beredt die schlimmen Folgen leiblicher Nachgiebigkeit.

Auf solche Weis wird man ein züchtig böß alt Weib, den Mit-Menschen ein Greuel, hat alsdann allerley Ursach zur Lästerey, bezichtige die Nachbarn unkeuscher Wort und Wercke, nenne die Männer geile Böcke und die Frauen läufige Hündinnen und bekömbt dergestalt ein hoh Meinung über sich selbst. Mögen die anderen die Lockungen des Fleisches genießen, mögen sie sich der Lußt hingeben, die größere Lußt für alte Weiber, so der Sünd immerdar männiglich widerstanden, und für leibarme Greise, denen die Aufferstehung des Fleisches niender sonderlich geglückt, sehen Leute von solcher Art andere das miteinander treiben, was man selbst zu treiben sich nit unterfangen, so neide und mißgunne man es

jedwedem, verfolge ihn mit übler Nachred, fodere für solche
Pranger und Scheitter-Hauffen, bezichtige sie des Umgangs
mit dem Teuffel, und vermerke man den Schluß, daß man
solche ehedem mit Recht als Hexen verbrannt.

Führet man also ein solch heiligmäßiges Leben in Tugendt
und Keuschheit, und redt man über andere, so nit heiligmäßig
leben, nicht als Unrat und Unflat, so gelanget man zu jener
Lußt, die mehr kitzelt, als alle anderen Lüßte, sich über
andere erhaben zu dünken, wohlgefälliger als solche Gestrauch-
chelten zu sein und gelanget alsobald in den Zustand eines
böß alten Weibes, ohne die Tugendt verloren zu haben.

IRING FETSCHER

Rumpelstilzchen und die Frankfurter Schule

Was, so wird man fragen, soll denn Rumpelstilzchen mit
Theodor W. Adorno zu tun haben oder mit Max Horkheimer? Wie mir scheint, eine ganze Menge. Wollte ich mir die
Sache leichtmachen, würde ich darauf hinweisen, daß für
Ausländer der Name Rumpelstilzchen so schwer auszusprechen wie die Dialektik Hegels zu verstehen ist. Aber es gibt
noch mehr Zusammenhänge, und nicht bloß oberfläch-
liche.

Das Märchen vom Rumpelstilzchen spielt offenbar im Zeitalter des Merkantilismus, als die Könige wie besessen waren auf
Erzielung eines Überschusses an Gold und Silber im eigenen
Lande und als sie Unsummen dafür ausgaben, künstlich Gold
zu machen. Damals sperrte der sächsische Kurfürst den
Alchimisten Böttger ein, damit er Gold erzeuge; der aber
erfand das Porzellan und verschaffte der kurfürstlichen
Manufaktur einen noch heute von seinen politischen Erben
benutzten Exportartikel. In dieser Zeit steckte die kapitalisti-

sche Marktwirtschaft in ihren Anfängen und konnte ihr Geheimnis noch nicht durchschaut werden. Von diesem Geheimnis erzählt das Märchen vom Rumpelstilzchen.

Ein wichtigtuerischer Mann, der sich bei seinem König beliebt machen wollte, behauptet, seine Tochter könne Stroh zu Gold spinnen. Prompt wird die Tochter eingesperrt und soll eine ganze Kammer Stroh in Gold verwandeln. In ihrer Hilflosigkeit springt ihr »ein kleines Männchen« bei, das die Arbeit für sie erledigt. Wer ist das? Ein Alchimist? Ein Zauberer? In Wahrheit kann es niemand andres gewesen sein als der »Geist des Kapitalismus« oder »das Wesen der kapitalistischen Warenproduktion«, der »sich selbst vermehrende Wert«. Das alles freilich in einer unentwickelten, von magischen Wesen kaum zu unterscheidenden Gestalt.

Natürlich kann man aus Stroh Gold machen. Man muß es nur – mit Hilfe von Lohnarbeit – verwandeln und die so erzeugte Ware auf einen geeigneten Markt bringen, wo sie sich in Geld (Gold) eintauschen läßt. Es ist auch möglich, diesen Prozeß zu beschleunigen, indem man im Hinblick auf den künftig zu erzielenden Profit einen Bankkredit aufnimmt, oder einen Wechsel auf einen Schuldner ausstellt. Das Märchen zieht diese Vorgänge metaphorisch in eine Nacht und ihre Arbeit zusammen, wodurch wohl der »undurchsichtige Charakter« des wirtschaftlichen Mechanismus der Mehrwertproduktion angedeutet werden soll.

Der Erfolg der ersten Nachtarbeit läßt die Begehrlichkeit des Königs nur noch mehr wachsen, und er sperrt das Mädchen abermals, diesmal in einen größeren Raum mit mehr Stroh, ein. Wiederum kommt ihm das kleine Männlein zu Hilfe und »spinnt alles Stroh zu Gold«. Als es aber in der dritten Nacht wiederkommt und das Mädchen vor einem noch größeren Strohhaufen sitzt, fordert das Männlein für seine Arbeit als Lohn das erste Kind, das es zur Welt bringen werde. In seiner Not – der König hatte ihm nämlich den Tod angedroht, falls es nicht mit der Arbeit fertig würde, sonst aber seinen Sohn als Mann in Aussicht gestellt – verspricht es diese Gabe und kann am Morgen wiederum eine ganze Kammer voll Gold vorweisen.

Mit seiner unmenschlichen Forderung gibt sich das kleine Männlein zu erkennen, als menschenbluttrinkender Geist des Kapitalismus zeigt es seine bestialische Seite. Auf der Ausbeutung von Lohnarbeitern und auf der Entmenschlichung von Unternommenen wie Unternehmern beruht ja dieses – damals noch junge – Wirtschaftssystem. Wer sich ihm mit Leib und Seele hingibt, so kann man das Versprechen des Mädchens deuten, verzichtet damit auf Mutterfreuden wie auf Freundlichkeit und Liebe, der muß hart und unerbittlich werden, wie es das kleine Männlein schon ist.

Bis hierhin ist das Märchen realistisch, jenseits dieses Punktes beginnt seine optimistische Utopie. Das Mädchen erhält den Königssohn zum Gemahl, und nach einem Jahr gebiert es einen Sohn. Eines Nachts kommt das kleine Männlein und fordert das Kind. Auf Bitten und Flehen der Mutter willigt es aber ein, auf sein Recht zu verzichten, falls es ihr gelinge, binnen einer Woche seinen Namen zu erraten. In zweifacher Hinsicht ist dieser Bericht utopisch.

Einmal kann der »Geist des Kapitalismus«, der kalten Rechenhaftigkeit, des Prinzips des formalen Äquivalententauschs, gar nicht Ausnahmen zulassen und auf sein Recht verzichten. Strengstes Recht (z. B. Schuld- und Wechselrecht) ist die notwendige Voraussetzung eines berechenbaren Geschäftsgangs, wo es nicht existiert, kann sich der Kapitalismus auch nicht entfalten. Zum anderen aber ist es vollends utopisch anzunehmen, das bloße »Beimnamennennen« könne seinen Zauber bereits brechen und Menschlichkeit wiederherstellen.

Beides aber ereignet sich im »Rumpelstilzchen«. Zwar nimmt der Märchenerzähler an, daß Rumpelstilzchen – seines unaussprechlich-schwierigen Namens wegen – fest an die Unmöglichkeit des Erratens glaubt, aber immerhin stellt sein Versprechen doch ein Aufgeben des strengen Wechselrechts dar. Das Mädchen hat ihm gleichsam einen Wechsel auf das erstgeborene Kind ausgestellt, den das Männlein ordnungsgemäß am Verfallstag präsentiert hat und auf dessen Honorierung es nun – wenn auch unter, wie es meint, nicht zu erfüllenden Bedingungen – verzichtet.

Durch den Zufall, daß ihr Späher Rumpelstilzchen belauscht und aus seinem eigenen Munde den Namen erfährt, gelangt die junge Prinzessin in den Besitz seines Geheimnisses und kann es aussprechen. Damit wird es von seiner vertraglichen Verpflichtung frei und kann leben, als ob es sich nie mit dem »Geist des Kapitalismus« eingelassen hätte.

Und die »Frankfurter Schule«? Ihr kritisches Schlüsselwort heißt zwar nicht »Rumpelstilzchen«, sondern verzaubernde Macht der warenproduzierenden Wirtschaft, Warenfetischismus, Geldschleier oder so ähnlich, aber wie das zur Prinzessin aufgestiegene Mädchen im Märchen vom Rumpelstilzchen glaubt (oder glaubte) sie fest daran, daß es genüge, diesen Namen in kritischer Absicht auszusprechen, um sich vom Druck der alles beherrschenden Produktionsweise – wenigstens im Bewußtsein, und dort lebt die Schule natürlich vor allem – zu befreien. Die Magie des kritischen Wortes hat das Märchen überlebt.* Und wer hat der Schule das Geheimnis ausgeplaudert? Rumpelstilzchen selbst, der kapitalistische Geist in seinen ätherischsten und sublimsten Erscheinungsformen in Philosophie, Kunst, Musik und Literatur. Die sensiblen Späher der Schule haben ihn belauscht und sprechen unerschrocken sein Geheimnis aus. Vergessen wir nicht, daß schon das seinerzeit nicht immer gefahrlos war.

---

* In der »Dialektik der Aufklärung« von Max Horkheimer und Th. W. Adorno, Amsterdam 1947, findet sich im Essay »Mensch und Tier«, der von Max Horkheimer stammt, ein Passus, der die Bedeutung des »erlösenden Spruchs« (also des Zauberwortes »Rumpelstilzchen«) zwar nur für die stumme und vernunftlose Welt der Tiere beschreibt, gewiß aber auch für die verzauberte Welt der kapitalistischen Produktionsweise gemeint ist: »So bannt Mangel an Vernunft das Tier auf ewig in seine Gestalt, es sei denn, daß der Mensch, der durch Vergangenes mit ihm eins ist, *den erlösenden Spruch findet* und durch *ihn das steinerne Herz der Unendlichkeit am Ende der Zeiten erweicht*« (S. 297).

MANFRED BOSCH

Alle Abenteuer dieser Welt

In aller Frühe dringen die Schreie des Nachbarn, der auch das neue Mundwasser B. nimmt, durch die dünnen Wände. Angesteckt von dieser Lebenslust, stelle ich mich unter die defekte Brause und reite in der Frische wilder Limonen durch die Schaumkronen des Ozeans, der mein Grundstück bespült. Bei meiner Rückkehr duftet mir der Luxus entgegen, den man sich täglich leistet. Als ich mir nach dem herrlichen Toast und dem prickelnden Lemmon Bitter, das mich in einen englischen Schloßgarten versetzt, das unbeschreibliche P. in die frischrasierten Wangen tätschele, sehe ich mich sofort von drei außergewöhnlich gutaussehenden Frauen umringt.

Auf den verstopften Straßen ins Büro gibt mir das leichte Vibrieren meines neuen M. die unbändige Kraft zu spüren, die unter seiner Haube steckt. Ich spüre, wie sie auf mich übergeht. Während ich versuche, an mich zu halten, schließe ich das Fenster, um den Abgasen den Weg ins Wageninnere zu versperren. Ich stecke mir eine R. ins Gesicht und sehe mich sofort als golfenden Playboy.

Mein neues Hemd von R. P. zieht wieder mal alle Blicke auf sich. Wie ich das nur immer wieder schaffe, denke ich, weil es heute ausnahmsweise keiner sagt. Gerade will ich meinen neuen Kugelschreiber von D. mit der Chinalack-Einlage im Clip einweihen, da reißt mich die barsche Chefstimme aus meinen Träumen. Ich habe Mühe, meine Gehaltsrückstufung gelassen hinzunehmen, fange mich aber wieder, als ich mich bei einer großzügig hingehaltenen A. bei einem Einkaufsbummel durch die Boutiquen der Carnaby in charmanter Begleitung wiederfinde.

Als ich nachhause komme, finde ich unter der Post zwei Rechnungen, die mich fast umhauen. Aber ich lasse mich nicht unterkriegen und betätige den Drehknopf meines Radios. Bei beliebten Schlagern finde ich meine alte Gelassenheit schnell wieder. Bald darauf erweist sich das Leben wieder einmal voller Überraschungen, die ich aber dank meiner Unterwäsche von E. glänzend bestehe. Nach dem Abendessen besuchen wir den Film, von dem jetzt alle reden. Endlich wieder mal ein Film, mit dessen Helden man sich so richtig identifizieren kann. Wieder zuhause, trinken wir Sekt, und das Verhalten des Filmhelden überlebt in uns Männern für den Rest des Tages. Bald sehen wir vom Geländer unserer alten Treppe blonde Engel mit süßen Hintern und langen Beinen rutschen. Bevor ich kurz nach Mitternacht einschlafe, sehe ich mich bei der Zigarette danach als rinderjagenden Gauchero und spüre noch einmal hautnah die erregende Abenteuerlichkeit dieser Welt.

GERHARD AMANSHAUSER

Materialien zu einem Lautgedicht aus drei Buchstaben

Den Germanisten gewidmet

Zunächst wollen wir das vorliegende Lautgebilde ganz unvoreingenommen auf uns wirken lassen:

m

s   t

s m

s   t

Jeder, der nicht schon ein fertiges Urteil über die moderne Kunst bereithält (und ein solches Urteil kann, bezeichnenderweise, nur ein Todesurteil sein), wird, so paradox es klingt, die *konventionelle* Form dieses Gedichts bemerken. Deutlich erinnert es an einen gereimten Vierzeiler der Reimform a b a b, wenn es sich auch hier, wenigstens in den Verszeilen 2 und 4, sozusagen um identische Reime handelt, die im Deutschen nicht gerade üblich sind. Das Lautgedicht steht also, wenn wir einmal von den durch die Romantik eingeschleppten Vorurteilen absehen, in einer klar erkennbaren Tradition, ja es ist vielleicht, wie wir im einzelnen noch zeigen werden, die einzig zeitgemäße, legitime Fortsetzung dieser Tradition.

Artikuliert man das *m* und das *s m*, indem man den Atem einzieht, das *s t* dagegen, indem man ausatmet, so hat man zunächst ein einfaches Beispiel des Goetheschen Ein- und Ausatmens, der Systole und der Diastole, Beispiele eines Urphänomens also, das gleichsam den geistigen Puls des Lebens (Geist = Hauch) ausdrückt, der direkt mit der Außenwelt, nämlich mit dem Luftozean des Planeten, kommuniziert.

Wenn wir nicht annehmen wollen, daß der m-Laut des Gedichts seine rauhe Hörbarkeit, die ihm eine Artikulation während des Einatmens verleiht, einer Krankheit der Atemwege – etwa einem als Folge von Luftverschmutzung aufgetretenen Asthma – verdankt (worin allenfalls eine von der unseren abweichende Interpretation des Gedichts gefunden werden könnte), und wenn wir weiterhin ausschließen, daß das ebenfalls, wenn auch nicht so deutlich hörbare *s t*, dessen Artikulation beim Ausatmen zustande kommt, pathologischen Ursprungs ist, so müssen wir wohl den Schlaf zur Interpretation heranziehen. Der Schlaf verursacht ja bekanntlich durch partielle Verstellung der Atemwege eine zeitweise Hörbarkeit des Ein- und Ausatmens.

Das wache Atmen ist nur bedingt, das heißt im allgemeinen nur aus nächster Nähe, hörbar, sofern keine physische Anstrengung (zum Beispiel Lauf, Heben schwerer Gewichte, Kopulation usw.) vorliegt.

Die regelmäßige Abwechslung der Laute, auch der ruhige

Duktus unseres Gedichtes, deuten auf den Schlaf. Die gewaltsameren, im Wachzustand gegebenen Arten des deutlich hörbaren Atmens tendieren ja dazu, ein und denselben Laut, allenfalls in der Ausdrucksstärke variiert (Crescendo, Diminuendo), zu generieren. Sie sind also von der Form a a a a..., wobei zunehmende oder abnehmende Größe des Zeichens a, das natürlich nur als Repräsentant eines entsprechenden Reibe- oder Friktionslauts (ch, hm, hrr oder dergl.) aufzufassen ist, seine Intensität bezeichnen könnte.

Der Leser möge, sich in entsprechende Lagen versetzend, all diese Arten des hörbaren Atmens durchspielen. Für ein Gedicht ist schließlich auch das konstituierend, *was es nicht ist.* Durch das, was *ist* (in der Poesie also: was phonetisch, graphisch und semantisch vorfällt) ist immer auch das mitgegeben, was *nicht ist.* Das Nichtanwesende bildet den Umraum des Gedichts. So ist durch die Vorstellung des Schlafs die des Wachens mitgegeben, die Laute des hörbaren Schlafatmens evozieren, wenn auch nur marginal, die des hörbaren Wachatmens, die relativ entspannten, gleichsam epischen Schlaflaute evozieren marginal die gespannten, gleichsam dramatischen Wachlaute usw.

Schwieriger als die phonetischen sind wohl die semantischen Fragen. Dabei muß ein Lautgedicht natürlich keineswegs semantische Implikationen haben. Wir können unser Gedicht durchaus als ein ruhiges phonetisches Schlafgedicht auslegen, artikuliert auf der Nachtseite des Planeten, an einer bestimmten Stelle seiner Bahnellipse, in deren Brennpunkt die Sonne steht. Das Gedicht schließt dann alle Wesen mit ein, die im hörbaren Schlafatmen gleichsam vereint sind, aber auch alle Wachenden, die das hörbare Schlafatmen rezipieren und die vielleicht nur deshalb Wachende sind beziehungsweise zu Wachenden werden, weil der Tatbestand, den das Lautgedicht ästhetisch nachvollzieht, sie in Wachende verwandelt hat oder noch verwandelt. Angeregt durch den Mechanismus einer Zündung, die durch den hohen ästhetischen Informationsgehalt bewirkt wird, identifizieren sich der Vorleser des Gedichts und seine Zuhörer mit diesen unzähligen hörbaren Schlafatmern, deren Zahl im exponentiellen Wachstum der Erdbevölkerung mitwächst, und sie identifizieren sich mit den wachenden Rezipienten, deren Anzahl ebenfalls von Tag zu Tag wächst, und zwar, wie schon angedeutet, vorwiegend, wenn auch nicht ausschließlich, auf der Nachtseite des Planeten, die ja in jedem Augenblick eindeutig definiert und durch den Terminator begrenzt ist. So ist auch der soziale Aspekt des Lautgedichtes jederzeit gegeben.

Damit könnte die Interpretation sich begnügen, und sie würde das vermutlich auch tun, wenn das Gedicht den folgenden Lautstand aufzuweisen hätte:

$$m$$
$$s \quad t$$
$$m$$
$$s \quad t$$

Auch dies wäre ein schönes Lautgedicht, ebenmäßiger gebaut als das zu interpretierende, dadurch ruhiger, in einem gewissen Sinn sogar fehlerlos. Doch wir werden hier deutlich auf den Ausspruch Bacons verwiesen: »There is no excellent beauty that hath not some strangeness in the proportion.« Diese »strangeness«, diese Störung des Erwartungsmusters, die für ästhetische Information typisch ist, wird in unserem Gedicht in der dritten Verszeile durch ein unvermutetes, scheinbar regellos auftretendes s bewirkt, das zusammen mit dem m, beim Einatmen artikuliert, eine ganz eigene Unregelmäßigkeit hervorbringt. Fast könnte uns dieses s an einen Seufzer erinnern, wie er wohl von hörbaren Schlafatmern zuweilen produziert wird, als empfänden sie den Widerstand, den irgendwelche organische Hindernisse dem Wunsch, lautlos zu atmen, diachronisch entgegensetzen. Für das Lautgedicht könnte das bedeuten, daß in ihm eine Tendenz zur Lautlosigkeit anklingt, eine Sehnsucht nach dem Verstummen.

Zweifellos ist hier ein Ansatzpunkt zu semantischen Deutungen gegeben, die über den rein phonetischen Aspekt hinausweisen. In Poes berühmtem Aufsatz über die Komposition wird beschrieben, wie ein einziges Wort, nämlich »nevermore«, den refrainartigen Kern bildet, an den ein ganzes Gedicht systematisch angelagert wird. Poe zeigt, wie das Gedicht »The Raven« *mit Notwendigkeit* aus diesem Kern deduziert werden kann. Strenggenommen heißt das nichts anderes, als daß die Anlagerung an den Kern eigentlich überflüssig, also redundant ist. Als eine Folgerung, die sich logisch ergibt, wird man sie heute, im Zuge der Emanzipationsbestrebungen, dem Publikum überlassen. Das Publikum – und hier meinen wir natürlich das ästhetisch sensibilisierte Publikum – ist nicht mehr jener passive Teig, den der diktatorische Künstler gleichsam zu kneten hat. Aufgabe des Künstlers ist es vielmehr, das Publikum ästhetisch zu aktivieren, dann wird es jenen Teil, der früher an den Kunstwerken redundant war, selbst produzieren und dabei höhere ästhetische Befriedigung gewinnen als durch rein passives Rezipieren.

Was nun den berühmten Refrain »nevermore« betrifft, so stellen wir fest, daß auch er noch eine gewisse Redundanz erkennen läßt. Wir könnten uns mit den Konsonanten *n v r m r* begnügen, die wohl jeder native Speaker des Englischen richtig identifizieren würde. Ebenso kann jeder native Speaker der deutschen Sprache aus der Lautfolge *m s t* das Wort *umsonst* herauslesen oder heraushören. Auch ein Refrain ist in unserem Gedicht noch angedeutet, da sich diese Schlüsselfolge, im Rahmen des Atemprozesses, zweimal wiederholt.

Was ist *umsonst*? Zunächst einmal die phonetische Produktion selbst. Der hörbare Schlafatmer produziert seine Laute *umsonst*, das heißt in seiner Situation besteht weder ein physisches noch ein kommunikatives Bedürfnis nach einer Lautproduktion, ja eine solche wirkt sogar physisch störend, und sie wirkt ferner, wenn sie von einem anderen rezipiert wird, auch kommunikativ störend, weil ja der Rezipient in seiner spezifischen Situation weder ein Lautbedürfnis hat noch

Anlässe findet, ein solches zu entwickeln. Im Rezipienten kann sich sogar eine Aggression gegen den Lautproduzenten herauskristallisieren, die wir allerdings den Aggressionsforschern überlassen, weil sie für uns, auf der Ebene des Lautgedichts, keinerlei Relevanz besitzt.

Kehren wir zum Refrain *umsonst* zurück. Wovor wir uns hier besonders zu hüten haben, ist eine billige Popularisierung. Jemand könnte sagen: Jetzt verstehe ich das Gedicht, es bedeutet:

um
sonst
ach um
sonst

Das wäre natürlich nichts als eine Verballhornung des Gedichts. Keineswegs kann es reduziert werden auf die subjektive Formel eines X-Beliebigen, der ausruft: Alles war umsonst!

Die Anlagerung, die an den Kern *m s t* geschehen kann, ist durch keine auch noch so suggestive Ansammlung von Wörtern umschreibbar. Gerade die kompromißlose Kargheit des semantischen Skeletts erzeugt ein Maximum an Suggestion. Dieses sozusagen auf sein Knochengerüst reduzierte Umsonst ertönt, wenn es sich überhaupt noch aus den Konsonanten erhebt, nicht im alltäglichen Leben.

Wir müssen es an den Rand des Lebens setzen, an sein Ende. Dabei wäre es verfehlt, etwa an den Tod eines einzelnen zu denken, an das Ende eines bürgerlichen Individuums, das seinen Atem mit einem Umsonst aushaucht. Der unpersönliche, jeden subjektiven Effekt ausschließende Charakter der Lautfolge *m s t* spricht dagegen. Das reduzierte Wort ertönt in einer reduzierten Umgebung. Nicht nur das Fleisch der Worte, auch das Fleisch der Dinge ist abgefallen. Wir befinden uns in einer Wüste. Man spürt eine ähnliche Wirkung wie bei Betrachtung jenes Bildes von Hogarth, wo der Saturn in einer Trümmerlandschaft neben einer abgelaufenen Sanduhr das Wort »Finis« in einer weißlichen Wolke aushaucht. Unwillkürlich denkt man an die letzten Atemzüge des letzten Menschen.

Wer ist der letzte Mensch? Ist er genauso mythisch wie Adam, der erste Mensch? Hat er einen bestimmten Namen, wie zum Beispiel Omegar in dem Buch »La fin du monde« von Flammarion? Oder werden die Menschen nach und nach, so wie sie aus anderen Tieren aufgetaucht sind, sich wieder in andere Tiere verlieren?

Jedenfalls macht die Vorstellung eines letzten Menschen Omegar – in einer patriarchalischen Gesellschaft bezeichnenderweise als Mann gedacht – einen ebenso tiefen Eindruck wie die Gestalt des Adam. Dichtung und Science-fiction haben uns solche letzten Menschen, von denen, aus logischen Gründen, dann einer *der* letzte sein muß, wiederholt vorgestellt. Schon Goethe verschlang im stillen das Buch »Le dernier Homme« von Grainville, ohne jedoch diesen Umstand zu erwähnen, weil er sich schämte, ein derartiges Werk mit solchem Interesse gelesen zu haben.

Die Vorstellung von Weltengräbern taucht immer wieder auf, von »einstigen Welten, deren Sonne erloschen und die in grausigem Schweigen ihre kosmischen Ruinen und die Gräber versunkener Kulturen durch den unendlichen Raum tragen«, wie Flammarion sich ausdrückt.

m

s   t

s m

s   t

Die letzten Atemzüge des letzten Menschen? Wobei dann das *s* des dritten Verses ein schwaches letztes Aufbäumen vor dem letzten *m* und dem letzten *s t* bezeichnen würde, vergleichbar jenem unheimlichen Runzeln in den Versen Gottfried Benns:

> nur ein Runzeln, stirbt aus Altertumen
> eine letzte langgenährte Art.
> Spreu des All, ein grauer Bruch aus Sternen ...

Eine solche Deutung erfährt durch eine zweite, ebenso legitime Auslegung der Lautfolge

s m
s t

eine überraschende Bestätigung. In kosmischer Hinsicht kann diese Lautfolge nur eines bezeichnen: nämlich *Sonne, Mond und Sterne*. Dem letzten Menschen, der seine letzten Atemzüge aushaucht, muß es so scheinen, als seien Sonne, Mond und Sterne, mit anderen Worten: der ganze Kosmos, *umsonst* gewesen. Umsonst natürlich nur in bezug auf die Spezies des Homo sapiens.

Diese letzte, an den äußersten Rand gedrängte Subjektivität müssen wir der modernen Lyrik zugestehen. Hier entdecken wir schließlich den affektiven Ausdruck unseres Gedichts, das sich somit einreiht unter die großen Weltgedichte der Deutschen.

GERHARD POLT

Das Idyll

Ein Schrebergarten, eingerahmt von einem Großflughafen, einer 6-Spur-Schnellstraße, 1 Eisenbahnlinie und 1 Chemiewerk. (Man hört einen vorbeifliegenden Jet ...)

HEIMGÄRTNER. Ja, herrlich is des da heraußen, eine Idylle, diese Natur, – aah – diese Natur, und ich muß sagen, wir sind so gern da heraußen, ma hat a Bewegung, ma tut was für sein Körper, mir haben auch eigene Pflanzungen, Agrarprodukte quasi, und ich mein, ah, die Kinder, die haben auch einen Auslauf. – Ja, ja, des is ja, ja gehst net glei weg da, von de Rosen, Malefitz nochamal, Heinz-Rüdiger,

172

gehst net glei weg, weg da, is doch g'fährlich, sonst gehts dir noch wia am Herrn Wondrazil, – der Herr Wondrazil, des war unser Heimgartenpräsident. Er hat einen Radi selbst gezüchtet, und ich weiß auch net, er is dran g'storbn. De, de Leute da vom Gesundheitsamt, die warn da und habm gsagt, daß der Radi durchaus einen Mittelwert hat, was die Vergiftung anbelangt. *(Man hört wieder einen Jet.)* Daß der statistische Wert für zugelassenes Gift nicht, also nicht überschritten wäre. Ich weiß auch nicht, aber jedenfalls, er hat's nicht überstanden. Ich mein, ah, des is klar, jetzt, wo dieses Dings, dieses neue Chemiewerk da is, also, ma riecht ja fast überhaupt nichts, fast überhaupt nichts, nur bei Nordwind. Also, allerhöchstens bei Nordwind. Ich mein, natürlich, das sind Pflanzengifte, net, aber dafür haben mir auch keine Schädlinge mehr. Den Engerling, den gibts ja bei uns überhaupts nicht mehr. Net. Einen Engerling sehen Sie bei uns nicht. Die haben ja auch schließlich Milliarden investiert. Net. *(Man hört den nächsten Jet.)* Freilich, das Wachstum, das geht jetzt ein bißchen zurück, aber, Vor- und Nachteile, des hebt sich natürlich allerweil a bißl auf. Und ja, mein Gott, mit de Zwetschgen, des is natürlich so eine Sache, jetzt, ah, ich weiß auch nicht, was das noch werden soll, net, jetzt habn's drüben dieses neue Betonwerk geplant, des is also, für die Zwetschgen is das nicht ideal, net, aber, mir planen dann halt was anderes, mir pflanzen dann halt eine neue Pflanze ein, also sagen mir halt amal, etwas Widerstandsfähigeres. – Aber, ich mein, also sonst, net, es is schon herrlich, da heraußen, diese Ruhe, diese Natur . . . *(Man hört eine Kawasaki, die angelassen wird.)* Freilich, unter der Woche, also, da wär's noch stader, da wär es noch viel viel ruhiger, aber ich mein, mir müssen halt auch unseren Zeitplan einhalten, wir kommen halt auch bloß am Wochenende, net, und am Wochenende, da ist des, natürlich, des muß ma sagn, da ist es halt immer etwas belebter, aber ansonsten, wir sind ganz begeisterte Gartler. *(Die Kawasaki ist inzwischen warmgelaufen und fährt ab.)* Ja, ja, was is denn, ja, was seh ich denn, ja um

Gotteswilln, Amalie!! *(Der nächste Jet ist im Anflug.)*
Amalie, des is ja die Höhe, de ganzen Gurken, alles an-
g'fressen, also nein, diese Nager, des is ja ausgeschämt, ja,
ja, wo habn mir denn die Gasbombn, Amalie, ich hab doch
die Gasbombn extra mitg'nommen, in der Stadt, ich, ich
glaub, ich muß in die Stadt zurückfahrn, ja also die ganzen
Gurken, ja also nein-nein – nein, also wirklich, alles zer-
fressen, diese Mäuse, was die in, in dieser Form für einen
Schaden anrichtn, wenn man das ... *(man hört weit entfernt eine Wandergitarre)* jja, ja was, ja wer macht denn, ja
wer macht denn da so einen Radau?! – Sie, hörn's auf!!
Musik, des geht fei net, Singen und Lärmen ist doch nicht
gestattet, – ja, für was habn denn mir eine Heimgartenord-
nung?! Ja des geht doch nicht?! Ja, wo kommen wir denn
da hin? Des is doch eine Rüpelei, daß da, daß da einer
anfängt, zum Singen und, und zum Krakeelen, – weil, wissen Sie, was wir hier wollen, das ist Ruhe! – *(Der nächste
Jet pfeift vorbei ...)*

FRITZ SCHÖNBORN

Simmelblume,

die (Seelenwärmer, Fürjedenetwas, Traumstoff, Fruchtbar-
keitszauber) einjährig wuchernd. Familie der progressiven
Schmonziden. Futterpflanze.
*Die Glockenblüten zartblau, am Grunde mit dottergelben
Flecken. Stengel reichästig und reichbeblättert. Blätter mit
melancholischer Gebärde, aber einladend. Äußerst blüten-
froh. Die Samenkörner in der sparbüchsenartigen Kapseln
machen die Pflanze zu ihrer eigenen Werbetrommel.*
Die Simmelblume gedeiht in den unterhaltenden Regionen
menschlicher Tragik, in Katastrophen, die das Leben so

174

spielt, im Verdrängungsmüll der Zeitthemen und als Voyeur bei schmerzlichen Liebesbegegnungen. Die Pflanze enthält einen dem Sacharin verwandten Stoff, der Schaum erzeugt, wenn man das Kraut aufkocht. Diesen Schaum halten viele für ein Abbild der Wirklichkeit. Die Simmelblume ist ein vorzügliches Viehfutter: sie gibt der Kuhmilch einen angenehm süßen Geschmack und macht den Käse haltbarer.

Blüte im Mai, eine zweite Blüte erfolgt im frühen Herbst, eine dritte im goldenen Oktober und eine vierte zeichnet Eisblumen an das Fenster der Innerlichkeit. Diesem Blühungestüm sind die meisten Gärtnereien kaum gewachsen, lediglich Droemer & Knaur verstand es, damit fertig zu werden, indem man dort mit dem reichhaltigen Futter seine eigenen Schäfchen im Trocknen mästete. In Oberbayern gibt man den Wöchnerinnen einen Tee aus getrockneten Simmelblüten, um ihnen die Niederkunft zu erleichtern, die auch sofort stürmisch eintritt. Nichtschwangeren Frauen ist der Genuß des Tees abzuraten, da Scheinwehen entstehen können. Horst Krüger stellt in seinem *Botanischen Reisejournal* fest: »Ich zittere, diese Pflanze könnte einmal zu blühen aufhören. Ich rate, sich allmählich auf andere Kost umzustellen.« Neuerdings hat man herausgefunden, daß in dem Saft der Simmelblumenwurzel eine Substanz enthalten ist, die die Sinneswahrnehmung reduziert. Chemiker sprechen von einer Scheuklappenwirkung für alle Bereiche.

OTTO WAALKES

Das Wort zum Montag

Meine Damen und Herren!
Wir alle haben unsere Sorgen und Nöte und lassen uns nicht
mit billigem Trost über die Last des Alltags hinwegtäuschen.
Aber als ich neulich in meiner Musikbox blätterte, da stieß ich
auf folgende kleine Zeile:
»Theo, wir fahr'n nach Lodz«.
Nun, was wollen uns diese Worte sagen? Da ist von einem
Menschen die Rede. Von einem ganz bestimmten Menschen.
Nicht Herbert, nicht Franz, nicht Willy, nein, Theo ist
gemeint. Aber um welchen Theo handelt es sich? Ist es nicht
auch jener Theo in uns allen? Jener Theo, der in so wunderba-
ren Worten vorkommt, wie Theologie, Theodorant, Tee
oder Kaffee. Und an diesen geheimnisvollen Theo ist eine
Botschaft gerichtet:
»Theo, wir fahr'n nach Lodz«.
Vier fahr'n. Da sind also vier Menschen unterwegs. Und wer
sind diese vier? Sind es die vier Jahreszeiten? Die vier Muske-
tiere? Oder sind es vier alle? Schweigt Brüder. Da fällt mir in
diesem Zusammenhang eine Geschichte ein. Ich besuchte
neulich einen Freund. Einen Millionär. Der glaubte, der
unglücklichste Mensch der Welt zu sein, weil ihm sein Rasierpinsel ins Klo gefallen war. Da nahm ich ihn beiseite und
sprach: »Freilich bist du übel dran, daß dir dein Rasierpinsel
ins Klo gefallen ist. Aber es gibt Leute, die sind viel schlechter
dran als du. Die haben noch nicht einmal einen Bart.« Da fiel
es ihm wie Schuppen aus den Haaren. Und sollte nicht auch
einer von uns, oder morgen, oder heute, oder vielleicht nicht.
Wer weiß. Schönen guten Abend.

DIETER HÖSS

Was bin ich?

Weihnachten hin, Bethlehem her, die letzte »Was bin ich?«-Sendung im alten Jahr stand unter keinem allzu guten Stern. Zunächst einmal war das goldene Schweinderl nicht verfügbar, das sich der erste und (wegen der sich deshalb ergebenden Zänkereien) einzige Gast gern ausgesucht hätte. Nach halbstündigem Hin und Her begnügte er sich endlich mit einem blauen Exemplar, benützte aber die Routinefrage nach der typischen Handbewegung, um dem Publikum, dem Rateteam und sogar Meister Lembke nochmals heftig mit dem Finger zu drohen.

Kein Wunder, daß die ersten Fragen danach eher verschüchtert klangen.

Guido: »Stellen Sie eine Ware her?«

Gast: »Um Himmels willen – nein!«

Annette: »Na, so schlimm wäre das ja auch nicht. Aber dann gehe ich recht in der Annahme, daß Ihre Tätigkeit eine Dienstleistung . . .?«

Gast: »Wie bitte?«

Lembke: »Da müssen wir wohl ›Ja‹ sagen. Wissen's, die fragen so kompliziert.«

Gast: »Ach nein?«

Annette: »Nützt diese Tätigkeit den Leuten?«

Gast, stirnrunzelnd: »Den Leuten weniger.«

Lembke: »Wir sagen nur ›Ja‹ oder ›Nein‹, gell?«

Gast: »Ja.«

Hans: »Also ›Nein‹. Kann es sein, daß ich Sie schon vor einem Warenhaus gesehen habe, dessen Namen ich hier nicht nennen darf?«

Gast: »Aber immer.«

Hans: »Dann passe ich!«

Marianne: »Ist es möglich, daß der Hans Sie an Ihrem Wattebart erkannt hat?«

Gast: »Leicht.«

Marianne: »Und das Gewand, das Sie da tragen, hat auch mit Ihrer Tätigkeit zu tun?«

Gast: »Gewissermaßen.«

Marianne: »Dann sind Sie der Weihnachtsmann.«

DIETER HÖSS

Ein Platz für Menschen

Ich habe hier diesmal
ein viel zu häufiges
Menschenbaby mitgebracht.
Es gehört zur Gattung der Asiaten
(keine Angst, es ist an sich ungefährlich –
nur die vielen Mitmenschen
und die Scheinwerfer
haben es etwas nervös gemacht).

Diese Spezies lebt im großen und ganzen
davon, daß ihresgleichen verhungern.
Wenn Sie für die von ihrer Vermehrung
bedrohte Art etwas spenden wollen,
notieren Sie bitte folgendes Konto . . .

ROBERT GERNHARDT

Das Quadrat und die Frauen

DIE NACHRICHT:

```
epz 180 191280 apr 80 vvvg
Lrf 112 ab
dpa (rg)

wissenschaftler des instituts fuer grundlagenforschung
in muenchen haben in reihenversuchen mit weiblichen
testpersonen herausgefunden, dass frauen keine quadrate
zeichnen koennen. eine erklaerung fuer diese bisher
unbekannte tatsache ...


-------
```

DIE KOMMENTARE:

Frankfurter Rundschau

Frauen, hört man, können keine Quadrate zeichnen. Ja und?
Anstatt – wie es geschehen ist – schadenfroh auf diese Nachricht zu reagieren, sollten wir Männer uns doch lieber fragen,
wohin wir es mit unserer Fähigkeit, Quadrate zu zeichnen,
eigentlich gebracht haben. Haben wir diese uns allen anvertraute Erde in den Jahrtausenden, in denen ihre Geschicke
vom Patriarchat gelenkt wurden, nicht an den Rand des
Abgrunds geführt? Ist es nicht fünf vor zwölf? Strotzt der
Erdball nicht von den schrecklichsten Vernichtungswaffen,
die ohne die, allerdings männliche, Erfindung des Quadrats
wohl kaum in dieser Perfektion hätten entwickelt werden
können? Freilich – auch ein Straßburger Münster, ein Dürer,
eine Hochrenaissance, alles erwiesenermaßen »Männer«-
Leistungen – auch wenn diese Erkenntnis militanten Feministinnen nicht schmecken mag – basieren auf dem Vermögen
des Mannes ...

... in unserer Männergruppe jedenfalls hat die Nachricht, daß Frauen keine Quadrate zeichnen können, erst echt irritierend gewirkt. Dann aber hat Werner den Vorschlag gemacht, wir alle sollten doch mal angstfrei unsere geometrische Sozialisation einbringen, und da ist uns in sehr intensiven Gruppengesprächen klargeworden, wie sehr ...

DIE ⦿ WELT

Der Wunschglaube nicht nur der Neurotiker und Chaotiker der linken Szene, sondern auch mancher sich »liberal« gebender Kreise, man könne die natürlich gewachsenen Unterschiede zwischen den Geschlechtern so einfach leugnen, hat durch die Wissenschaftler des ›Instituts für Grundlagenforschung‹ eine nur auf den ersten Blick amüsante Relativierung erfahren. Denn hinter der überraschenden Feststellung, daß Frauen keine Quadrate zeichnen können, steckt mehr als eine nur marginale Korrektur jener Weltverbesserungsutopien, die in den späten 60er Jahren ihren Ausgang nahmen und auf geradem Weg in den Terrorismus führten. Zu Ende gedacht, bedeutet sie nicht mehr und nicht weniger als eine Bestätigung auch und gerade unserer Wirtschaftsordnung. Sie, die sich von Beginn an mit wachem Instinkt weigerte, unsere Damenwelt dem fruchtlosen Konkurrenzkampf mit den Männern – zumal im gehobenen Management – auszuliefern, darf heute von sich behaupten, die Zeichen der Natur ...

Brigitte

... lassen wir also den Männern ihre Quadrate, und schauen wir uns die Frühjahrsmode auf S. 144–155 an. Kein Zweifel: Die Mode wird wieder normaler. Was wir in diesem Heft zeigen, wird sicher allen Frauen Appetit machen, denen die Trends des letzten Jahres zu schwer im Magen lagen. Was BRIGITTE anläßlich ...

UZ

Während die bürgerliche Presse also wieder einmal in gewohnter Unverbindlichkeit die Tatsache verzeichnet, daß Frauen keine Quadrate zeichnen können, bleibt das »Warum« wohlweislich ausgespart. Wer hat denn die Frauen jahrtausendelang in die drei Ks – Kirche, Küche, Klappsarg – verbannt? Wer hat ihnen jahrhundertelang den Zutritt zu den Volkshochschulen verwehrt? In seinem gleichnamigen Drama läßt Goethe, auch er ein Mann, den Faust gleich Theologie, Juristerei und Medizin studieren, während das gleichnamige Gretchen weder saubere Reime artikulieren (»Ach neige du Schmerzensreiche«) geschweige denn Quadrate zeichnen kann.

Und hat sich daran etwas bis zu dem heutigen Tage geändert? Kann man denn von der unterbezahlten Fließbandarbeiterin, die nach getaner Arbeit ihre Familie zu bekochen hat, verlangen, daß sie sich anschließend noch hinsetzt und eine so schwierige Wissenschaft wie das Quadratezeichnen studiert? Fortschrittliche Frauen freilich wissen, daß sie nur im Bündnis mit den Massen eines Tages die Voraussetzungen dafür schaffen können, daß sie auch in der BRD Quadrate zeichnen lernen, etwas, was für die Frauen der Sowjetunion bereits heute ...

Bild

Kompliment, meine Damen! Zwei Nachrichten. Zwei Welten.

Da haben Wissenschaftler herausbekommen, daß Frauen keine Quadrate zeichnen können. Typisch Mann.

Da hat Mutter Teresa den Friedensnobelpreis dafür bekommen, daß sie viele Jahre lang Inderkinder bemuttert hat. Typisch Frau.

Wir meinen: Forschung ist gut. Ohne Forschung kein Fortschritt. Liebe ist besser. Ohne Liebe kein Leben. Frauen kennen es noch, das Geheimnis, wie man Liebe gibt. Das ist wichtiger als alle Quadrate der Welt. Danke, Mutter Teresa!

DER SPIEGEL

»Na denn Prostata!« hatte sie anläßlich des Bundespresseballes noch im Kreise schwofender Chauvinisten gescherzt, doch zwei Stunden später kehrte die alberne Alice (35) wieder die schwierige Schwarzer (37) hervor: »Unfug!« Stein des Anstoßes: die ärgerliche Erkenntnis des ›Instituts für Grundlagenforschung‹, daß Frauen keine Quadrate zeichnen können. Ereiferte sich die hochgemute Herausgeberin des eher engstirnigen Emanzenblattes: »Können sie doch!«

Freilich dürfte es der schwadronierenden »Schwanz-ab«-Schwarzer diesmal schwerfallen, die Erkenntnisse des Instituts allein durch verbale Kraftakte zu widerlegen. Stützen sie sich doch auf Untersuchungsmethoden, die kratzbürstiger Krittelei wenig Handhabe liefern: Ein repräsentativer Querschnitt von drei Frauen wurde – unabhängig voneinander – in einen schalltoten, lichtlosen Raum geführt und . . .

DIE ZEIT

. . . in das fruchtlose Lamento all jener einzustimmen, die da mit Erwin Morgennatz meinen, »daß nicht sein kann, was nicht sein darf«. Wäre es nicht sinnvoller, die Erkenntnis des ›Instituts für Grundlagenforschung‹ nicht als Cannae, sondern als Rubikon des Feminismus zu werten? Eines, mit Montesquieu zu reden, »wohlverstandenen« Feminismus, der über die »astra« nicht vergißt, wie viele »aspera« der Mann im Laufe leidvoller Jahrtausende zu durchqueren hatte, bis er Quadrate zeichnen konnte?

So viel zumindest scheint festzustehen: Eine Frauenbewegung, die, entgegen wissenschaftlich gesicherten Fakten, weiterhin dem Prinzip des schieren Voluntarismus huldigt, wird ihre Anhängerinnen früher oder später in ein Valmy hineinführen, das sich als äußerst zweischneidige Medaille entpuppen könnte. Zumal in einer Welt, in der nur Realitätstüchtigkeit und Augenmaß eine Gewähr dafür bieten, daß dem über uns schwebenden »Hi Roschima« nicht ein schreckliches »Hi salta« folgt, welches dann freilich die Unterschiede zwischen Männern und Frauen in einer Weise nivellieren dürfte, die auch hartgesottenen Suffragetten . . .

Titanic

Liebe Leserinnen,
»Frauen können keine Quadrate zeichnen«, behauptet die Schnarchsackpresse im trauten Verein mit dem ›Institut für Grundlagenforschung‹, und unsere Gewährsfrau Gaby erzählt uns, daß viele Frauen darüber oh so traurig seien. Unser Rat: Nicht weinen, Mädels! Ist doch gelogen! Frauen können nämlich sehr schöne Quadrate zeichnen, wenn sie sich nur etwas Mühe geben. Zumindest kann das unsere Textredakteurin Evamarie Czernatzke:

Also Kopf hoch, Schwestern! Alles klar?   Eure Titanic

IRING FETSCHER

Der Vormarsch der Einsilber

Interview unseres Reporters Edler von Goldeck mit
Prof. Dr. Dr. Pseudophil

GOLDECK. Herr Professor, wie wir einer dpa-Meldung entnehmen, ist Ihnen unlängst eine umwälzende Entdeckung gelungen, durch die der modernen Geschichtswissenschaft eine völlig neue Dimension erschlossen wurde. Darf ich Sie bitten, unseren Lesern die Grundzüge dieser Entdeckung zu entwickeln?

PSEUDOPHIL. Sehr gern. Ich werde in dem in Kürze erscheinenden Werk »Der Vormarsch der Einsilber« meine Entdeckung am Beispiel der jüngsten deutschen Geschichte erläutern und eine große Anzahl von Fakten liefern, die – so bin ich überzeugt – auch den skeptischsten Leser überzeugen werden. Meine Entdeckung geht von der Beobachtung aus, daß es einen säkularen Trend zur Verkürzung der Namen führender Politiker gibt, der sich besonders eindeutig am Beispiel der Bundesrepublik Deutschland ablesen läßt, an dem aber auch die DDR in einem gewissen Umfang (Stoph!) partizipiert.

GOLDECK. Könnten Sie diese These bitte an Hand einiger Beispiele illustrieren?

PSEUDOPHIL. Sehen Sie, vor etwa hundert Jahren lauteten die Familiennamen führender deutscher Politiker: Bis-marck, Eu-len-burg, Hol-stein, Ca-pri-vi, Be-bel. In allen Fällen (so gut wie ohne Ausnahme) handelte es sich also um Zwei- bzw. Dreisilber. Daß auch dies schon eine Reduktion gegenüber dem siebzehnten Jahrhundert darstellte, kann man einsehen, wenn man sich der Namen Wal-len-stein und Pic-co-lo-mi-ni erinnert! Auch bei den im kaiserlichen Deutschland führenden Schriftstellern ist die gleiche Mehrsilbigkeit charakteristisch: Fon-ta-ne, Hey-se, Li-li-

184

en-cron, Deh-mel, Haupt-mann usw. Sie alle sind Zwei-, Drei- oder sogar wie Liliencron Viersilber, eine Spezies, die heute vollkommen verschwunden zu sein scheint. Lediglich die beiden Mann (Heinrich und Thomas) fallen aus der Reihe. Sie können daher auch schon von der nomologischen Perspektive her als Vorläufer angesehen werden. Ihre Hauptwirkungszeit fiel denn auch notwendig erst ins zwanzigste Jahrhundert!

GOLDECK. Aber hat denn die halbe Revolution von 1918 da wirklich eine Änderung gebracht?

PSEUDOPHIL. Allerdings! In der Tat beweist unsere nomologische Betrachtung, daß weder 1918 noch 1933 eine wirkliche und grundsätzliche Änderung eingetreten sein kann. Nach wie vor sind die Namen der führenden Politiker, ganz gleich welcher Partei, zwei- und dreisilbig: Stre-se-mann, Ra-the-nau, E-bert, Hin-den-burg, Thäl-mann, Seve-ring usw. 1933 traten lediglich die Zweisilber eindeutig dominierend an die Stelle jener Mischung von Dreisilbigkeit und Zweisilbigkeit, die wir als das Charakteristikum der Weimarer Republik ansehen können. Sämtliche führenden Nazis waren Zweisilber: Hit-ler, Goeb-bels, Göring, Himm-ler, ja sogar die zwielichtige Übergangsfigur, der rechte Zentrumsmann Pa-pen, war ein echter Zweisilber.

GOLDECK. Wie war es aber 1945? Dominierten nicht auch zu Beginn der zweiten Nachkriegszeit abermals Mehrsilber das politische Geschehen? A-de-nau-er war sogar ein Viersilber, Gro-te-wohl in der späteren DDR ein Dreisilber, Schu-ma-cher und Ul-bricht waren Drei- bzw. Zweisilber. Wann endlich beginnt eigentlich der von Ihnen behauptete Vormarsch der Einsilber?

PSEUDOPHIL. Ihr Einwand bringt meine Thesen keineswegs in Bedrängnis. Die von Ihnen erwähnten Namen beweisen nur, daß der eigentliche Kontinuitätsbruch erst erheblich später erfolgte. Sowohl Adenauer als auch Schumacher und Ulbricht waren ja Politiker, die bereits in der Weimarer Republik gewirkt hatten und deren politische Ziele daher im wesentlichen aus dieser Epoche stammten. Für den einen standen die Versöhnung mit Frankreich und die Integration in den Westen, für den anderen die Wiedervereinigung der Arbeiterbewegung (SED) und der Anschluß an die Sowjetunion im Vordergrund des Interesses.

Die neue Ära beginnt tatsächlich erst mit der Kanzlerschaft Willy *Brandts*, gegen den der rückständige Zweisilber *Barzel* schon aus diesem Grunde keinen Erfolg haben konnte. Erst mit *Strauß* und *Kohl* sind dem neuen SPD-Einsilber *Schmidt* auf seiten der CDU-CSU gleich aktuelle Konkurrenten gegenübergetreten.

Die Bundesrepublik steht erstmals als *homogen einsilbiges Land da!* Eine Tatsache, die übrigens durch die Einsilbigkeit der führenden Schriftsteller deutscher Sprache noch einmal unterstrichen wird: Böll, Grass, Lenz, Jens, Kirst usw.

GOLDECK. Was hat aber dieser säkulare Trend zur Einsilbigkeit zu bedeuten? Und warum steht die Bundesrepublik hier weltweit an der Spitze?

PSEUDOPHIL. Einsilbigkeit deutet auf Endzeitlichkeit. Das hat niemand anders als *Samuel Beckett* in seinem »Endspiel« (1957) vorausgeahnt. Dort heißen die letzten Menschen Hamm, Clov, Nagg und Nell. Lauter Einsilber. Sollte das tiefsinnige Volk der Deutschen dem Quell des Weltschicksals näher sein als andere zeitgenössische Nationen, die sich noch immer den unzeitgemäßen Luxus mehrsilbiger Politiker und Schriftsteller leisten? Auf die Einsilbigkeit folgt als weitere Steigerung nur noch das Verstummen. Der späte Heidegger wartete auf die Kehre, durch die der verhängnisvolle Weg der Metaphysik beendet und das Seinsgeschick gewendet werden sollte. Auch er wurde mit zunehmendem Alter einsilbiger. Ich finde, wir sollten darüber ernsthaft nachdenken und uns nicht von den sogenannten »kritischen Rationalisten« einschüchtern lassen, die meine Beobachtungen als reinen Zufall abtun wollen.

GOLDECK. Herr Professor, ich danke Ihnen für dieses Gespräch!

KURT BARTSCH

Writer über den Bodensee

Nach Martin Walser

Das wichtigste Organ eines Mannes, der sich mit Frauen einläßt, ist seine Zunge. Aus Rost plus Motten mach Most plus Rotten mach Rast plus Matten mach Mast plus Ratten und du kriegst Mottenmast geteilt durch Rattenrast. Der Rest ist Schweigen. Erröten. Erblassen. Schweißausbruch. Adernschwellung. Ekzem. Exitus. Spiritus. Sanktus. Sanktnimmerleinstag. Jüngstes Gerücht. Völker hört die Vokale. Schön wärs, Melanie. Sinds die Augen, geh zu Ruhnke. Und, wenn, es, die, Zunge, ist? Gebrochen, verschluckt womöglich. Sprachlos, umstanden von abgestandenen Fräuleins, in deren Muschelohren ich stetig mein Zeit-Nippes kippte, Zeit-Blabla schippte, stehe ich da. Bodensee-Hodensee und Umgebung. Die sieben Berge, die sieben Zwerge. Wohlstandsmüll-Berge, Sprachmüll-Berge, Ehemüll-Berge.
Die kaum handelnden Personen sind dem gehobenen Mittelmaß entliehen, das sich durch gediegene Langeweile auszeichnet. Small talk is easy. Also sowohl als auch nicht, Herr Direktor. (Hoechst, IG-Farben. Ansonsten höchst farblos der Mann.) Wo war ich stehengeblieben? Richtig, am Hodensee-Bodensee. Zungenlos unglücklich, Melanie. Wer züngelt jetzt gegen Goethe? Wer zeigt seinem Gretchen die Faust, dieweil ich nach meiner Zunge suche? Ich muß-muß sie finden. Schließlich ist sie die schnellste, speichelfressendste Zunge der Bunzrepublik Deutschlanddeutschlandüberallesinderwörld. Wasserverbrauch pro 100 KA-EM: 600 Liter. Der halbe Bodensee ist schon leer. Mein Zungensalat wird auf allen einschläfrigen Parties gereicht. Darauf einen Enzensberger!
Zum Wohl
sagt Melanie, der mein Schweigen gut zu Gesicht steht. Sie

empfindet eine Art Naherholung, wenn ich nicht rede. Schweigen ist Frauengold. Sie knöpft mir den Hosenschlitz auf und fängt an zu lachen. Was yscht itz das für ene Gartenzwerg? fragt sie und zeigt auf das Rote, Feuchte, das mir aus der Hose hängt. Da ist sie ja, meine Zunge! Die Bände sprechende. Walser-Wälzer. Die bodenseeständige, bodenseelose Zunge-Zunge. Warte nur, balde, Goethe! Eckermann-Nekkermann kömmt! Zittere Heideröslein!

KURT BARTSCH

Bestsellerie

Nach Walter Kempowski

»Gelb auf gelb gibt keine Flecke«, sagte mein Vater, als das Eigelb auf seine SA-Uniform kleckerte.
»Nein, wie isses komisch«, rief meine Mutter.
Er lachte und rülpste die Tonleiter rauf und runter.
»Besser vorn als hinten raus. Hahaha!«
Für mich, der ich am Ende der Tafel saß, hatte er manchen Scherz parat.
Was »Kohlöppvehnah« heiße, »ansage mir frisch!«
»Die Kuh läuft dem Vieh nach«, mußte ich dann antworten.
Daraufhin wurde »Gut dem Dinge« gesagt.

Ob im Wald, ob in der Klause
Dr. Krauses Sonnenbrause.

Manchmal setzte mein Vater sich an den Flügel und spielte die Davidsbündler Tänze.
»Kinder, wie isses schön«, sagte dann meine Mutter, »wie isses bloß schön.«

»Gutmannsdörfer!«
Meine Schwester aß saure Gurken und trank dazu lauwarmes
Wasser. Ich mußte meine Kalktabletten nehmen und einen
Löffel Lebertran.
»Scheisse mit Reisse.«
An der Wand hing Clausewitz.

»Dschungedi«, rief mein Vater. »Die blauen Dragoner sie
reiten!«
Das sagte er jedesmal, wenn er aufs Örtchen mußte.
Er liebte es übrigens nicht, wenn man eben vor ihm aus dem
Klo herauskam. Dann war die Brille noch warm.
»Dunnre di Düwel nich noch eins!«
Und meine Mutter rief: »Wie isses nun bloß möglich!«
Entpörend.

Wer fällt vom Pferde wenn es furzt?
Das ist des Kaisers Unterurzt.

Mein Vater suchte die Kartentasche raus, die von 14/18, und
seinen Orden, das EK I (Afrika-Korps).
Die seien bald erlederitzt, sagte er.
»Wer?«
»Die Russkis.«
Aus denen mache Hitler Lebenswurst. (Scherzhaft für Leber-
wurst.)
Ob er schon einen Menschen erschossen habe?
»Nur Neger.«
Das sei zu und zu komisch, sagte meine Mutter. »Nein, wie
isses komisch«, rief sie. »Ich mache mir gleich die Büx naß.«
Immerhinque.

Ob im Wald, ob in der Klause
Dr. Krauses Sonnenbrause.

Ich schrieb unentwegt Zettel, die ich in Karteikästen zu sam-
meln begann.

Was ich da täterätäte, wollte mein Vater wissen. »Ansage mir frisch!«
Ich schriebe alles auf.
»Wozu?«
Ich druckste herum. Hätte ich sagen sollen: um später daraus einen Bestseller zu machen? Für so verbumfeit hielt ich die deutschen Leser damals noch nicht.
»Notiert jeden Pup, der Bengel«, sagte mein Vater und fügte schmunzelnd hinzu: »Tadellöser! Die Fürze sind des Lebens Würze.«
Furzsetzung folgt.

WOLFGANG BUHL

ZEITgeschmack

Nach Wolfram Siebeck

> Eines Abends waren wir von so vielen Japanern und Amerikanern umgeben, daß wir uns geradezu als die einzigen Franzosen im Raum fühlten ...
>
> Gert von Paczensky in »essen & trinken«, Juni 1981, über »La Pyramide«, Vienne (Dept. Isère).

Was so ein richtiger ZEITschmecker ist, ißt mit Ohren und Füßen. Das Ohr immer am Puls der Kräuterfarce, hört er nicht nur das Gras in der Nouvelle Cuisine wachsen, sondern taucht den Bart des Propheten mittenhinein an Ort und Kelle. Schwant dir das sensationelle Belcanto der à point interpretierten Taubenbrust im »Schicki Quicki«, nichts wie hin nach Paris! Lockt die ungeheure Progressivität deiner Zunge der jüngste, leider etwas zu warme Dreiklang der Rotwein-Avantgarde in den »Vier-Jahreszeiten«, sofort zurück nach

Hamburg! Erschallt die unsägliche Lockung einer getrüffelten Armagnacpflaume aus dem schöpferischen Fond des »Tantalus«, tout de suite à Munic! ZEITessser sind immer unterwegs. Kommt ZEIT, kommt Rad. Was versteht ein Jet-Set-Epikureer schon von einer Demoiselle de Cherbourg à la Julienne de Légumes, zumal das unmögliche Monsieur Lanvin auf der Toilette ihr strahlendes Bukett penetrant in den Schatten stellt, wenn man ihr mit frischgewaschener Hand die Lippen reicht. Außerdem ist der Brotservice saumselig.

Deshalb Vorhang auf für ein abendfüllendes Gesamtkunstwerk, gegen dessen Preis der Grüne Hügel zwar ein Waisenknabe ist, aber reichen einem dort nicht schon drei, hier indessen nicht einmal sieben Akte?

Gewiß, die Ouvertüre kommt ein wenig flach, im Stakkato der variierten Meerestiere keimt der Mißton einer zwar hauchdünnen, jedoch etwas zu mächtig geeisten Gurkenscheibe. Droht der Gaumen aber nicht bereits im pompösen Largo der Wachtelterrine zu explodieren? Wie wohltuend dagegen der keiner Halbrohkost-Mode unterworfene Frühlingsrand aus Jungbrennesselrahm unter seinem Blätterteigdeckel dekantiert, kann nur ermessen, wer das kümmelreiche Solo der mousselierten Wildschalotte noch nicht als dreistes Plagiat des offensichtlich hingemorchelten Schmor-Chicorees von Paul Bocuse entlarvt hat.

Die Bitternis dieser Erkenntnis überträgt unser Karl-Suppen-Kraus al dente auf den Zwischenapplaus für das delikat gratinierte Riesenblech, dessen Dramaturgie das Leitmotiv nicht à la grandmère, sondern ohne zopfigen Schnickschnack anreißt. Erklang die Polyphonie einer Schmalzdrossel je betörender, ohne der Nachtigall des Desserts etwas vorwegzunehmen? Ein Akt, der Epoche macht! Was ein guter Dirigent aus einem Lammnüßchen herausholen kann, zeigt sein schnörkelloses Ambiente in der sanft sautierten Farce, die wie eine flüchtig skizzierte Seerose in Wacholder schwimmt. Im Finale läßt sie die Primgeigen der Roten Grütze um so schöner und selbstloser aufleuchten, je deutlicher es nebenan aus dem Plumpsklo schallt: Quatsch mit Soße!

ECKHARD HENSCHEID

Skisport und Thanatos

Ein TITANIC-Essay zum Phänomen der Auto-Skisärge

Nun liest man freilich nicht eben gar zu häufig von Skifahr-Toten. Aber gerade dies füllt die hier in Rede stehende Hypothese mit zusätzlicher Wahrscheinlichkeit:
Zwar rückte der späte Sigmund Freud wieder um Nuancen von der Annahme eines generellen und libidinös gebundenen Todestriebs resp. einer destruktiv gebundenen Libido ab, ja er revidierte diese seine Lehre sogar; denn offensichtlich fehlten ihm die Beweise. Indessen lagern unterdessen jene groß-muschelförmigen Behältnisse auf mitteleuropäischen Auto-dächern, welche der Volksmund sofort und trefflich »Ski-särge« genannt hat, schon mindestens den fünften Winter-sport-Winter auf jenen. So hat denn, wer Augen hat zu spä-hen und praktische Vernunft zur spekulativen Analyse sozialpsychologischer Evidenzen, spätestens in diesem Vor-frühling Anlaß, sich von einem etho- und ethnologischen Phänomen schwanen zu lassen, auf dessen verklausuliert-enigmatische Vogel- und mithin Todesmotivik gleichfalls zurückzukommen sein wird.
Zumal eine kürzlich stattgehabte Frankfurter Messeausstel-lung »Leben. Wohnen. Freizeit.« jene je ein Paar Skier bein-haltenden signifikant sargähnlichen »Jet-Bags« und »Jet-Cases« namens »Packi« u. ä. dem wintersportgerüsteten Autodach nochmals nachdrücklich ans Herz legte; und über fehlende Buchungen nicht klagen konnte, nein, gewiß nicht: In den führenden Wintersportzentren trägt bereits minde-stens jedes dritte Auto einen zumeist matt glänzend kompak-ten Skisarg.
Wie war's dazu gekommen?
Nun, befestigte noch der VW-Käfer-Fahrer einst seine Bret-ter an der hinteren Stoßstange, so gingen gewichtigere

Limousinen wie in instinktiver Vorwegnahme eines Kommenden bald dazu über, während der Wintermonate hartgummifeste Haltestangen und -schnallen auf den Autodächern zu installieren. Es kam in der Folge, angeblich zur Schonung der teuren Skier, in Wahrheit aus einem nachgerade klassischen Rationalisierungszwang heraus, zu deren zusätzlicher Umwickelung mittels Säcken und Plastikfolien – und endlich, ab ca. 1981, verschwanden die umhegten und umhätschelten Gerätschaften dann auf breiter Front in jenen meist grauen, manchmal auch schwarzen Großetuis, die eben an jenen Sarkophag gemahnen, der im Volk üblicherweise Sarg genannt wird.

Eine ebenso sprechende wie deshalb verräterische Realien-Paraphasie? Eine Bild-Parapraxe, vergleichbar dem populären Freudschen Lapsus linguae, der anderes im Hinterkämmerchen birgt, als er im vorderen zu meinen meint. Paradox: Ist, wer da winters vermeintlich und vehement auf totalen Sport, Torlauf und Tollerei aus ist, in Wahrheit und subkutan jenem Todestrieb, Todeswunsch vulgo Thanatos hörig, der prima vista wie eine Contradictio in adiecto mahnt? Jenem latenten Trieb-Denkmodell also, dessen Dualistik Freud von Schopenhauers Lehre einer bewußtlosen Konkupiszenz, ja Appetenz des Nirwana, des Nichts adaptiert hat?

Mit anderen Worten: Ist der neue Skisarg als symbolisch veritabler Gegenpol zur sog. Fitneß als der gegenwärtigen Vulgärversion des evolutionistischen Vitalismus kein Zufall, keine kurzlebig ephemere Mythe? Sondern Expression eines aktiven, parabiologischen Grundtriebs, hier verschwägert mit Erich Fromms Befund einer wahnhaft-suicidalen Destruktivität und Selbstdestruktivität der nur scheinhaft zivilen Moderne? Fragen, die uns, wenn nicht schon schwindeln, so doch aufhorchen lassen.

Zwar fungiert der zunächst nur dem Ski vorbehaltene graue – Mozarts »grauer Bote«! – Skisarg heute bereits permissiv in allen möglichen Größen und Gestalten als Reisebehältnis für alles Mögliche – vom Gepäck zum Autozubehör. Jedoch, sofern man im Gefolge Kritischer Theorie zu konzedieren geneigt sich sieht, Geschichte nicht allein als Hölle des Bürgertums zu deuten, sondern dessen spezifische Hölle noch einmal in der des Skifahrens konvergieren zu sehen (und bei aller angeblichen Lautlosigkeit des Gleitens auch zu: hören): Dann macht die emphatische Evidenz der Skisarg-Existenzen weit über freudische Hermeneutik und allgemeine sozialphilosophische Spekulationen hinaus aufmerksam auf ein subliminar ätiologisches Konstrukt, dessen tendenziell auto(!)nekrophile und via Sarg wahrhaft analogiemächtige Konsistenz den verstörten Blick freischaufelt auf ein endogen-regressives Moment, in das erkenntnistheoretische Einsicht zu gewinnen vermutlich nur pure Gedankenlosigkeit bislang verunmöglichte. Man habe es hier, so die Abwinkgeste, mit einer kontingenten Bagatelle, reziprok-kontrovers allenfalls vergleichbar der Anschnallpflicht für Autofahrer, zu tun.

Daß die Alpen eh etwas Vergreistes abstrahlen: hätten es nicht längst und wiederholt Handke wie Th. Bernhard wie W. Herzog ebenso volens wie zuweilen selbstreflexiv nolens zur Darstellung gezwungen, man wüßte es auch ohnehin. Ihre Semiotik des gleichsam Letal-Amourösen freilich gewinnt neue Schlüssigkeit gerade durch das Skifahren. »Zwoa Brett'ln, a g'führiga Schnee, juchhe, dös is ja mei höchste Idee!« sang schon in den 50er Jahren (der Verfasser erinnert sich daran wie an gestern) Franz Muxeneder (oder wer) wie nicht recht bei Trost, ja wie nicht mehr von dieser Welt – wundert es da länger, daß die zentrale Idee des Lieds exakt mit der Wagners in der Todesmystik des ›Tristan‹ koinzidiert: »Unbewußt – höchste Lust«? Nein, es wundert nicht länger. So fatal wie obligat freilich folgte auf Wagner Hitler, der denn auch folgerichtig in einem seiner Monologe im Führerhauptquartier dies zu Protokoll gab: »Das Skifahren müssen wir kolossal fördern, wegen dem Sau-Osten da.« Und war dann aber nicht eben jener Sau-Osten Synonym für (Befehlsmentalität und -verweigerung hin und her, vgl. dazu bei Mitscherlich u. a.) nachgerade kolossalen kollektiven Selbstmord, wenn man will: kollektive Todessehnsucht also? Und dabei ein abermaliges und kontrareflexiv fahles Schlaglicht schleudernd auf das schon dortmals pathologisch-analogische Skifahren der Christl Kranz, Christl Prawda, Mirl Buchner usf.? Kurz, was Adorno in der Folge der Nazibarbarei am Beispiel Kafka exemplifizierte, die totalitäre Todessehnsucht des Bürgertums, das aber gleichzeitig, so wie der Jäger Gracchus, nicht zu sterben vermag, mit dem Ende des schaurig hallenden »Gelächter Satans über die Hoffnung auf Abschaffung des Todes« (Prismen, a. a. O. – nanana, ob sich Adorno da nicht wirklich ein bißchen verspekuliert hat?) –: Im Skisarg der 80er Jahre endlich ist der Gedanke ebenso zu sich selbst gekommen wie Goethes Idee der Steigerung durch Polarität sich ein weiteres Mal aktualisiert. Denn verspricht der Skisport ebenso generativ-motorische wie sexuelle Wärme beim abendlichen Hüttenzauber; so entlarvt doch das kühlend Gruftartige des offensichtlich bewußtlos mitgeschleppten Skisarges jene stante pede als Verblendungs- wo nicht Verblödungszusammenhang, als bluffende Chimäre des blanken warenästhetischen Scheins.

Doch, auch wenn die Menschen zwanghaft beim Après-Ski »das Unabänderliche« (H. Böll) tun (ficken!) – so und nicht anders ist das mal. Der Sarg fährt, früher oder später, seinen Triumph ein.

»Überall«, lehrt Jean Baudrillard, »geht es um die Ummünzung des Todes in einen weiteren Profit des Kapitals.« Und der Franzose fährt (!) entschlossen fort: »Umgebt euch mit Särgen, um euer Sterben zu verhindern« (Der symbolische Tausch und der Tod). Und das eben taten die Skifahrer. Bzw. was immer Baudrillard genau gemeint haben mag: Nicht Unverwandtes dürfte jener F. K. Waechter im Auge gehabt haben, als er da, wie in Telepathie eines Künftigen, schon in der ersten (!) ›Titanic‹-Nummer 1979 (!) zu den scheinbar munteren Worten »Heidewitzka, Herr Kapitän« 17 gezeichnete Frösche auf einem toten Storch sitzend eine Alpenabfahrt hinunterrauschen läßt: einem Storch notabene, der in Gestalt und Aerodynamik an nichts so eminent erinnert wie an einen – mutatis mutandis – Ski.

Und da verschlägt es dann wenig, daß mir – was haben wir da

noch? – ausgerechnet heute, am 1. 12. 86, dem Tag der Niederschrift dieses Essays, gleich wie dessen Schwanengesang ein Ski-Report des ›Spiegel‹ auf den Schreibtisch schwirrt, in welchem der für den Stubaitaler Gletscher zuständige Skiarzt Dr. Franz Berghold überdurchschnittlich hochgeschnellte Ski-Verletzungen beklagt (1985/86: allein 10000 in Österreich!) – in dem von Ski-Toten aber noch immer keine Rede ist. Denn immerhin teilt Dr. Berghold mir und meinem Schreibtisch mit, daß das »subjektive Gefahrenbewußtsein« der alpenländischen Pistendeppen »noch mehr abnehme«.

Dochdoch, was noch nicht, kann noch werden; aber ja, Leute, glaubt's mir, die Ski-Idioten wollen eigentlich sterben. Aber echt.

Im übrigen: Unfallarzt »Dr. Berghold«! Welch abermalige Verschränkung trügerischer Libido mit Thanatos . . .

Nur eins fügt sich noch nicht recht meinem theoretischen Gebäude, nur eins könnte es noch wanken machen – ein Wintersportbericht gleichfalls des (der wird auch immer seichter:) ›Spiegel‹ aus dem Vorjahr 1985: Aus St. Moritz meldet das Blatt, Gunter Sachs habe die dortige berühmte Cresta-Run-Strecke nicht nur schon hunderte Male mit dem Schlitten bewältigt; sondern einmal auch schon »unbeschädigt in einem zugenagelten Sarg«!

Plumpst alle Skisarg-Hypothetik mithin quasi lautlos sackartig in sich zusammen? Oder soll man besser den Schlitten kinetisch wie ontologisch Jacke wie Hose dem Ski zuschlagen? Geeignet gar, den Tod slapstickartig herauszufordern und, auf gleichsam symbolistischer Meta-Ebene, seinem Stachel simultan ein Schnippchen schlagend?

Hm. Doch weil die Eule tief schon fliegt, die Dämm'rung grauer noch und kühler wird, sei's drum. Ich lasse es mir durchgehen. Eingedenk Brigitte Bardot. Die ist jetzt auch bald tot . . .

Ach Gott, führ' uns liebreich zu Dir!

Autoren, Quellen und Kommentare

Titel, die vom Herausgeber formuliert wurden, sind kursiv gesetzt.

Nach berühmten Mustern. Parodistische Studien. Aus dem Vorwort zur »Neuen Folge«. Stuttgart: Union Deutsche Verlagsgesellschaft, 1898. – Die Orthographie wurde, bei Wahrung des Lautstandes, dem heutigen Gebrauch angeglichen.

GERHARD AMANSHAUSER (* 1928)

Geboren in Salzburg; lebt dort als freier Schriftsteller. Studierte in Graz Mathematik und Technik, später in Wien Germanistik und Anglistik. Amanshauser gilt als individualistischer, ironisch-satirischer Beobachter der österreichischen Gesellschaft der Gegenwart und Vergangenheit; Verfasser von Romanen, Erzählungen, Essays u. a. Prosawerken.

Aus dem Leben der Quaden (1968); *Der Deserteur* (1970); *Satz und Gegensatz* (1972); *Ärgernisse eines Zauberers* (1973), *Schloß mit späten Gästen* (1975); *Aufzeichnungen einer Sonde* (1979); *List der Illusionen. Bemerkungen* (1985); *Fahrt zur verbotenen Stadt. Satiren und Capriccios* (1987).

Aufzeichnungen einer Sonde. Parodien. Salzburg/Wien: Residenz-Verlag, 1979. S. 5–13. © 1979 Residenz-Verlag, Salzburg.

Amanshauser parodiert auf der einen Seite verschiedene Erscheinungsformen phonetischer Poesie (Lautgedichte, Lettrismus u. a.), der es nicht länger um Wortbedeutungen und korrekt gebildete Sätze geht, sondern die Laute ohne Rücksicht auf Aussageinhalt und Sinngebung aneinanderreiht; auf der andern Seite parodiert er die Auswüchse germanistischer Interpretationspraxis. Dieses Angriffsziel steht, wie schon die ironische Widmung belegt, im Mittelpunkt.
Der unsinnige Gegenstand ist im Grunde nur der Probierstein, der die Wertlosigkeit des Interpretationsgeredes erweist. Verselbständigt läuft ein analytisches Ritual ab. Im Zuge der obligatorischen Einflußsuche werden Goethe und die Romantik bemüht, die traditionellen

Bildungsarsenale geöffnet und der offenbare Unfug mit den jederzeit frei verfügbaren Attributen deutschen Tiefsinns kostümiert. In pluralistischer Unverbindlichkeit gelangen die widersprüchlichsten Methoden zur Anwendung. Strukturalistischer Lautmystizismus steht neben geistesgeschichtlichem Schwulst, subjektiver Ästhetizismus neben geschichtlich-soziologischen Spekulationen mit aufgesetzten aktuellen Bezügen und wirkungspsychologischen Mutmaßungen. Die Begriffssprache liegt im Trend: »Relevanz«, »rezipieren«, »produzieren«, »kommunizieren«, »semantisch« u. a. m. tauchen als wohlfeile Begriffe auf und zeigen den Interpreten auf der Höhe einer weniger informativen als innovatorischen Nomenklatur. Immer breiter und lächerlicher klafft der Widerspruch zwischen der kargen Buchstabenfolge des Gegenstands und dem überbordenden Wortreichtum der Beschreibung. Zitate aus anderen Werken dienen nicht dem differenzierten Verstehen, sondern versorgen den Interpreten, immer wenn ihm der Atem auszugehen droht, mit neuem Spekulationsmaterial. Dabei führen die Assoziationen wie die in Verbindung mit dem Poe'schen »nevermore« zu völlig willkürlichen Behauptungen. Sich an den Zitaten entlanghangelnd, entfaltet der Interpret eine ebenso in sich widersprüchliche wie beziehungslose Sinnhuberei. Die Interpretation macht den Gegenstand nicht begreifbar, sondern löst ihn im Wortnebel der Bildungsreminiszenzen, des Methodenzeremoniells und modischer Begrifflichkeit auf. In akuter lächerlicher Selbstverwirrung reiht der Interpret schließlich die belanglose Buchstabenfolge unter die großen Weltgedichte der Deutschen ein, während der Leser, angeregt durch die vorgemachte Vokalelision beim Poe'schen »nevermore« (n v r m r), kaum der Versuchung widerstehen dürfte, nun seinerseits in das vorliegende Konsonantengerüst den i-Vokal einzufügen, wodurch sich in etwa die für das »Lautgedicht« wie für die Interpretation entlarvende Lesart ergeben würde: »mist is[t] mist.«

KURT BARTSCH (* 1937)

Geboren in Berlin. Nach Abbruch der Oberschule Arbeit als Sargverkäufer, Beifahrer, Leichenträger u. a. m. 1964/65 Studium am Institut für Literatur in Leipzig (ohne Abschluß). Unterzeichner der Petition gegen die Ausbürgerung Wolf Biermanns 1976. Drei Jahre später Ausschluß aus dem Schriftstellerverband der DDR. 1980 Umsiedlung von Ost- nach West-Berlin. Nachdichtungen bzw. Bearbeitungen von Molière und Aristophanes, eigene Stücke, Romane, Gedichte und Parodien.

Zugluft (1960); *Die Lachmaschine* (1971); *Kalte Küche* (1974); *Kaderakte* (1979); *Wadzeck* (1980); *Weihnacht ist und Wotan reitet. Märchenhafte Gedichte* (1985).

Die Hölderlinie. Deutsch-deutsche Parodien. Berlin: Rotbuch-Verlag, 1983. S. 73 f. © 1983 Rotbuch-Verlag, Berlin.

Die parodistische Kritik gilt dem 1966 erschienenen Roman *Das Einhorn* von Martin Walser (geb. 1927), der zweite Roman der sog. Kristlein-Trilogie (*Halbzeit*, 1960; *Der Sturz*, 1973). Anselm Kristlein, inzwischen Schriftsteller geworden, erhält von der Schweizer Erotica-Verlegerin Melanie Sugg den Auftrag, ein Buch über die Liebe zu schreiben. Anselms Versuche, einen Sachroman zu gestalten, seine Suche nach Wörtern für die Liebe, scheitern. In den literarischen Nachzeichnungen der einzelnen Liebesbegegnungen – herausgehoben ist die Begegnung mit Orli am Bodensee – werden ihm bloß die Verluste bewußt, und, während er der Zukunft hinterherläuft, entrinnt ihm die Gegenwart.

Bartsch hebt die Redseligkeit und Wortverliebtheit Walsers hervor. Rudolf Walter Leonhardt schreibt in seiner Besprechung des Walser-Romans: »Will er [Walser] einen Sachverhalt treffen, so bombardiert er ihn mit Wörtern, und er läßt dann auch viele von denen stehen, die offenbar danebengegangen sind.« (*Die Zeit*, 9. September 1966). – Der scheinbar anzügliche Hinweis auf die Zunge als wichtigstes Organ des Mannes im Umgang mit Frauen meint wirklich nur die rhetorische Zungenfertigkeit des Autors, der nach dem Prinzip unkontrolliert wuchernder Assoziation, in einer Art Sprachautomatik fortlaufend Sprachmüll produziert. Liebe löst sich auf in verbale Kaskaden und Wortspiele, durchsetzt von Small talk über Zeitfragen. Die konzentrierte Stilkarikatur mündet ein in die obszön-groteske Substitution des männlichen Glieds durch die Zunge, diminutiv verballhornt als »Gartenzwerg«. (Im Roman bezieht Melanie die Wendung »Was yscht itz das für ene Gartezwerg?« auf einen Ministerialrat.) Das einzige, was erzeugt wird, sind Worte, eine rhetorisch aufgeblähte, papierene Erotik, die der Parodist als geschwätzige Impotenz brandmarkt. Apostrophiert als »Walser-Wälzer«, ist die Zunge in lüsterner Selbstgefälligkeit, losgelöst von geistiger Kontrolle, die mechanische Produzentin erotischer Surrogate wie des parodierten handlungsarmen 500-Seiten-Romans.

Konzentrierte Stilkarikatur und grotesk entlarvende Wertung zielen auf die Vernichtung des Autors. Die im Titel enthaltene Anspielung auf Schwabs Ballade *Der Reiter und der Bodensee*, in der der Reiter tot zusammenbricht, nachdem er den zugefrorenen See überquert und erfahren hat, in welcher Gefahr er gewesen war, läßt die Parodie als die künstlerisch vernichtende Wahrheit über das manierierte Wortgetöse erscheinen.

Bestsellerie. Nach Walter Kempowski 188

Die Hölderlinie. Deutsch-deutsche Parodien. S. 81–83.

Bartsch richtet seine Parodie gegen den 1971 erschienenen Roman *Tadellöser & Wolff*, Kempowskis erstem von neun Romanen, die eine Chronik des deutschen Bürgertums darstellen, aufgezeigt am Beispiel der Familie Kempowski. Zeitgeschichtliches wie Aspekte der Stadtgeschichte Rostocks spielen beständig hinein. Kempowskis Arbeitsweise gleicht einer Zettelkastensammlung: die Vergangenheit wird geordnet und strukturiert durch ein Zusammenstellen von Erinnerungen, Zeugenaussagen, Bildern, Kinoplakaten, Zeitungsabschnitten, Aktennotizen und Zitationen. In dem parodierten Roman reiht der Erzähler unkommentiert, protokollartig in schnellem Wechsel Redensarten, Zeugenaussagen, Fakten in der Art von Momentaufnahmen und die der Familie eigenen Stereotypen aneinander. Eingefangen wird die Zeit von 1939–45. Die Personen gewinnen ihr charakteristisches Profil durch immer wieder verwendete Stereotypen. Der naiven Mutter entlocken die Geschehnisse fortwährend die gleichen Aussprüche: »Kinder, wie isses schön«, »nein, wie isses komisch«, »wie isses nun bloß möglich«. Ähnliche Situationen werden auch von den übrigen Romanfiguren immer gleich kommentiert: »Scheiße mit Reiße«, »Gut dem Dinge«, »Jungedi«, »Ansage mir frisch«, »Gutmannsdörfer«, »Dunnre di Düwel nich noch eins!« Typisch sind auch Sprachverballhornungen wie z. B. »Lebenswurst«, »erlederitzt«, »entpörend«, »immerhinque« und »verbumfeit«, die den Roman durchziehen. Hinzu treten Zitate aus dem deutschen Liederschatz, Liedanfänge, Gedichtstrophen, Nonsenseverse, z. B.: »Wer fällt vom Pferde wenn es furzt / Das ist des Kaisers Unterurzt«; oder: »Ob im Wald, ob in der Klause / Dr. Krauses Sonnenbrause«. Die Art der pointillistischen Erzählmethode fordert vom Leser ständig, Wertungen selbst zu assoziieren.

Kurt Bartsch stellt seine Parodie aus dem Originalton Kempowski zusammen. Er reiht in der Regel wörtliche Zitate aneinander; dabei bedient er sich der unverwechselbaren Stereotypen, der Nonsenseverse und solcher Situationen des Romans, aus denen deutlich wird, daß wahllos alles als erzählens- und darstellenswert erachtet wurde. »Eigelb beim Essen verkleckern«, »Davidsbündler Tänze auf dem Klavier spielen«, »saure Gurken essen«, »lauwarmes Wasser trinken«, »Lebertran und Kalktabletten nehmen«, Gewohnheiten bei der Klo-Benutzung. In der konzentrierten Auswahl der wörtlich übernommenen Situationen liegt die Wertung. Sie findet ihren Höhepunkt im letzten Abschnitt – wie die vorangegangenen in Kempowski-Manier zusammengestellt –, in dem die Arbeitsweise des Autors durch den Vater in der ihm nachempfundenen Sprachfügung und Drastik parodistisch charakterisiert wird. Gleichzeitig aber erreicht der Parodist durch die Auswahl bestimmter Textstellen auch eine Signalwirkung auf den Leser. Durch Kontamination bestimmter Stellen wird die Loyalität des Bürgertums gegenüber Hitler deutlich; der auf Assoziationen eingeschworene Kempowski-Leser erkennt schlagartig das Ursache-Wirkungsgeflecht der Zeitereignisse von 1939–45. Überzeugend schlägt der Parodist sein Original mit dessen eigenen Mitteln.

MANFRED BIELER (* 1934)

Geboren in Zerbst (Anhalt). 1952–56 Studium der Germanistik an der Berliner Humboldt-Universität; wissenschaftlicher Mitarbeiter beim Deutschen Schriftstellerverband der DDR, 1964–67 Mitglied des PEN-Zentrums (Ost). 1967 siedelte Bieler in die ČSSR über und wurde tschechischer Staatsbürger; 1968, nach dem Einmarsch der Warschauer-Pakt-Truppen im sogenannten »Prager Frühling«, ließ er sich in München nieder. Seit 1973 Mitglied der Bayerischen Akademie der Schönen Künste.

Der Schuß auf die Kanzel oder Eigentum ist Diebstahl (1958); *Bonifaz oder Der Matrose in der Flasche* (1963); *Maria Morzeck oder Das Kaninchen bin ich* (1969); *Der Mädchenkrieg* (1975); *Der Kanal* (1978); *Der Bär* (1983); *Der Passagier. Erzählung* (1984).

Aus: Der Schuß auf die Kanzel oder Eigentum ist Diebstahl (1958). Abdr. nach: Die respektlose Muse. Literarische Parodien aus fünf Jahrhunderten. Hrsg. Walter Dietze. Berlin [Ost]: Rütten & Loening, 1968. S. 658 f. © Manfred Bieler, München.

Zu den Bestsellererfolgen der Nachkriegszeit gehört Hans Hellmut Kirsts »Null-Acht-Fünfzehn«-Trilogie (08/15 in der Kaserne: Die abenteuerliche Revolte des Gefreiten Asch, 1954; 08/15 im Kriege: Die seltsamen Kriegserlebnisse des Soldaten Asch, 1954; 08/15 bis zum Ende: Der gefährliche Endsieg des Soldaten Asch, 1955). Nach einem Drehbuch von Ernst von Salomon entstand 1954–56 eine Verfilmung. Die Rolle des Majors Luschke spielte O. E. Hasse. Kirst schildert den Stumpfsinn und das Einerlei beim »Kommiß«. Nicht gegen das Soldatentum an sich richtet er sich, sondern gegen das Grundübel der Macht in falschen Händen. Aus der Sicht des kleinen Mannes erscheint der Krieg als bedrückende Last, von der er sich jedoch niemals niederzwingen läßt. Das Herz am rechten Fleck und mit großer Zivilcourage begegnet er den Vertretern sturer Machtausübung mit scheinbar volkstümlicher Schlagfertigkeit und oft drastisch formulierter Kritik. Am Ende triumphiert er über alle, die ihn kleinzukriegen versuchten. Der Gefreite Asch wurde für viele, deren Selbstbewußtsein unter dem menschenverachtenden Militärreglement beschädigt worden war, zu einer Art rückwärtsgewandter Wunschfigur, an der sich der ehemals geschundene Frontsoldat, zumindest in der Fiktion, wieder aufrichten konnte.

Die Parodie greift den Erfolgsroman an seiner empfindlichsten Stelle an, indem sie die heroische Unerschrockenheit des kleinen Mannes bis zu einem Punkt steigert, wo sie notwendig nur noch komisch unglaubwürdig wirkt. In der Kasernenhofszene bietet Asch dem Kompaniechef durch verbale Apostrophierung (»Kasernenhoflöwe«) und despektierliches Verhalten – er schlägt im Kirstschen Fäkalstil sein Wasser ab, während der Hauptmann zur Truppe spricht – gleich zweimal mutig Paroli. Asch tut das, was manchem Landser in vergleichbaren Situationen vorgeschwebt haben mag, doch daß er es tut, wie die übertriebene Art seines Handelns überhaupt, entlarvt die Szene als bloß fiktive Kompensation. Ähnliches, wenn auch etwas verhaltener, ist durchaus bei Kirst selbst zu finden und spiegelt getreu die aufgebauschten Heldenmären des glücklich heimgekehrten Landsers am häuslichen Herd und am Stammtisch. Der zweite Teil der Parodie verwandelt die Szene endgültig in eine wild fabulierende Münchhausiade. Der verständnisvolle Luschke – der Parodist hat ihn im Rahmen allgemein hyperbolischer Darbietung zum Generalmajor befördert – befreit Asch als Deus ex machina aus den Klauen des Hauptmanns und läßt ihn wissen, daß ohne ihn an einen Endsieg nicht zu denken sei. Wie in einem Wunschmärchen, in dem der Generalmajor die Rolle der guten Fee spielt, avanciert der kleine Gefreite im Stil des Miles gloriosus zum kriegsentscheidenden Faktor.

Komisch mischen sich Fiktion und Realität. Während der Generalmajor mit O. E. Hasse den Namen des entsprechenden Rollenträgers
in der Verfilmung erhält – das Fiktionale des Auftritts sich also
unübersehbar aufdrängt –, spielt die abschließende Beförderung von
Asch zum Oberleutnant auf die tatsächliche Beförderung des Autors
Kirst am Kriegsende an, wodurch sowohl auf der Ebene der Fiktion
als auch auf der Ebene des Autors Zweifel angemeldet werden an der
Glaubwürdigkeit einer Darstellung aus der Sicht des kleinen Mannes.
Die bramarbasierende Anekdote stellt das Original durch äußerste
epische Reduktion zwischen Wunschmärchen und Lügengeschichte.

MANFRED BOSCH (*1947)

Geboren in Bad Dürrheim. Abitur in Radolfzell (Bodensee). 1968–70
Zivildienst in München; Studium der Soziologie und Germanistik.
Mitherausgeber und Redakteur der alemannischen Kulturzeitschrift
Allmende; 1974/75 Herausgeber der Reihe »Raith Literatur«; Mitar-
beiter bei Rundfunk und Presse; Beiträger und Herausgeber von
Anthologien; veröffentlichte Romane, Parodien und Gedichte.

das ei (1969); *konkrete poesie* (1969); *mordio und cetera* (1971);
Gegendarstellungen. Lyrische Parodien (Mithrsg. Manfred Ach,
1974); *Lautere Helden. Neue Westerngedichte* (1975); *Der Zugang*
(1978); *Der Kandidat, 14 Briefe zur Verteidigung von Frieden, Freiheit und Demokratie* (1980); *Nie wieder!* (1981); *Zu Gast bei unseren
Feinden. Reisetagebuch Sowjetunion* (1986).

Alle Abenteuer dieser Welt 164

Satire-Jahrbuch. Hrsg. Reinhard Hippen (Deutsches Kabarett
Archiv) und Gerd Wollschon. Köln: Satire-Verlag, 1978. S. 64 f.
© Manfred Bosch, Rheinfelden.

Im Gegensatz zur zentralgeleiteten Planwirtschaft bleiben in der
Marktwirtschaft Güterproduktion und Güterverbrauch, also Angebot und Nachfrage dem individuellen Ermessen der Wirtschaftssub-
jekte überlassen. Qualität und Preis der Produkte regeln selbsttätig
den Wettbewerb, in den der Staat nur eingreift bei ruinösen und
unlauteren Wettbewerbsformen. Die Fülle der dem Konsumenten
angebotenen Produkte innerhalb dieser Wirtschaftsordnung zwingt
die Hersteller zu immer ausgeklügelteren Formen der Produktenwerbung. Alle verfügbaren Medien werden als Werbeträger benutzt und
in ihren Möglichkeiten ausgeschöpft. Es kommt der Werbung vor

allem darauf an, potentielle Konsumenten durch psychologische Beeinflussungen dauerhaft zu gewinnen. Die Werbung suggeriert dem Konsumenten durch Text und Bild eine Steigerung seiner Lebensqualität, indem sie die empfundenen Schwächen und Defizite seines Daseins durch positive Projektionen überlagert. Der Käufer muß glauben, daß mit dem Erwerb des Produkts und mit dessen Verbrauch auch eine Änderung seiner Lebensumstände herbeigeführt werde. Darum wird in der Regel für Produkte mit der Illusion gleichzeitigen Gewinns von Abenteuer, Freiheit, erotischer Spannung und beruflichem Erfolg geworben.

Manfred Bosch greift in seiner Parodie *Alle Abenteuer dieser Welt* auf die werbepsychologischen Erkenntnisse zurück. Die Realität des Sprechers (Ich-Perspektive) ist gekennzeichnet durch einen durchschnittlich öden Tagesablauf: Aufwachen in einer Durchschnittswohnung mit lärmenden Nachbarn, dünnen Wänden und defekter Brause, Schnellfrühstück mit Toast und Limonade, Fahrt ins Büro auf verstopften, abgasverseuchten Straßen, unbeachtete Durchschnittlichkeit im Arbeitsalltag, Existenzkampf mit dem daraus resultierenden üblichen Ärger, rascher Versorgungseinkauf nach Büroschluß, Vorfinden von Rechnungen zu Hause und zum Tagesausklang Massenunterhaltung mit Schlagern und Filmen, Entspannung mit Alkohol und Nikotin.

Diese Lebenswirklichkeit wird nun parodistisch aufpoliert, indem die Versprechungen der Produktenwerbung beim Gebrauch der Produkte als reale Erfüllungen suggeriert werden. Das Benutzen von Mundwasser B(lendamed), Seife (Rexona), Rasierwasser P(itralon) und der Genuß von Toast und Bitterlemmon entführen seinen Verbraucher in eine Welt von Freiheit, Luxus und erotischer Spannung, noch ehe er sich in das Tagesabenteuer gestürzt hat. Auf der Fahrt ins Büro überträgt sich die Reklame-Kraft des (Ford) M(ustangs) auf dessen Lenker, der Genuß einer R(eno) verwandelt die verstopfte Straße in einen Golfplatz und den abhängigen Bürokraten in einen Playboy. Das R(hode)-P(oulence)-Hemd macht seinen Träger für die Mitarbeiter zum anziehenden Blickfang, der D(unhill)-Kugelschreiber vermittelt das Gefühl exklusiver Tätigkeit. Auch der Genuß der A(ttica) macht aus dem Normaleinkauf nach Büroschluß einen exklusiven Boutiquenbummel in der Weltstadt London (Carnaby) in charmanter Begleitung. Der letzte Abschnitt der Parodie beschäftigt sich ausschließlich mit der Traumwelt, die durch die Reklame der Genußmittel-, Freizeit- und Luxusgüterindustrie heraufbeschworen wird und die ihre Ergänzung findet durch Identifikationsangebote im Bereich des Bildmediums Film. Der Produktenname E(minence) steht für die ersehnte Abwechslung und für Überraschungen, die die Wirklichkeit vergessen machen und das Einerlei des Lebens ertragen helfen; Veränderungen, die aktives Eingreifen voraussetzen würden, sind nicht intendiert.

Die Parodie enthüllt den Beruhigungs- und Lähmungsmechanismus, den die schönen Bilder mit ihren Versprechungen auslösen. So nutzt die Werbung nicht nur dem Produkt, sondern sichert auch das Fortbestehen der gesellschaftlichen Inhumanität. Der parodistische Effekt entsteht durch die Kumulation der einzelnen Werbeelemente. Indem auch strukturell die Realität eng mit der Scheinwirklichkeit der Werbeaussagen verknüpft wird, kommt eine naive Gleichsetzung von Reiz und Reaktion zustande, so daß der Eindruck erweckt wird, die Werbeversprechen könnten den unreflektierten Konsumenten nachhaltiger beeinflussen als seine real existenten Lebensbedingungen.

BERTOLT BRECHT (1898–1956)

Geboren in Augsburg. Studium der Medizin und Naturwissenschaften in München; 1920 Dramaturg der Münchner Kammerspiele und erste Regieversuche. 1924 in Berlin, dort zeitweilig Dramaturg am Deutschen Theater Berlin unter Max Reinhardt. Seit 1926 intensive Auseinandersetzung mit den Lehren von Karl Marx. 1933 Flucht vor den Nazis, zunächst nach Dänemark, später in die USA (Kalifornien) über Schweden und Finnland. 1947 Rückkehr zunächst in die Schweiz. Als Begründer und Regisseur des Berliner Ensembles lebte Brecht seit 1949 in Ost-Berlin.

Aus der Fülle seiner Werke einige besonders herauszuheben erscheint an dieser Stelle nicht sinnvoll.

Große Rede C.s vor den Distriktsobleuten der Wahlkomitees . . . 90

Aus: Die Geschäfte des Herrn Julius Caesar (1937–39). Abdr. nach: Gesammelte Werke in 20 Bänden. Hrsg. vom Suhrkamp-Verlag in Zsarb. mit Elisabeth Hauptmann. Bd. 14. Frankfurt a. M.: Suhrkamp, 1967. (werkausgabe edition suhrkamp.) S. 1374 f. © 1967 Suhrkamp Verlag, Frankfurt a. M.

Parodistischer Stil ist dem Brechtschen Schreiben inhärent. Er ist Medium seiner didaktischen Intentionen, die Menschen über die Einsicht in geschichtlich verhängnisvolle idealistische und ideologische Verführungen zur Erkenntnis der realen, konkreten Lebensbedingungen zu führen. Ideologie verhindert Veränderung, indem sie

Ideen an die Stelle realer Bedingungen, Wünsche an die Stelle des Wirklichen setzt und die Macht der Ideen- und Wunschproduzenten über die Masse festigt. Parodistisches Schreiben wird für Brecht in erster Linie zur literarischen Waffe gegen den Faschismus. In dem zwischen 1937 und 1939 entstandenen Romanfragment *Die Geschäfte des Herrn Julius Caesar* schildert Brecht in historischer Verfremdung den Aufstieg eines typischen Faschisten über Korruption und Demagogie zur Macht. Cäsar dient als personale Geschichtsfolie, vor der sich die Praktiken der Nationalsozialisten im allgemeinen und Hitlers im besonderen scharf abheben.

Die Parallelen zur Weimarer Republik vor 1933 treten in der Redesituation offen zutage. Der große asiatische Krieg spielt auf den Ersten Weltkrieg an, die Verarmung weiter römischer Kreise meint in verfremdender Gestaltung die Lage der wirtschaftlich deklassierten Unter- und Mittelschichten nach der Weltwirtschaftskrise von 1929. In der dünnen Schicht der reichen Römer zeichnet sich das von den Nationalsozialisten attackierte jüdische Kapital ab. Auf diesem Hintergrund entfaltet sich die demagogische Rede Cäsars, deren parodistische Pointierung aus der Projektion des aktuellen Faschismus auf die historische Diktatur Cäsars erwächst. Nationales Bewußtsein und Heimatstolz werden gleich einleitend aktiviert, um den Glauben an die Uneigennützigkeit des Redners vorzutäuschen und die realgeschichtlichen Bedingungen von vornherein durch nebulöse Werte zu verschleiern. Im demagogisch-emotionalisierenden Freund-Feind-Schema erscheinen die Reichen als die Feinde der Nation, während der Redner sich zum Freund der bedürftigen Masse aufspielt. Die Selbstidentifikation mit der nationalen Sache erhebt ihn zur idealen Befreier- und Führergestalt, dies ist der Zielpunkt der Argumentation. Anstacheln nationaler Emotionen, diskriminierende Abwertung des Gegners bei gleichzeitiger persönlicher Aufwertung im Licht dessen, was man für das nationale Interesse schlechthin ausgibt, und abschließender Führerappell aktualisieren schulgerecht, aber gerade deswegen durchschaubar, demagogische Rhetorik. Die historische Verfremdung hebt parodierend die faulen Tricks hervor und schafft damit die kritischen Voraussetzungen, die demagogische Rede als Mittel faschistischer Verführung zu demaskieren.

GÜNTER DE BRUYN (* 1926)

Geboren in Berlin. 1943–45 Soldat und Kriegsgefangenschaft; 1946–49 Lehrer in einem märkischen Dorf, 1949–53 Bibliothekarsschule; 1953–61 Mitarbeiter am Zentralinstitut für Bibliothekswesen; seit 1961 freischaffender Schriftsteller, Verfasser von Romanen, Erzählungen, Parodien, Essays u. a. Prosawerken, daneben Herausgebertätigkeit.

Hochzeit in Wetzlow (1960); *Der Hohlweg* (1963); *Maskeraden* (1966); *Buridans Esel* (1968); *Das Lästerkabinett* (Hrsg., 1970); *Tristan und Isolde, nach G. von Straßburg* (1975); *Märkische Forschungen* (1978); *Im Querschnitt* (1979); *Babylon* (1980); *Neue Herrlichkeit. Roman* (1984); *Lesefreuden. Essays* (1986).

Maskeraden. Halle: Mitteldeutscher Verlag, 1966. S. 63–66.

Günter de Bruyn verarbeitet die »Danziger Trilogie« (*Die Blechtrommel*, 1959; *Katz und Maus*, 1961; *Hundejahre*, 1963), mit der Günter Grass seinen literarischen Ruhm begründete. Der zwergenwüchsige Blechtrommler Oskar Matzerath, aufgewachsen im Danziger Kleinbürgermief, protestiert mit seinen im 30. Lebensjahr in einer Düsseldorfer Irrenanstalt aufgezeichneten Erinnerungen an die Zeit zwischen 1930 und 1950 gegen die verlogene Erwachsenenwelt. Bewußt durchbricht er alle moralischen, insbesondere sexuellen Tabus und versucht, die Wirklichkeit im lebensprallen Detail zu erfassen. Im Mittelpunkt der Novelle *Katz und Maus* steht Joachim Mahlke, auch der »Große Mahlke« genannt, der durch spektakuläre Taten bemüht ist, die Umwelt von der Mißbildung seines überdimensionalen Adamsapfels abzulenken. Berüchtigt ist die ausgedehnte Onanie-Szene. Noch einmal vor der Danziger Kulisse spielt schließlich der Roman *Hundejahre*, in der u. a. die aus der Novelle bekannte Göre Tulla Pokriefke wieder auftritt. Hauptgestalt ist Walter Matern, in dessen Lebenslauf zwischen 1925 bis in die 50er Jahre, ähnlich wie im Schicksal des Blechtrommlers, sich nationalsozialistische und bundesrepublikanische Vergangenheit spiegelt.

Der Eingang der Parodie setzt schockierend unmittelbar die literarischen Produkte des parodierten Erzählers, der auf der Toilette gerade sein Geschäft verrichtet hat, mit den Produkten seiner Stuhlentleerung gleich. Die oft degoutanten Details Grass'scher Prosa verdichten sich im drastischen Bild zur eigentlichen Inspirationsquelle des Erzählens. Aus dem Abfall der Erinnerungen nähren sich die dickleibigen Werke. Die in drastischer Verunglimpfung auf diese Weise als wertlos apostrophierte Substanz produziert in endlosen Variationen und Reprisen vor dem zur Konfektion erstarrten Hintergrund monoton die immergleichen Motive und banalen Details zwischen Zeugung, Geburt und alltäglichem Leerlauf. Im Vergleich mit den banalen Erzählanlässen wirkt der Stil mit seiner wortreichen Detaillierung, seiner attributiven Ausstaffierung, seiner Kompositahäufung, seinen anaphorischen Reihungen und Appositions- und Adjektivketten komisch maniert. Wortartistik und verbaler Aufputz überspielen und verdecken nur notdürftig die Nichtigkeit der Gehalte, die vordergründig sensationell hergerichtet werden. So läßt der Parodist den Erzähler gleich zu Anfang erwägen, ob nicht Hotte Sonntag, eine Figur aus *Katz und Maus*, als Pendant zu Oskar vielleicht durch bloßes Ohrwackeln Gebäude zum Einsturz bringen könnte. Federführender Erzähler und zugleich antreibende Kraft und Ziel des Erzählens ist das »Ding an sich«. Der Kantische Inbegriff des Seins konkretisiert sich, in witzig-obszöner Anspielung auf den zwergenwüchsigen Blechtrommler, als das männliche Glied, an dessen Größe die Größe des Mannes überhaupt ablesbar sei. Der ironische Wertmaßstab zusammen mit der drastischen Veranschaulichung der Erzählgehalte zielen darauf ab, das Grass'sche Erzählen als ein monomanes Kreisen um Phallisches und Fäkalisches bloßzustellen, als einen Tanz um den Unterleib, der in dick aufgetragener Ironie als das »Ding an sich«, die höhere künstlerische Wirklichkeit ausgegeben wird.

WOLFGANG BUHL (* 1925)

Geboren in Reinsdorf (Sachsen); besuchte die Oberschule in Zwickau und studierte an der Universität Erlangen Germanistik, Theatergeschichte und Philosophie; 1950 Promotion. 1953–63 Redakteur bei den *Nürnberger Nachrichten* in der Sparte Feuilleton; leitete bis 1978 die Abteilung »Wort« beim Bayrischen Rundfunk, heute Leiter des Studios Nürnberg des Bayrischen Rundfunks; veröffentlichte eine Reihe von Schriften zur fränkischen Kultur.
Äpfel des Pegasus (1953); *Franken, eine deutsche Miniatur* (1978); *Lob der Provinz* (1984); *Die Pflaumen des Pegasus. Neue Parodien* (1985).

Äpfel des Pegasus. Berlin: Paul Steegemann, 1953. S. 51 f. © Wolfgang Buhl, Nürnberg.

Hermann Hesses 1943 erschienener, um 2200 spielender Roman *Das Glasperlenspiel*, gilt als Synthese und Gipfel seines Schaffens. Im Mittelpunkt steht das Leben Josef Knechts, Meister des Glasperlenspiels in Kastalien, einem utopischen Reich des reinen Geistes, gerichtet gegen die furchtbaren Erfahrungen der Hitlerzeit. Das Spiel, ursprünglich entstanden im sogenannten »feuilletonistischen Zeitalter«, verknüpft im kreativen Umgang alle geistigen Inhalte und Werte abendländischer Tradition. Kastalische Chronisten berichten trotz des geltenden Ideals der Anonymität vom Leben des vorbildlichen Meisters, der am Ende der Geistigkeit Kastaliens den Rücken kehrt, um sich den Anforderungen des Welterlebens zu stellen und dabei in einem Alpensee ertrinkt. Angesichts der allgemeinen Geschichtsmüdigkeit nach 1945 fand der Roman breite Resonanz.

Bereits 1953 in einer Phase des Aufschwungs reagiert Wolfgang Buhl parodistisch auf die weltfremde Konstruktion kastalischer Geistigkeit. Spöttisch ahmt er den altväterlichen Stil der Chronisten nach und deren inhaltsleeres Kreisen um eine Person, die mehr Phantom als ein Mensch aus Fleisch und Blut ist. Im syntaktischen Labyrinth ständiger Einschränkungen und Relativierungen endet jede Spur in einer Sackgasse. Die Chronisten erwecken in blamabler Weise den Verdacht, daß ihnen über das, worüber sie zu schreiben vorgeben, jegliches konkrete Wissen abgeht. Die Chronik rückt wie der letzte Teil der Lebensbeschreibung im Roman von vornherein in die Nähe bloßer Legendenbildung. Kastalische Geistigkeit erscheint im Rahmen der Parodie als inhaltsleeres Spiel mit abstrakt spekulativen Gespinsten, die bei leisester Berührung mit der Realität zerfleddern. Aus dem »vicus lusorum« im Roman wird in der Parodie ein »vicus luscorum«, aus dem Dorf der Spiele ein Dorf der Einäugigen, die die Dimension der Geschichtlichen aus dem Blick verloren haben. Den Literarhistoriker Plinius Ziegenhalß, der in der Romanfiktion das »feuilletonistische Zeitalter« grundlegend untersucht und ihm den Namen gegeben hat, zitiert der Parodist als Autorität für die Person Josef Knecht, der damit selbst als Vertreter unverbindlicher geistiger Virtuosität gebrandmarkt wird. Die schließliche Abwendung Knechts vom Glasperlenspiel bedeutet weniger Hinwendung zur Realität als Anlaß zu neuer Legendenbildung. Im Rahmen geistiger Selbstgenügsamkeit ist eine Annäherung an die gesellschaftlich-geschichtliche Wirklichkeit nicht glaubwürdig darstellbar. Die pointierte parodistische Schlußwendung akzentuiert die widersprüchliche, im Grunde sich gegenseitig aufhebende Darstellung der realen Annäherung auf der einen und ihrer legendenhaften Einkleidung auf der anderen Seite. Die artistische Konstruktion einer rein geistigen Utopie löst sich am Ende in nichts auf.

Pflaumen des Pegasus. Neue Parodien. München: Nymphenburger Verlagshandlung, 1985. S. 184–186. Mit Genehmigung der F. A. Herbig Verlagsbuchhandlung GmbH, München.

Vordergründig richtet sich die Parodie gegen die Feinschmecker-Kolumne von Wolfram Siebeck im *ZEITmagazin*. Mit Wortspielen und Wortwitz, in überdrehtem Insider-Jargon und vor allem durch die gewaltsame metaphorische Anwendung von Begriffen aus der Mode- und Musikwelt, oft in sich selbst aufhebender Häufung, werden die sublimen gastronomischen Genüsse als ebenso dekadente wie lächerliche Jet-Set-Rituale bloßgestellt. Hintergründig jedoch, angekündigt in dem zweideutigen Titel »ZEITgeschmack«, trifft die Parodie den Stil der genannten Wochenzeitung insgesamt. In anzüglich doppeldeutiger gastronomischer Tarnung erfährt der bildungsgeschmäcklerische Ton, die vor allem sich in verbaler Inszenierung erschöpfende Berichterstattung und der von Kulturphrasen gesättigte Stil der Kommentare eine parodistische Abfuhr. Manieristisch verschoben erscheint das Verhältnis von Inhalt und Verpackung. In der wirkungsvollen, im gastronomischen Bild verbleibenden Schlußpointe »Quatsch mit Soße« wird die effektvoll aufgemachte inhaltliche Leere als der eigentliche Gegenstand des »ZEITgeschmacks« parodistisch zusammengefaßt und definiert.

FRITZ DEPPERT (*1932)

Geboren in Darmstadt. Studium der Germanistik und Geschichte. Promoviert zum Dr. phil. Seit 1961 im höheren Schuldienst in Darmstadt. Deppert veröffentlichte Lyrik, Prosa, Hörspiel, daneben Herausgeber von Anthologien.

Gedichte (1968); *Atemholen* (1974); *Atempause. Gedichte zum Mutmachen* (1981); *In Darmstadt bin ich. Gedichte und Prosa* (1982).

Gegengesänge – Parodien Variationen. Hrsg. von Alexander von Bormann. Frankfurt a. M. [u. a.]: Diesterweg, 1975. S. 64 f.

Im »Sterntaler«-Märchen, unter diesem Titel als Nr. 153 zum erstenmal in die Zweitauflage der Grimmschen *Kinder- und Hausmärchen* von 1819 aufgenommen, verbinden sich märchenhaftes Wunschdenken und christliche Hoffnung. Das Schwergewicht liegt auf der

christlichen Tugend der Barmherzigkeit, die sich in dem kleinen
Mädchen bis zur Selbstaufgabe verkörpert. Das gläubige Vertrauen
auf einen allgütigen Gott hat den magischen Aberglauben verdrängt.
Wer in Liebe zu seinen notleidenden Mitmenschen die äußerste
Armut auf sich nimmt, ist der eigentlich Reiche, den Gott für seine
Barmherzigkeit am Ende belohnt. – Die ursprüngliche Form dieses
Kunst-Märchens findet sich in Jean Pauls *Die unsichtbare Loge*
(1793). Gerade dies naiv gläubige Vertrauen stellt die 1972 geschrie-
bene Parodie in Frage. Deppert verlegt die raum- und zeitlose Mär-
chenhandlung in eine reale Kriegssituation, die den Tod der Eltern
und die desolate Lage des Mädchens erst erklärt. Was im Märchen
schicksalhaft erscheint, erhält so eine konkrete, auf menschliches
Handeln zurückweisende Begründung. Aus den mitleidheischenden
Figuren des Märchens werden im Zuge der Transponierung in die
Realität durch die Not entstellte, gewalttätige Menschen, die nicht
lange bitten, sondern rücksichtslos nehmen. Konfrontiert mit der
brutalen Wirklichkeit, muß am Ende auch das märchenhafte Gottver-
trauen scheitern. An die Stelle der Sterntaler treten in makabrer Pointierung detonierende Bomben. Die Geschichte dringt zerstörerisch in
die abgehobenen Bereiche des Märchens ein und entlarvt Wunschdenken und christliche Hoffnung als real unwirksame, vorüberge-
hend betäubende Tagträumereien. Radikalisiert wird die parodistische Kritik vor allem durch die entwertende Gleichstellung von fol-
genloser Märchenromantik und passiver christlicher Hoffnungshal-
tung.

ARMIN EICHHOLZ (* 1914)

Geboren in Heidelberg; lebt seit 1919 in München. Arbeit als Journalist und Feuilletonist. 1957–79 Feuilletonchef beim *Münchner Mer-
kur*, seit 1980 Theaterkritiker.

In flagranti. Parodien (1954, erw. Neuaufl. 1973); *Ich traute meinen
Augen* (1976); *Kennen Sie Plundersweilern* (1977); *Heute abend stirbt
Hamlet* (1977).

In flagranti. Parodien. München: Ehrenwirth, 1973. S. 91–93. © 1973
Ehrenwirth Verlag GmbH, München.

Zu den bekanntesten Werken Wiecherts (1887–1950) gehört der 1939
erschienene Roman *Das einfache Leben.* Unter dem Trauma des

Ersten Weltkriegs sucht der ehemalige Kapitän Thomas von Orla nach neuem Lebenssinn. Der Psalmvers »Wir bringen unsere Jahre zu wie ein Geschwätz« und ein Gespräch mit einem Pfarrer bewegen ihn schließlich dazu, ein einfaches, arbeitsreiches Leben als Fischer an den Masurischen Seen zu führen. Zurückgezogen von städtischer Zivilisation, fügt er sich ein in die sinnstiftenden Rhythmen naturhafter Abläufe. Der Roman fand in der Wertdiskussion nach 1945 große Beachtung.

Armin Eichholz leitet seine Parodie mit einem breiten karikierenden Stilporträt ein. Die Übererfüllung des attributiven und metaphorischen Sprechens und des psalmodierend feierlichen Tonfalls stellt die forcierte, pseudoreligiöse Symbolik des Originals heraus. Nicht anschauliche Naturschilderung, sondern sinnkonstruierende Naturüberfremdung ist das Ergebnis. Die Parodie enthüllt den Naturenthusiasmus als gewollt sentimentale Annäherung. Das Berufsbild des »begnadeten Pflügers« verrät das Anachronistische der Einstellung. Nicht der Bedeutungskitsch produzierende Pseudopsalmist vertritt das einfache Leben, sondern die parodistische Figuration »des Einfachen«, der als Wegelagerer ganz platt nur aufs Geld aus ist. Der – auch sprachliche – Kontrast von Schwärmer und Räuber zeigt groteskerweise den letzteren unter dem elementaren Aspekt nackten Überlebens im Recht. In der ironischen Schwankszene aber wird der Räuber so lange mit Bibelsprüchen statt mit Geld abgespeist, bis er in seinem Opfer nur noch einen offenbar geistesgestörten Kriegskameraden zu erkennen vermag, aus dem nichts Brauchbares herauszuholen ist. Seine Frage: »Verschüttet gewesen, was?« – ein fast wörtliches Zitat aus dem ersten Kapitel der Vorlage – weist auf den Titel der Parodie zurück. Das angeblich einfache ist mit Blick auf die naturmythischen Spekulationen in Wahrheit ein verschüttetes Leben, das der Realist lediglich als Auswuchs einer Geistesstörung begreifen kann. Letztlich siegreich aber bleibt in der Schlußpointierung der Parodist. Mit einem Bibelvers, mit der eigenen Waffe des Schwärmers also, übertrumpft er ihn, indem er den ganzen mythisch spekulativen Sinnentwurf als bloßes Wortgetöse erledigt.

Auch Eichholz' Thomas-Mann-Parodie lebt in erster Linie von dem zentralen grotesken Einfall, der, in die Stilkarikatur einmontiert, die verbale Kunstwelt sprengt. Der Titel spielt auf Manns 1947 erschienenen *Doktor Faustus*-Roman an, in dem ein Chronist das Leben des deutschen Tonsetzers Adrian Leverkühn schildert. Assoziiert werden soll vor allem das gestelzte Humanistendeutsch der Vorlage, aber überdies wohl auch deren bürgerlich prüde Grundhaltung, wie sie etwa im Kapitel XXII zum Ausdruck kommt, wo sich Leverkühn über die eheliche Domestizierung der naturbösen Geschlechtlichkeit ausläßt. Die endlosen syntaktischen Fügungen gestalten in der Parodie keine epische Welt, sondern erörtern grammatische und stilistische Probleme, die auf diese Weise zum Selbstzweck eines manieristischen Erzählens werden. Der Inhalt tritt hinter die Form zurück, das Wort wird zum Lebensersatz. Im Mittelpunkt steht das Gute-Nacht-Gespräch zwischen Mutter und Tochter, ein inhaltsleerer Austausch grammatisch-stilistischer Subtilitäten. So viel allerdings erfährt der Leser, daß es um Waldemar, den erotisch wenig zufriedenstellenden Mann der Tochter geht. Drastisch spiegelt sich in ihm die episch-sinnliche Impotenz des Erzählens. Aber im Verlauf des Gesprächs tritt der peinliche Gesprächsanlaß wieder hinter die Erwägung der passenden sprachlichen Form zurück. Die sinnentleerte Sprachgeste triumphiert und verschleiert hinter einem Wust von Floskeln das in der bürgerlichen Welt Unsagbare. Der Tod der Mutter als Folge einer überaus subtilen Lautung, ein sogenannter Exitus grammaticalis, bei dem sich die angestaute Masse der Metaphern, Hyperbeln und Euphemismen in die Mundhöhle ergießt und als ein wortwörtlicher Leverknödel den Atemweg blockiert, ist der Höhepunkt der Stilgroteske. Nicht der Arzt, sondern der Philologe bestätigt das Ableben der Mutter. Der Formalist erstickt an seinen eigenen Formulierungsritualen. Eichholz steigert die Kritik bis zur parodistischen Exekution seiner Opfer. Die subtil manieristische Form provoziert die groteske Formdestruktion.

HEINZ ERHARDT (1909–79)

Geboren in Riga als Sohn eines Theaterkapellmeisters. Studierte 1926–28 Musik in Leipzig und trat im Rundfunk als Vortragender eigener Chansons auf. Ende der dreißiger Jahre Engagement am Berliner »Kabarett der Komiker«. Ab 1941 Soldat. Nach dem Krieg lebte Erhardt in Hamburg als Schauspieler, Kabarettist, Komponist und Filmproduzent. Bekannt sowohl durch seine Filmrollen als auch durch seine Nonsens- und Parodietexte im unverwechselbaren »Erhardt-Ton«.

Tierisch-Satirisches (1949); *Gereimtes und andere Ungereimtheiten* (1961, Neuausg. 1964); *Noch 'n Gedicht und andere Ungereimtheiten* (1961); *Das große Heinz-Erhardt-Buch* (1970).

Das große Heinz-Erhardt-Buch. Hannover: Fackelträger-Verlag, 1970. S. 18–21. © 1970 Fackelträger-Verlag GmbH, Hannover.

Schillers *Lied von der Glocke* (1799) gehört zu den bekanntesten klassischen Gedichten. Lange Jahre behauptete es unangefochten seinen Platz im Unterrichtskanon. Als Memorier- und Deklamationsstück wegen seiner Länge (450 Verse) unter Schülern gefürchtet, galt es der bürgerlichen Didaktik als unverzichtbar. War hier doch die Verklärung der Alltags- und Arbeitswelt auf griffige Formeln gebracht, gereimte Spruchweisheit als idyllischer Schein, mit dem man nach Belieben den grauen Alltag poetisch vergolden konnte. Der Zweifel an der Glaubwürdigkeit solch einer heilen poetischen Welt schlug sich allerdings früh in zahlreichen Parodien nieder. Die *Glocke* ist nicht nur eins der bekanntesten klassischen Gedichte, sondern wohl auch das am häufigsten parodierte.

Heinz Erhardt fügt diesen Parodien keine weitere hinzu, sondern weitet die komische Erfindung der Entstehungsgeschichte zur Klassikerparodie schlechthin aus. Durchgängiges Stilprinzip ist kalauernde und veralbernde Herabsetzung sogenannter klassischer Größe. Die Versammlung Goethes, Schillers und Eckermanns zu einer Skatrunde beim »trüben Schein des Trans« konfrontiert die klassischen Dichter über den bloßen Ulk hinaus mit der banalen Alltäglichkeit und denunziert, drastisch anspielend, den verklärenden Schein ihrer Dichtungen als Tranfunzelbeleuchtung.

Zentrum der parodistischen Attacke ist der Hinweis auf den fehlenden Klöppel, im Original in der Tat ausgespart. Klassisches Dichten gibt sich als quantitativ ungeheurer sprachlicher Aufwand ohne Wirkung zu erkennen. Weder die Glocke noch der Verse haben eine vernehmbare Stimme. Die Verwandlung des bloßen Materials in bedeutsamen Klang ist gescheitert. Der parodistische Einfall enthüllt die Weltfremdheit der sich in Worten erschöpfenden klassischen Werke. Auf die Diskrepanz zwischen ideal-verklärender Dichtung und realgeschichtlicher Wirklichkeit verweist der Vers »Friede sei ihr erst Geläute«, mit dem das Gedicht und die Parodie schließt. Die idealisierende Kunst der Klassiker hängt irgendwo hoch oben über dem gar nicht idealen Gang der Dinge wie eine stumme Dunstglocke, unvernehmbar und absolut wirkungslos.

214

IRING FETSCHER (* 1922)

Geboren in Marbach a. Neckar; besuchte das Gymnasium in Dresden, anschließend die dortige Dolmetscherschule. 1940–45 Wehrdienst, nach dem Krieg Studium in Tübingen und Paris. 1946–48 Redakteur einer Jugend- und Studentenzeitung. Seit 1959 Universitätslaufbahn: 1963 Ordinarius an der Universität Frankfurt. Anfang der 60er Jahre Schriften zum dialektischen und historischen Materialismus.

Wer hat Dornröschen wachgeküßt? Das Märchen-Verwirrbuch (1972); *Modelle der Friedenssicherung* (1973); *Terrorismus und Reaktion* (1977); *Überlebensbedingungen der Menschheit* (1980); *Der Nulltarif der Wichtelmänner. Märchen- und andere Verwirrspiele* (1982); *Die Wirksamkeit der Träume. Literarische Skizzen eines Sozialwissenschaftlers* (1987).

Wer hat Dornröschen wachgeküßt? Das Märchen-Verwirrbuch. Düsseldorf: Claassen, 1973. S. 187–190. © 1973 claassen Verlag GmbH, Düsseldorf.

Fetschers mit gespieltem wissenschaftlichen Ernst vorgetragene Analyse parodiert sowohl die »Kritische Theorie« der Frankfurter Schule als auch die von ihr theoretisch fundierte soziologische Literaturbetrachtung, hier am speziellen Beispiel der Märchendeutung, auf die bereits der der Frankfurter Schule nahestehende Ernst Bloch verweist (*Prinzip Hoffnung*, 1954/57). Fortgeführt und ausformuliert wurde sie nicht zuletzt von der Literatursoziologin und Adorno-Schülerin Christa Bürger (*Die soziale Funktion volkstümlicher Erzählformen – Sage und Märchen*). Zusammen mit Max Horkheimer entwickelte vor allem Theodor W. Adorno die »Kritische Theorie«. Aufbauend auf Hegel, Marx und Freud, fordert sie eine umgreifende, permanente Kritik gesellschaftlicher Phänomene, die sich u. a. in Literatur und Kunst abbilden. Die Bilder und Symbole sozialgeschichtlicher Strukturen gilt es analytisch zu entschlüsseln, um die kritische Dimension von Literatur freizulegen. Während Adorno eine eher pessimistische Position einnimmt, vertritt Horkheimer im Vertrauen auf den »erlösenden Spruch« einen vergleichsweise optimistischen Standpunkt. Fetscher parodiert die sprunghaft assoziativen Verknüpfungen der in erster Linie ökonomischen Kritik der Frankfurter Schule. Scheinbar zwanglos ergibt sich ein Zusammenhang zwischen dem Märchen vom *Rumpelstilzchen* und dem Zeitalter des Merkantilismus, ohne Rück-

215

sicht auf das im Grunde unlösbare Problem der Märchendatierung. Ständig überlagern essayistische Exkurse in die allgemeine Wirtschafts- und Sozialgeschichte den eigentlichen Gegenstand der Analyse. Borniert von der eigenen gesellschaftskritischen Theorie im Gefolge marxistischer Geschichtsauffassung, erscheint Rumpelstilzchen als der Geist des Kapitalismus. Aus der rein spekulativ hergestellten Verknüpfung des Märchens mit Wirtschaftsprozessen erwächst eine sich mehr und mehr verselbständigende Kritik an kapitalistischer Ausbeutung und menschlicher Selbstentfremdung. Der Text dient dabei nur noch als Vehikel, als ideologischer Vorwand. Die »Kritische Theorie« stellt sich dar als deskriptiver Passepartout, der überall und nirgends paßt. Gerade ihr litaneihaft wiederholtes verbales Repertoire macht sie fragwürdig. Der Parodist erledigt sie schließlich mit ihrem eigenen Mittel assoziativer Spekulation, indem er die Lösung der Konfliktsituation im Märchen auf die »Kritische Theorie« selbst bezieht. Wie im Märchen das bloße Aussprechen des Koboldnamens das Problem aus der Welt schafft, so unterstellt der Parodist der Frankfurter Schule in Anlehnung an ein Horkheimer-Zitat, daß sie naiv darauf vertrauten, durch verbale Kritik die Welt zu verändern. Theoretisch bornierte Assoziation und Veränderung, die nur in Worten stattfindet, kennzeichnen für den Parodisten die Dialektik der »Frankfurter Schule«, Vorwürfe, auch von anderer Seite vorgebracht, denen die Vertreter selbst durch den Gegenvorwurf des »Praktizismus« weitgehend wirkungslos zu begegnen versuchten.

Der Nulltarif der Wichtelmänner. Märchen- und andere Verwirrspiele. Düsseldorf: Claassen, 1982. S. 92–95. © 1982 claassen Verlag GmbH, Düsseldorf.

Im Rahmen eines Interviews entsteht eine skurrile Wissenschaftsparodie. Parodiert werden die selbstgefällige Eitelkeit des Wissenschaftlers, die aufgeblähte, wissenschaftlichen Schein verbreitende Terminologie und vor allem die unsinnigen Forschungsansätze und Forschungsergebnisse. Gegenstand der »umwälzenden« Forschungen des Historikers Prof. Pseudophil ist eine Untersuchung der Silbenzahl der Politikernamen, die im geschichtlich fortgeschrittenen Stadium zur Einsilbigkeit tendieren sollen. Der Ansatz beim Unverbindlichsten und Zufälligsten treibt eine blühenden Unsinn produzierende Statistik hervor. Wissenschaftliche Forschung erscheint ohne Rücksicht auf die Bedeutsamkeit und Tragfähigkeit des Gegenstands und auf die Relevanz ihrer Fragestellungen als Verselbständigung der Methode und als selbstgenügsame Systematisierung. Im grotesken Mißverhältnis von Methode und Gegenstand spiegeln sich Wissenschaftsgläubigkeit und der stets nur sich selbst wiederkäuende Formalismus im Wissenschaftsbetrieb. An die Stelle von Qualität und Sinn treten Quantität und Unsinn. Welterschließende Wissenschaftsanalyse gibt sich als komisch verschrobene Weltfremdheit zu erkennen. Auf die Frage nach der Bedeutung seiner »Erkenntnisse« antwortet Pseudophil mit existentialistischen Anleihen bei Beckett und Heidegger. Dem willkürlichen Ansatz beim Zufälligen entspricht die wildwuchernde Assoziation, die den angeblich beobachteten Trend zur Einsilbigkeit bei den Namen wortreich mit »Endzeitlichkeit« verbindet. Die vollkommene Bedeutungslosigkeit des Forschungsgegenstandes mündet konsequent in einen nebulösen Bedeutungsnachweis des Forschungsertrags. In skurriler Übersteigerung verweist die Parodie auf den drohenden Verlust allgemein orientierender Kraft in bestimmten Zweigen moderner Forschung.

WERNER FINCK (1902–78)

Geboren in Görlitz. Besuch der Kunstschule in Dresden, Mitglied reisender Theatergesellschaften als Vortragender von Märchen. 1925–28 Schauspielengagements in Bunzlau und Darmstadt, anschließend in Berlin als Kabarettist, begründete das Kabarett »Die Katakombe«, das er bis zu dessen Verbot 1935 leitet. Von den Nazis festgenommen, war Finck im KZ Esterwegen inhaftiert. Nach seiner Entlassung Meldung als Kriegsfreiwilliger. Soldat bis zum Kriegsende. Nach dem Krieg gründete er in Stuttgart und Hamburg das Kabarett »Die Mausefalle«; zahlreiche Schallplatten.

Das Kautschbrevier (1938); *Finckenschläge* (1953; Neuausg. 1965); *Zwischen den »Stühlen«* (1973).

Finckenschläge. Ausgabe letzter Hand. Berlin: Herbig, 1965. S. 21 f. Mit Genehmigung der F. A. Herbig Verlagsbuchhandlung, GmbH, München.

Werner Fincks Parodie stellt eine Collage her aus bekannten, einschlägigen Bibelzitaten. Anklänge an den Schöpfungsbericht (1. Mose 1), das Weihnachtsevangelium (Lk. 1,2), die Verurteilung Jesu durch Pilatus und seine Auslieferung an die Juden (Lk. 23, Mt. 27,

217

Mk. 15, Joh. 18), die Bergpredigt (Mt. 8,12), das Pfingstfest ergeben eine Mischung, die die Parodie als Antitext zum Evangelium erscheinen läßt. Der Eingangssatz »Meinen Enkeln werde ich es so erzählen« verdeutlicht, daß hier Erfahrung weitergegeben werden soll, die im Gegensatz zur Heilsgeschichte des Evangeliums eine Unheilsgeschichte menschlichen Irrtums festhält. Gestaltet wird eine Verdunklungsübung im Jahre 1938. Das Datum lenkt die Aufmerksamkeit des Lesers auf die Kriegsvorbereitungen. Die wörtliche Übernahme des ersten Satzes der Weihnachtsgeschichte, in der lediglich »Schätzung« durch »Schützung« ersetzt wird, lenkt den Leser auf den entscheidenden Unterschied: nicht Neubeginn, sondern Vernichtung ist angesagt. Engel und himmlische Heerscharen sind ersetzt durch »Flieger und irdische Heerscharen mit himmlischer Deckung«. Fügungen wie »Treffen« und »abwirft« lenken die Erinnerung auf den Bombenkrieg, durch den alle betroffen wurden und der den Krieg total machte. Das Volk leidet, nur wenige machen »Geschäfte«, »Scheine«. Nicht das Brausen des Geistes erfüllt die Luft, sondern der Ungeist, vor dem es keinen Schutz gibt. Die hymonyme Verwendung von »geschützt« und »Geschütze« zeigt die Entgrenzung des Krieges. Sein Ergebnis ist »Leere« in der durch das Satzmuster assoziierten Verwendung von »Lehre«. Das Parodieende verdeutlicht durch die Anspielung an das Bergpredigtzitat »Licht«, das hätte »unter den Scheffel« gestellt werden müssen, die Sinnlosigkeit des Krieges, die darin gipfelt, daß »keiner« mehr den Schaden besehen kann. Der Bombenkrieg hat die Menschen und ihr Werk vernichtet. Erst der letzte Satz schließt an den Titel *Übung* an, da aber hat der Leser die Kriegswirklichkeit längst erinnert und erneut durchlebt. Die enge Anlehnung an die Bibel parodiert nicht deren Aussage, sondern stellt das menschliche Handeln dar als Entfernung von allen göttlichen Verheißungen.

EGON FRIEDELL (Egon Friedmann, 1878–1938)

Geboren in Wien als Sohn eines jüdischen Tuchfabrikanten. Studierte Germanistik, Philosophie und Naturwissenschaften und promovierte 1904 mit einer Arbeit über Novalis; Friedell schrieb Essays und wissenschaftliche Abhandlungen, arbeitete als Kabarettautor und Kabarettleiter, als Theaterdichter und Rezensent, Schauspieler, Feuilletonist, Herausgeber und Übersetzer. Selbstmord 1938 nach dem Einmarsch Hitlers in Österreich.

Ecce poeta (1912); *Kulturgeschichte der Neuzeit* (1927–31); *Kulturgeschichte Ägyptens und des alten Orients* (1936); *Die Reise mit der Zeitmaschine* (1946); *Wozu das Theater? Essays, Satiren, Humoresken* (1965).

Wozu das Theater? Essays. Satiren. Humoresken. Hrsg. und eingel. von Peter Haage. München: C. H. Beck, 1965. S. 147–153. © 1965 C. H. Beck'sche Verlagsbuchhandlung, München.

Alfred Kerr (1867–1948) war zwischen 1909 und 1933 der einflußreichste und gefürchtetste Theaterkritiker in Berlin. Ein Meister des aphoristisch-subjektiven Urteils, das er thesenhaft pointiert, aggressiv und eigenwillig formulierte, faßte er die Kritik als Kunst auf. Seine Kritiken unterteilte er gern in aktähnliche Abschnitte. Sein Hauptwerk, *Die Welt im Drama*, erschien 1917 in fünf Bänden.
Friedell gliedert seine parodistische Kritik des Kerrschen Hauptwerks in der Manier des Parodierten in einzelne Aktabschnitte. Der Entschluß, die Kritik »auf kerrisch« zu schreiben, erweist sich bissigerweise als einziger Ausweg aus der Einfallslosigkeit, nachdem dem Kritiker vorher nichts Gescheites zum Werk Kerrs eingefallen ist. Mit seinen eigenen Mitteln wird der kritisierte Kritiker nun Schritt für Schritt der Lächerlichkeit überführt. In einem manieriert subjektiven Stil, strotzend von Thesen und Apostrophierungen, assoziativen Brüchen und Klammereinfügungen, drapiert der Parodist den Kunstpapst mit dessen eigenen selbstbeweihräuchernden Superlativen. Scheinbar gesteigertes Lob schlägt um in ironische Bloßstellung von Eitelkeit und lächerlicher Selbstüberschätzung. Die hyperbolischen Elogen verwandeln sich in beißenden Spott. Die selbstherrlichen Wertungen verraten weniger den Kritiker als ein nur noch aufgeblasenes Individuum, das alle Maßstäbe verloren hat und sich damit als kritische Instanz selbst aufhebt. Wie ein Bumerang fallen Anwürfe wie »Krampfwitzbold«, »Excentric-Clown« und »Pubertäterich« auf den Geifernden zurück. In der Folgerichtigkeit wahnhafter Selbstüberhebung tritt der Kritiker als endgültig Formender an die Stelle des Dichters, seine Kritik an die Stelle der Dichtung – ein Hieb gegen Kerrs Auffassung von der literarischen Kritik als Kunst. Weder der Autor noch der Literaturhistoriker gelten neben dem selbsternannten Richter. Der Parodist bläst sein Opfer systematisch bis zu einem Punkt auf, wo ein kleiner Einstich genügt, um den Popanz platzen zu lassen. In »kerrischer« Manier schließt der Parodist, indem er die Einlassung, Kerr sei »Geschmacksache«, korrigiert in »Sache des

Geschmacks«. Der gefürchtete Kritiker entpuppt sich als notorischer Rechthaber, als spießiger Schulmeister, dem in dem verballhornten Diminutiv »Eccolo« in Anspielung auf das wahre Größe anerkennende »Ecce homo« des Pilatus seine wirkliche Kleinheit entgegengehalten wird.

ROBERT GERNHARDT (* 1937)

Geboren in Reval (Estland). Studium an der Akademie für Bildende Künste in Berlin und Stuttgart sowie an der FU Berlin. Bis 1965 als Redakteur tätig, seither freier Schriftsteller, Karikaturist und Maler. Mitbegründer und ständiger Mitarbeiter der satirischen Zeitschrift *Titanic*. Gernhardt lebt in Frankfurt a. M.; veröffentlichte Romane, Erzählungen, Kinderbücher, Lyrik, graphische Werke; arbeitet für Rundfunk und Fernsehen.

Jetzt spreche ich. Schnuffis intime Bekenntnisse (1968); *Ein gutes Schwein bleibt nicht allein* (1980); *Die neue Frankfurter Schule* (Mithrsg. H. Traxler und F. K. Waechter, 1981); *Besternte Ernte* (Mithrsg. F. W. Bernstein, 1976); *Letzte Ölung, ausgesuchte Satiren* (1984); *Hier spricht der Dichter. 118 Bildgedichte* (1985); *Ich Ich Ich* (1985); *Glück Glanz Ruhm* (1986); *Kippfigur* (1986); *Die Toscana-Therapie* (1986); *Der Weg durch die Wand* (1986); *Schnuffis sämtliche Abenteuer* (1986); *Es gibt kein richtiges Leben im Valschen* (1987); *Körper in Cafés* (1987).

Letzte Ölung, ausgesuchte Satiren 1962–1984. Zürich: Haffmans, 1984. S. 18–20. © 1984 Haffmans Verlag AG, Zürich.

Der Kultur- oder auch Dokumentarfilm, im Kinovorspann oder als Lehrfilm eingesetzt, gibt Natur- oder Kulturgeschehen wieder. Technischer Aufwand (Zeitlupe, Teleobjektiv, Modellaufnahmen) und Dramatisierungseffekte (Aktion, Spannung) dienen dazu, den oft spröden Stoff interessant darzubieten und unterhaltsam ins Bild zu setzen.

Gernhardt schaltet dem parodistischen Exposé zu einem projektierten Kulturfilm die Vorstellung des angeblichen Nestors dieses Genres vor, der sich in fingierten Zitaten ausschließlich zu den Mitteln und der erwarteten Wirkung auf das Publikum äußert. Die komische Diskrepanz von Inhalt und Mittel im Exposé selbst wird zum eigentlichen Kern und Angriffsziel der Parodie. Im Mittelpunkt steht mit der

Reißzwecke eine absolute Nichtigkeit, die mit akustischem und visuellem Raffinement zum kulturellen Ereignis aufgebauscht wird. Untermalung durch klassische Musik, exquisite Präsentation bei Hell-Dunkel-Kontrasten und im Kommentar eine historische Revue der Reißzwecke erzeugen den Schein von Bedeutsamkeit, wobei der Gegenstand selbst austauschbar ist. Das Ambiente von Forschungslabors, Produktionsstätten und des Vertriebsystems beherrscht entsprechend den zweiten Teil. Reißerische Effekte bei der Erfindung und Erprobung moderner Reißzwecken, technische Hochleistungsbetriebe in der Totaleinstellung, untermalt von den Bamberger Symphonikern, und in scharfen Schnitten die wechselnden Transportfahrzeuge auf dem Weg zum Verbraucher machen den Zuschauer zum Zeugen eines scheinbar hochbrisanten Geschehens. Die »scheinbar unscheinbare Reißzwecke«, wie sie im Schlußsatz genannt wird, stellt jedoch den gigantischen Aufwand nachhaltig in Frage. Parodiert wird die von den visuellen Medien vermittelte Kultur als viel Lärm um nichts, als bloßes visuell-akustisches Spektakel. Sich verselbständigende Präsentation, Effekt statt Information, audio-visueller Zauber anstelle gegenständlicher Solidität begründen die Scheinkultur einer bildsüchtigen Gegenwart, im Spiegel der Parodie erkennbar als lächerliche Diskrepanz von Sein und Schein.

Letzte Ölung. S. 177–181.

An der fingierten Nachricht über die angeblich wissenschaftliche Erkenntnis, daß Frauen keine Quadrate zeichnen können, entzündet sich eine nach bestimmten Presseorganen differenzierte Zeitungsparodie. Spielerisch stellt der Parodist die wirkliche emanzipatorische Qualität mancher Zeitungen auf die Probe, indem er in exakten Stilimitationen Reaktionen auf eine Nachricht formuliert, die maskulines Vorurteil zu bestätigen scheint. Allen Reaktionen mit Ausnahme der abschließenden ist es verräterischerweise gemeinsam, daß sie die Nachricht völlig ernst nehmen.

Die linksliberale Presse (*Frankfurter Rundschau*) antwortet mit einer weitschweifigen Kritik patriarchaler Macht, räumt jedoch zum Schluß mit einem süffisanten Seitenhieb auf die Feministinnen ein, daß ohne das fragliche Vermögen kulturelle, ausschließlich von Männern vollbrachte Hochleistungen nicht möglich gewesen wären. Das berüchtigte liberale Lavieren und die unangemessene Akzentuierung des Kulturellen entwerten die vorangestellte Kritik als bloße ideologische Pflichtübung, die alles beim Alten beläßt. Als Bestätigung des von Männern beherrschten Managements wird die Nachricht von der rechts-stehenden Tageszeitung *Die Welt* gewertet, verbunden mit pauschal ausgeteilten Hieben gegen die Linken der APO-Zeit mit ihren Nivellierungstendenzen. Auch hier fördert das parodistische Spiel den wahren, mit allem Ernst vorgetragenen Ungeist zutage. Das Frauenmagazin *Brigitte*, führendes Organ der un-emanzipierten Frauenpresse, benutzt die Nachricht lediglich, um auf das immer wiederkehrende Modethema abzuheben, großzügig eingeräumtes Reservat für die aus den öffentlichen Entscheidungsbereichen verdrängte Frau. Der DKP-Presse (UZ = *Unsere Zeit*) ist die Nachricht willkommener Anlaß, die eigene ideologische Position an den Mann zu bringen. Propaganda überdeckt das konkrete Engagement. In den Strudel verschwiemelter Emotionalisierung gerät die Nachricht in der Massenpresse (*Bild*). Hinter dem verkitschten Gefühlspathos von der uneigennützigen Liebesspenderin werden die chauvinistischen Ansprüche des Mannes an die Frau und deren reale Ausbeutung beschämend deutlich. Auch der aufgekratzte, übergagte *Spiegel*-Stil kann nicht darüber hinwegtäuschen, daß sich dieses Organ ausschließlich an männlichen Erwartungen und Interessen orientiert. Gerade der forciert obszöne Ton entspricht weitgehend jenem berüchtigten Männerwitz, der sich mit wieherndem Gelächter über weibliche Forderungen hinwegsetzt, indem er, wie hier, die Frau als Person verunglimpft. In der *Zeit* ist die Nachricht einer der vielen Anlässe für das wöchentliche aufgeblasene Bildungsgeschwätz, gespickt mit Floskeln und Zitaten aus der humanistischen Mottenkiste. Selbstgefälliges Wortgespreize, kritiklose Anpassung an das, was man für den Fortschritt der Forschung hält, und eitle Allwissenheitsgesten sind das Rüstzeug dieses völlig versnobten Journalismus.

Einzig das Satiremagazin *Titanic* begegnet der Nachricht und dem Bierernst der »Schnarchsackpresse« mit spöttischem Witz. Der ironische Widerspruch zwischen der Behauptung der Redakteurin, doch Quadrate zeichnen zu können, und dem erbrachten Beweis in Gestalt eines undefinierbaren Gebildes löst die Unsinnigkeit der Nachricht von selbst auf und gibt die journalistischen Reaktionen als nichtiges Geschwätz dem schadenfrohen Gelächter preis. Gernhardts Parodie ist ein Spiel mit dem entlarvenden Einfall, der das Pressewesen fern von allem ernstzunehmenden emanzipatorischen Engagement bloßstellt als Vehikel für unverbindlichen Liberalismus, reaktionäre Positionen und kritiklose Anpassung, Propaganda, Gefühlsschmus und intellektuelle Selbstbespiegelung. Die sogenannte unabhängige Presse erscheint im komischen Widerspruch als die schlimmste Widersacherin weiblicher Emanzipation wie eines freien, vorurteilslosen Bewußtseins überhaupt.

HANNS VON GUMPPENBERG (1866–1928)

Geboren in Landshut; besuchte in München das Gymnasium und studierte dort Philosophie und Literatur. Freier Schriftsteller in München. 1896/97 Redakteur am *Hannoverschen Kurier*, 1898 wieder in München. 1901 Theaterkritiker der *Münchner Neuesten Nachrichten*, Mitbegründer und Mitglied der »Elf Scharfrichter«, eines Münchner Kabaretts. Benutzte die Pseudonyme Jodok und Immanuel Tiefbohrer.

Das Teutsche Dichterroß. Parodien (1901); *Der Veterinärarzt*; *Der Nachbar*, beide in: *Die elf Scharfrichter. Münchener Künstlerbrettl* (Bd. 1, 1901).

Goethes »Weder – Weder«. Goethe-Gedächtnisrede, gehalten
am 22. März 28

Aus: Goethes »Weder – Weder« und Schillers »Noch – Noch«. Zwei Weimarer Festvorträge von Professor Dr. Immanuel Tiefbohrer. I. In: Das Teutsche Dichterroß. In allen Gangarten vorgeritten von Hanns von Gumppenberg. 13. und 14., erw. Aufl. München: Callwey, 1929. S. 147–152.

Während der 100. Geburtstag Goethes 1849 noch ohne Beteiligung der Nation verstrich, nahm die Goethe-Begeisterung und Goethe-Philologie im Zuge eines gesteigerten Nationalbewußtseins nach 1871 einen gewaltigen Aufschwung. Goethe avancierte zum Dichterhelden des Deutschen Reichs. Am 20. Juni 1885 wurde die Goethe-Gesellschaft in Weimar gegründet. Die Goethe-Aufsätze Wilhelm Scherers (1886; [2]1900) riefen die neue Goethe-Philologie mit ihrer vorherrschend historisch-philologischen Betrachtungsweise ins Leben. Im Vordergrund stand der klassische Goethe.

Gumppenbergs Parodie eines Festvortrags zum Todestag des Klassikers ahmt das philologische Bemühen der Scherer-Schule nach, noch im Detail das Walten des großen, der Nation Glanz verleihenden Geistes nachzuweisen. Der Redner knüpft an die ersten Worte Gretchens im 1. Teil des »Faust« (V. 2607) an und verballhornt die spekulativ gründelnden, vom hohen Rang des interpretierten Dichters voreingenommenen Interpretationen. Bedeutungsträchtig ist nach pseudoästhetischer Auffassung nicht der Inhalt, sondern die Form der Sprachzeichen, wodurch in grotesker Weise das Mittel an die Stelle des Zwecks tritt und der sinnentleerte Formalismus des Vorgehens bloßgestellt wird. Die parodistische Argumentation erweist die grammatisch inkorrekte Formel des »Weder – Weder« als bewußte Nach-

223

ahmung griechischer und römischer Negationsmuster und macht daran den klassischen Anspruch fest. Der sich selbst ad absurdum führende Lautmystizismus läßt den scheinbaren Tiefsinn vollends in den offenbaren blühenden Unsinn umschlagen. Die Parodie entlarvt sowohl den nationalen Goethe-Kult als auch das nur noch formalisierte, nichtssagende Gerede über Kunst.

ALFRED HEIN (1894–1945)

Geboren in Beuthen. Unterhaltungsschriftsteller und Publizist. Gestorben in Halle a. d. Saale. Pseudonym: Prinzessin Lonkadia Wengerstein, darunter veröffentlicht: *Kurts Maler. Ein Lieblingsroman des deutschen Volkes* (1922).

Kurts Maler. Ein Lieblingsroman des deutschen Volkes. Freiburg i. Br.: Ernst Guenther, 1922. [Abschn. 1,] S. 5–10.

Hedwig Courths-Mahler (1867–1950) ist mit ihren über 200 Romanen in einer Gesamtauflage von mehr als 27 Millionen Deutschlands erfolgreichste Autorin in der unmittelbaren Nachfolge der Marlitt. Romane etwa wie *Das Glück steht im Wege* (1916), *Die schöne Unbekannte* (1918) und *Ich darf dich nicht lieben* (1921) gestalteten Wunschträume für die sozial Zukurzgekommenen von einem erfüllten Leben in einer Märchenwelt der höheren Gesellschaft, häufig der Adelskreise.
In der Parodie verwandelt der Teufel die Erfolgsautorin in einen jungen Maler, der den Fürsten Kurt in allen möglichen Lagen abzukonterfeien hat. Kurts Maler schafft sich damit selbst die Anregungen zu seinen Romanen nach seiner Rückverwandlung in die »gelesenste Dichterin der Deutschen«. Die Transponierung des Literarischen ins Malerische setzt die Schwächen der Trivialfiktion ins Bild und macht sie konkret anschaubar. Anstelle des erwarteten romanhaften Handlungsverlaufs entfaltet sich ein Stimmungsbild, poetisch verschleiert und süßlich überzuckert, eine sentimentale Idylle aus der Kitschretorte. Die Landschaft erstarrt im Stil der Nachimpressionisten zur ornamentalen Floskel, die Figuren wirken wie flache, leblose Tapetenmuster. Ihre Bewegungen sind kalkuliert, abgestellt auf die dekorative Pose. Poetisierende Attribute umranken als florale Ausschmückungen jeden Satz und ersticken die Aussage. Im Traum- und Dämmerzustand der verkitschten Genre-Szene verschwimmen die

Konturen ins Unkenntliche und Nichtssagende, bis nur noch ein vager Reiz übrigbleibt. Doch die überfeinerte artifizielle Drapierung fällt bei der ersten Berührung mit der gröberen Wirklichkeit in sich zusammen und gibt den Blick auf die Leere dahinter frei. Bewußt desillusionierende Wortwahl wie »elender Protz« oder »lackstiefel-knarrend«, schiefe Vergleiche wie »schlohweiße Hand«, der unfeine Hinweis auf die X- und O-Beine des adligen Personals, das Bewußt-machen der Pose (»gestellte Szene«) und schließlich die Ironisierung der ganzen Machart (»weil Kurts Maler gleichsam den roten Faden darstellt, der diesen Roman zusammenheftet«) stechen wie mit Nadeln in die triviale Seifenblasenwelt, bis sie beim abschließenden Urteil des Malers »Es ist Kitsch!« endgültig zerplatzt. Der Teufel aber, verharmlost als Verführer zum schlechten Geschmack, stellt, ironisch beschwichtigend, weitere Kitschromane in Aussicht. Die Parodie hebt sich selbst auf, indem sie den schlechten Geschmack, das Bedürfnis nach Kitsch, als im Grunde unausrottbar erklärt.

HELMUT HEISSENBÜTTEL (* 1921)

Geboren in Rüstingen bei Wilhelmshaven; besuchte die Schule in Papenburg und lebte dort bis 1940. Als Soldat 1941 in Rußland schwer verwundet; studierte 1942–45 Germanistik und Kunstge-schichte in Dresden, Leipzig und Hamburg. 1954–57 Lektor und Werbeleiter bei einem Hamburger Verlag. Ab 1959 Leiter der Redak-tion »Radio-Essay« beim SDR (seit 1981 im Ruhestand); veröffent-lichte Prosa, Gedichte und Hörspiele.

Topographien (1956); *Ohneweiteres bekannt* (1958); *D'Alemberts Ende* (1970); *Von fliegenden Fröschen, libidinösen Epen, vaterländi-schen Romanen, Sprechblasen und Ohrwürmern* (1982); *mehr ist dazu nicht zu sagen. neue Herbste* (1983); *Franz-Ottokar Mürbekap-sels Glück und ein Ende. Erzählung* (1985); *Den Blick öffnen auf das, was offen bleibt. Lesebuch* (1986).

Textbücher 1–6. Stuttgart. Klett-Cotta, 1980. S. 227–229.

Der Titel verweist auf die 1947 von Hans Werner Richter gegründete Gruppe 47, eine Vereinigung von Schriftstellern und Kritikern ohne feste Organisation zur Förderung der jungen deutschen Literatur. Man traf sich zwischen 1947–55 halbjährlich, zwischen 1956–67 jähr-lich und las aus unveröffentlichten Werken, die anschließend einer

225

Sofortkritik der Teilnehmer unterworfen wurden, ohne daß der Autor selbst Gelegenheit zur Stellungnahme erhielt. Alterserscheinungen zeigten sich spätestens bei der Tagung 1966 im amerikanischen Princeton. Aus der wachsenden Kritik zog Richter 1977 die Konsequenz, die Gruppe offiziell aufzulösen, nachdem schon 1968 die letzte Tagung im alten Stil stattgefunden hatte.

Heißenbüttels Text parodiert bereits ein Jahr vor der provokanten Sitzung in Princeton das leerlaufende Ritual der Gruppenkritik. Bezeichnenderweise werden die in der Anonymität belassenen Autoren nur noch zahlenmäßig aufgelistet, während die Kritiker namentlich das Feld behaupten, gestaffelt nach der Zahl ihrer Wortmeldungen. Der Geist ist groteskerweise zur Statistik verkommen. Da sowohl Autor als auch Werk ungenannt bleiben, erwecken die kritischen Äußerungen den Eindruck völliger Austauschbarkeit und beliebiger Selbstdarstellung. Ohne Punkt und Komma reihen sich Lob und Tadel aneinander wie eine endlose, sich selbst auslösende Automatik. Das kritisierte Werk verschwindet hinter einem Wust forciert geistreicher Wortspielereien und blasierter verbaler Gags. In dem selbstgeschaffenen, im Grunde informationsleeren Insider-Jargon spiegelt sich die eitle Selbstgefälligkeit der Kritiker. Die Kritik löst sich von ihrem Gegenstand und landet in haltloser, beliebig fortsetzbarer Wortmacherei.

ECKHARD HENSCHEID (*1941)

Geboren in Amberg. Nach dem Abitur Studium in München, Magisterexamen und Arbeit als Redakteur. Seit 1972 freier Schriftsteller. Mitbegründer der satirischen Monatszeitschrift *Titanic*. Neben seiner publizistischen Tätigkeit schreibt Henscheid literarische und musikwissenschaftliche Essays, Kurzprosa, Romane und arbeitet mit an Fernsehproduktionen.

»Trilogie des laufenden Schwachsinns«: *Die Vollidioten* (1973), *Geht in Ordnung – sowieso – – genau – – –* (1977), *Die Mätresse des Bischofs* (1978); *Ein scharmanter Bauer* (1980); *Wie Max Horkheimer einmal sogar Adorno hereinlegte* (1983); *Frau Killermann greift ein* (1985); *Helmut Kohl. Biographie einer Jugend* (1985); *Mein Lesebuch* (1986); *Sudelblätter* (1987).

TITANIC 2 (1987) S. 55 f. © Eckhard Henscheid, Amberg.

Henscheid parodiert sowohl den modernen, technisch perfekten Freizeitkult als auch einen gewissen modischen Philosophiejargon, in dem sich Freudsche Psychoanalyse, Kritische Theorie (Adorno) und zeitgenössische Sozialpsychologie (Mitscherlich, Fromm) mischen. In Anlehnung an das assoziativ-spekulative Analyseverfahren Freuds enthüllt sich in betont essayistischem Zugang der verborgene Antrieb hinter dem sichtbaren Phänomen, hier insbesondere – vermittelt über das volkstümlich witzige Bild des »Skisargs« für den sich wachsender Beliebtheit erfreuenden Skitransportbehälter – der angeblich latent wirksame Todestrieb. In Gesprächen verwendete Freud auch den Thanatos-Begriff und meinte damit die Tendenz zur Selbstzerstörung. Ein bestimmtes, von der Werbung forciertes Freizeitverhalten scheint plötzlich in tiefe, von der Psychoanalyse beschworene, existentielle Schichten zurückzuweisen. Die Analysesprache mit ihrer Häufung von Fremdwörtern und Neologismen, akademischen Anspielungen, endlosen Appositionen und frei schwingenden Assoziationsketten befrachtet das eher harmlose Ausgangsphänomen mit einer ebenso erdrückenden wie für den Nichteingeweihten unverständlichen Bedeutungslast. Der beschriebene Gegenstand und der begriffliche Beschreibungsaufwand selbst geraten zusehends in ein groteskes Mißverhältnis zueinander. Wo sich einige Wintersporttouristen in lediglich törichtem Freizeitverhalten an Leib und Leben schädigen, sieht der Jünger der Psychoanalyse und der Kritischen Theorie in einem ungenießbaren Potpourri von Mythos und Rationalität das Walten des Thanatos. Im überfrachteten Wissenschaftsstil erscheint das Banale nur noch um so banaler, der Stil selbst entpuppt sich im Zugriff auf das Banale als bloße Manier.

KARL HOCHE (* 1936)

Geboren in Schreckenstein (Böhmen); kam 1949 in den Westen, Jurastudium in München. Während seines Referendariats begann Hoche zu schreiben. Mitarbeiter des Studentenkabaretts »Die Stichlinge«. Arbeiten für Zeitungen (*Die Zeit, Pardon*) und für den Hörfunk, Herausgebertätigkeit; lebt als freier Schriftsteller in München.

Schreibmaschinentypen und andere Parodien (1971); *Das Hoche Lied. Satiren und Parodien* (1976); *Ein Strauß Satiren* (1983); *Die Lage war noch nie so ernst. Eine Geschichte der Bundesrepublik in ihrer Satire* (Hrsg., 1984); *Die großen Clowns* (1985).

Schreibmaschinentypen und andere Parodien. München: Deutscher
Taschenbuch Verlag, 1971. S. 31–33.

Heinrich Bölls erfolgreicher und viel diskutierter Roman *Ansichten eines Clowns* erschien 1963. Aus der Perspektive des Außenseiters und ehemaligen Clowns Hans Schnier wird die Geschichte einer gescheiterten Liebesbeziehung und der persönlichen Folgen erzählt. Nachdem Schnier sechs Jahre in nicht legalisierter Ehe mit Marie gelebt hat, trennt sie sich von ihm, weil er sich weigert, die zu erwartenden Kinder katholisch erziehen zu lassen, und heiratet einen einflußreichen Katholiken. Eigentlicher Inhalt des Romans ist die larmoyante Kritik des zum Selbstmitleid neigenden negativen Helden an der Vereinnahmung individueller Freiheit durch institutionelle Macht.

Der Parodist präsentiert das Paar im Rahmen eines ironisch substituierten Happy-Ends auf der Hochzeitsreise. Die Legalisierung der Beziehung führt den Helden jedoch groteskerweise zur Impotenz, weil er den Geschlechtsverkehr nur aus Trotz gegen die kirchlichen Bestimmungen vollziehen konnte. Seine »anti-ekklesiastische« Potenz erwacht erst wieder, als seine Frau ihn im Zuge eines absonderlichen Liebesspiels an autoritäre Anmaßungen der katholischen Kirche wie die berüchtigte »Pillen-Enzyklika« erinnert. Die Parodie führt den Romanhelden als pennälerhaft trotzigen Kleinbürger vor, der im Grunde ohne Identität bis zur Selbstaufgabe in das institutionelle Kraftfeld der Kirche verstrickt ist. Seine schnoddrige Sprache mit ihren scheinbar weltmännisch raffenden Gesten und nonchalanten Unschärfen strotzt von Klischees und prüden Umschreibungen geschlechtlicher Aktivitäten. Hinter der vorgetäuschten, kritisch freizügigen Haltung regt sich überall der in Platitüden verhedderte, obrigkeitshörige Spießer, in dem der Katechismus selbst noch in intimsten Situationen über die eigene Persönlichkeit triumphiert. Im Spiegel der Parodie verrät Bölls wiederholtes Räsonnement gegen die Kirche einen gravierenden Mangel an Selbstbewußtsein, das aber im Grunde gerade reklamiert werden soll. Der Parodist macht die Oberfläche des Erzählens durchsichtig für latente Obsessionen und dekuvriert die literarische Argumentation als bloßes Tarnungsmanöver.

Der parodistische Effekt entsteht durch die Verschiebung des Interesses von der Haupt- auf die Nebensache und durch die damit verbundene witzige Erwartungstäuschung. Nicht auf den Spielfilm konzentriert sich die Aufmerksamkeit des Kritikers, sondern auf einen Ausschnitt von 80 Sekunden aus dem Vorspann, der eine Szene aus einem Fußballspiel zeigt. Die Beibehaltung des kritischen Jargons erzeugt eine durchgehend komisch-manieristische Diskrepanz zwischen Sache und verbalem Aufwand, dessen Fadenscheinigkeit gerade in bezug auf den banalen Gegenstand lächerlich zutage tritt. Tautologien: Bilder sind schön, »weil sie schön sind [. . .] und weil man etwas sieht«, hyperbolischer Schwulst, garniert mit branchenüblicher Fachsprache und Amerikanismen, und immer wieder die stereotyp subjektiv wertenden Superlative, wie »ungeheuer«, »irrsinnig«, »betäubend« u. a. m., verraten die leere Geschwätzigkeit, den arroganten Kompetenzschein und den künstlich aufgekratzten Einheitsenthusiasmus professioneller Kritik. Einige Spritzer linker Gesellschaftskritik runden den kritischen Eintopf ab, der, ungeachtet der wechselnden äußeren Anlässe, stets mit den vertrauten Zutaten wieder aufgewärmt wird. Kritik als Fertigprodukt ist immer und überall schnell anzurichten. So wertet der Kritiker mit professioneller Zungenfertigkeit den Hauptfilm in vertrauter Weise ab, ohne ihn überhaupt gesehen zu haben.

DIETER HÖSS (* 1935)

Geboren in Immenstadt (Allgäu). Abitur in Köln, Ausbildung zum Grafiker und zehnjährige Tätigkeit in diesem Beruf; veröffentlichte erste Gedichte im *Simplizissimus*. Regelmäßige Beiträge u. a. für die *Zeit*, den *Stern*, die *Süddeutsche Zeitung*; lebt als freier Autor in Köln.

. . . *an ihren Büchern sollt ihr sie erkennen* (1966); . . . *an ihren Dramen sollt ihr sie erkennen* (1967); *Schwarz-Braun-Rotes Liederbuch* (1967); *Kanal voll. Satiren, Sprüche, Limericks* (1980); *Fortschritt der Menschheit. Satiren* (1985); *Fragen Sie Frau Olga* (1987).

Kanal voll. Satiren, Sprüche, Limericks. Frankfurt a. M.: Fischer Taschenbuch Verlag, 1980. (Fischer Taschenbuch. 2486.) S. 93 f.
© Dieter Höss, Köln.

»Was bin ich?«, das von der ARD ausgestrahlte Beruferatespiel, ist die älteste, bereits in den fünfziger Jahren gestartete Unterhaltungssendung des deutschen Fernsehens. Unter Leitung von Robert Lembke fällt einem bis heute nur wenig geänderten vierköpfigen Rateteam die Aufgabe zu, durch gezielte Fragen, auf die der Befragte nur mit Ja oder Nein zu antworten hat, den Beruf des Gastes herauszufinden. Jedes Nein schlägt für den Gast mit fünf Mark zu Buche, die der Spielleiter jeweils in ein buntgefärbtes Sparschwein steckt. Nach dem zehnten Nein ist das Spiel beendet. Den abschließenden Star(gast) miteinberechnet, treten jeweils vier Gäste auf.

In der Parodie tritt, bedingt durch die komischen Zänkereien um das richtige »Schweinderl«, nur ein einziger Gast auf. Dem Sendetermin angemessen, handelt es sich dabei um den Weihnachtsmann. Ungeachtet der an den äußeren Attributen leicht ablesbaren beruflichen Tätigkeit, setzt sich das umständliche, längst rituell erstarrte Frageverfahren in Gang, das angesichts des evidenten Erscheinungsbildes nur noch lächerlich ist. Was dort erraten wird, ist in parodistischer Hintergründigkeit der Geist der Uraltsendung selbst. Der Weihnachtsmann ist eine Figur des Kinderglaubens und Requisit biedermeierlich betulicher Familienidyllik sowie vorweihnachtlicher Reklameläufer für unreflektierten Konsum. Sein längst nur noch infantiles Gehabe kennzeichnet für den Parodisten auch die beliebte Sendung, die den pseudo-idyllischen Schein einer nicht entfremdeten Berufswelt in deutschen Wohnzimmern verbreitet, wo die Familie unbeschwert genießt, was ihr eine dem Weihnachtsmann gar nicht so unähnliche Illusionsindustrie beschert. Die personale Substitution enthüllt den billigen Illusionszauber der Sendung und die infantile Erwartungshaltung ihrer unverdrossenen Zuschauer.

Kanal voll. Satiren, Sprüche, Limericks. S. 21.

Um eine Substitutionsparodie, hier in äußerster Verknappung, handelt es sich auch bei *Ein Platz für Menschen*, Reaktion auf die von dem 1987 verstorbenen Professor Grzimek ins Leben gerufene und geleitete Sendung »Ein Platz für Tiere«. Auch diese Sendung gehörte zu den ältesten des deutschen Fernsehens mit jeweils beachtlich hohen Einschaltquoten. Engagiert und erfolgreich hat der Zoologe immer wieder beim Publikum um Geldspenden für die bedrohte Tierwelt geworben. Berüchtigt ist die Aufschrift des Stempels, mit der er seine Schreiben zu versehen pflegte: »ceterum censeo progeniem hominum esse diminuendum.« (»Im übrigen bin ich der Ansicht, daß das menschliche Geschlecht verringert werden muß.«)

Höss rückt an die Stelle der gefährdeten Tiere den hungernden Menschen in den unterentwickelten, übervölkerten Regionen Asiens. Die exakte sprachliche Nachahmung des Fernsehprofessors, die unangemessene Anwendung des zoologischen Vokabulars auf den Menschen, macht in bitterer, sarkastischer Weise auf den im Grunde menschenverachtenden Geist der Sendung aufmerksam. Nur im Zuge einer sentimentalen Voreingenommenheit für das Tier scheint es noch möglich, auch für den Menschen zu werben. Die mehr beiläufige Ersetzung des Tieres durch den Menschen im Vorspann verdeutlicht die emotionale Fehlorientierung. Im Unterschied zu der bei weitem überwiegenden Zahl der Parodien, in denen die Banalität und Lächerlichkeit des Substituts den wichtigtuerisch aufgeblähten Rahmen erkennen lassen und sich Inhalt und Rahmen gegenseitig aufheben, verweist der unbezweifelbar hohe Wert des Substituts hier auf eine fatale Wertverschiebung und macht deutlich, daß der mediale Aufwand und das erhebliche Engagement erst dann vertretbar sind, wenn sie den notleidenden Menschen zum Ziel haben. Es geht um die Restauration eines moralischen Werts. Damit nähert sich der kurze Text der Satire, die sich zur Realisierung ihrer Intention parodistischer Mittel bedient.

JANOSCH (Horst Eckert, *1931)

Geboren in Zaborże bei Hindenburg (Oberschlesien). Lehre als Schmied und Schlosser, mehrere Jahre Hilfsarbeiter in einer Textilfabrik in Oldenburg. 1953 Versuch eines Studiums an der Kunstakademie in München, danach Tapetendesigner. Janosch veröffentlichte Erzählungen und Illustrationen in der Süddeutschen Zeitung, Die Zeit, Pardon. 1960 erschienen seine ersten Bilderbücher, die auch in viele Sprachen übersetzt wurden.

Die Geschichte von Valek dem Pferd (1960); Der Räuber und der Leiermann (1961); Hannes Strohkopp und der unsichtbare Indianer (1966, Neuaufl. 1972); Lukas Kümmel, Zauberkünstler, (1968, erw. Neuaufl 1971); Der Mäuse-Sheriff (1969); Janosch erzählt Grimms Märchen (1972); Lari Fari Mogelzahn. Die Löwenreise (1974); Oh, wie schön ist Panama (1978); Das große Janosch-Buch (1979); Post für den Tiger (1980).

Janosch erzählt Grimms Märchen. Fünfzig ausgewählte Märchen, neu erzählt für Kinder von heute. Weinheim/Basel: Beltz, 1972. (Programm Beltz & Gelberg, Weinheim.) S. 5–8.

Das Märchen *Hans im Glück* erschien als Nr. 83 in der 2. Auflage 1819 der Grimmschen *Kinder- und Hausmärchen*. Es erzählt von Hans, der sich nach sieben Jahren treuer Dienste auf den Heimweg zur Mutter macht, entlohnt mit einem Goldklumpen. Er begegnet auf diesem Weg nacheinander einem Reiter, der ihn zum Tausch des Goldklumpens gegen sein Pferd überredet, einem Bauern, der das Pferd gegen eine Kuh, einem Metzger, der die Kuh gegen ein Schwein eintauscht, einem Burschen, der ihm das Schwein gegen eine Gans abhandelt und endlich einem Scherenschleifer, der ihm für die Gans einen Schleif- und einen Feldstein gibt, die Hans beim Trinken in den Brunnen fallen. Auf diese Weise gelangt Hans mit »leichtem Herzen und frei von aller Last« heim zu seiner Mutter.

Der unter materiellem Blickwinkel betrachtete ständige Abstieg wird von Hans als Steigerung seines persönlichen Glücks empfunden. Ist er beim ersten Tausch »seelenfroh«, so im weiteren »glücklich«, erzählt von seinem »vorteilhaften Tausch«, wähnt sich »in einer Glückshaut geboren« und endet mit dem Ausruf: »So glücklich wie ich, gibt es keinen Menschen unter der Sonne.«

Janoschs Märchenadaption beginnt mit der Vorstellung und Charakterisierung seiner Hauptfigur. Er führt sie ein als »so ein glücklicher Hansl«, eine Fügung, die die Gestalt durch die mundartlich abgewandelte Diminutivform in die Nähe des Dummerjahns rückt. Sprachsignale wie »Motorrad«, »Krankenhaus« oder »Sonntagshose« transponieren das Märchen in die Gegenwart. Hansl erhält von seinem Meister nach sieben Jahren eine Gans zum Lohn. Janosch setzt so einmal sprachspielerisch die Beurteilung von Hansls Arbeit (»ganz zufrieden«) ins Bild, zum andern aber macht er aufmerksam auf das Lohn-Leistungsgeflecht in unserer Gesellschaft. Folgerichtig kann Hansl den Aufstieg daher auch nur in seiner Phantasie vollziehen: er läßt wachsen und tauscht die Gans gegen das Schwein, das Schwein gegen die Kuh, die Kuh gegen ein kleines Pferd, das zu einem Rennpferd wird, das Rennpferd gegen einen Klumpen Gold. In Wirklichkeit aber läßt er die Gans weglaufen und verschmerzt ihren Verlust leicht, weil er die Realität an den erdachten Möglichkeiten mißt, ein Verfahren, das bestens geeignet ist, erforderliche Aktivitäten zu unterlassen und den Status quo als größtmögliches Glück zu interpretieren. Dies ist Hansls Lebensprinzip, und er beschließt sein Leben mit den Worten: »Glück hab ich gehabt – immer nur Glück.« Janosch macht mit seiner Märchenparodie aufmerksam auf die Relativität von Glück. Scheinbar unkritisch schließt er sich der Darstellung des Grimmschen Märchen-Glücks an und macht durch die Auswahl seiner Ereignisse klar, daß Glück nicht das ist, was die Allgemeinheit dafür hält, nämlich der Erwerb von Geld und Gut, auch nicht beeinflußt werden kann durch äußere Geschehnisse, sondern daß der einzelne über das entscheidet, was Glück ist. Glück ist eine Einstellung zu dem, was den Menschen umgibt. Am Ende ist Hansl »Hans« und somit der anfänglichen Abwertung entrückt. Parodiert wird von Janosch die Rezeption des Märchens, die den Menschen mit allem zufrieden sein läßt, der sich nicht wehrt und dadurch zum Spielball seiner Umgebung wird, unfähig, den eigenen Status zu durchschauen und ihn zu ändern.

ERICH KÄSTNER (1899–1974)

Geboren in Dresden. Soldat im Ersten Weltkrieg, dann Bankbeamter und Redakteur, Studium der Germanistik in Berlin, Rostock und Leipzig. Seit 1927 freier Schriftsteller in Berlin. 1933 Verbot und Verbrennung seiner Bücher. 1945–48 Feuilletonredakteur in München bei der *Neuen Zeitung* und Mitarbeiter beim Kabarett »Die Schaubude«. Kästner war Präsident des deutschen PEN-Zentrums, erhielt zahlreiche Literaturpreise und verstarb in München. Kästner ist bekannt durch eine Reihe von Kinderbüchern, Romanen und Gedichten.

Emil und die Detektive (1929); *Pünktchen und Anton* (1931); *Drei Männer im Schnee* (1934); *Die lyrische Hausapotheke* (1935); *Bei Durchsicht meiner Bücher* (1946); *Die kleine Freiheit* (1952).

Das Goethe-Derby 97

Gesammelte Schriften. Bd. 5: Vermischte Beiträge. Zürich: Atrium Verlag, 1959. S. 290 f. Copyright © by Erich Kästner Erben, München.

Spätestens seit der Reichsgründung 1871 sind der Name und das Werk Goethes mit deutscher Identität verbunden. Verlieh er damals dem nationalen Stolz dichterischen Glanz, so mußte er nach 1945 mithelfen, das gedemütigt am Boden liegende Nationalbewußtsein wieder aufzurichten. Die Besinnung auf die unverdächtige geistige Tradition sollte Ausgleich schaffen für das politische Desaster. Mit dem Trostpflaster der Kultur verdeckte man die Wunden der Politik.

Kästners Glosse erschien zu Beginn des Jahres 1949, in das der 200. Geburtstag des Klassikers aus Weimar fiel. Ironisch stellt der Parodist die publizistischen Vorbereitungen heraus, den kaum noch unterdrückbaren Wunsch der Nation, endlich wieder einmal zu glänzen, und sei es im geborgten Glanz eines längst verblichenen, dafür aber im In- und Ausland uneingeschränkt anerkannten großen Deutschen. Im Rahmen eines zirzensisch inszenierten Derbys von olympischem Ausmaß wird Goethe zur nationalen Shownummer. Die einzelnen Beiträge mit ihren selbstparodierenden Titeln reihen sich wie die Nummern eines endlos ermüdenden Varietéprogramms aneinander. Der Rummel um den unbescholtenen Dichterhelden der Vergangenheit übertönt die gegenwärtige Misere. Bleibt der Geist Goethes auch auf der Strecke, so bildet allein sein Name doch den ersehnten Anlaß zu jubeln. Die parodistische Umsetzung in ein alle öffentliche Bereiche umfassendes Spektakel stellt den kompensatorischen Charakter des Goethe-Jubiläums bloß. Der uneingrenzbare, besinnliche Geist geht wieder einmal unter, diesmal im Lärm national entfesselter Kunstbanausen.

KARL KRAUS (1874–1936)

Geboren in Gitschin (Böhmen) als Sohn eines jüdischen Papierfabrikanten. Lebte seit 1877 in Wien; 1892 auf Wunsch des Vaters Jurastudium, dann Philosophie und Germanistik. Schrieb 1892–98 für verschiedene Wiener und deutsche Zeitschriften, 1899 Gründung der *Fackel*, die er ab 1911 ohne Mitarbeiter bestritt. Von 1910 an Auftritte als Vorleser zunächst seiner eigenen, später auch fremder Dichtungen. In Wien wegen seiner satirischen Schärfe vielfach angefeindet; 1925 und 1926 ohne Erfolg von der Sorbonne für den Nobelpreis für Literatur vorgeschlagen. Kraus gilt als Entdecker und Förderer von Kokoschka, Trakl, Werfel, Lasker-Schüler u. a. Seine Arbeit galt einem neuen, wachen Sprachbewußtsein. Gepflegten Stil und Reinheit der Sprache stellte er gegen die sprachverderbende Journalistik, gegen Mache und Mode, gegen Phrase und Lüge in der Presse.

Die demolierte Literatur (1897); *Die letzten Tage der Menschheit* (1918/19); *Die Fackel* (1899–1936).

Aus: Nachts (1919). Abdr. nach: K. K.: Schriften. Hrsg. von Christian Wagenknecht. Bd. 8: Aphorismen. Frankfurt a. M.: Suhrkamp, 1986. (suhrkamp taschenbuch. 1318.) S. 395–398. © 1986 Suhrkamp Verlag, Frankfurt am Main.

Der Erste Weltkrieg führte zum Zerfall der Habsburgermonarchie und damit zur Herauslösung selbständiger Nationalstaaten aus dem Vielvölkerstaat, unter ihnen auch Polen einschließlich Galiziens, das seit der ersten polnischen Teilung (1772) zu Österreich gehört hatte. Bereits 1915 konnte es nur mit Hilfe deutscher Truppen zurückerobert werden. Im September 1918 erfolgte der endgültige militärische Zusammenbruch Österreichs, der sich auf Grund mangelnder Rüstung von vornherein abgezeichnet hatte. Galizien wurde 1919 in das polnische Staatsterritorium integriert.

Der Text von Karl Kraus aus dem Kriegsjahr 1918 nimmt Bezug auf wiederholte Durchhalteappelle und nationale Parolen in der Wiener *Neuen Freien Presse*, die an das bekannte Wort »Noch ist Polen nicht verloren« aus dem Dombrowskimarsch von 1797 anknüpften. Was dort allerdings national polnisch gemeint war, ist hier aus der Sicht derer gesprochen, die sich fremdes Territorium angeeignet haben. Kraus bedient sich wie so oft der Glosse, des polemischen, feuilletonistischen Kurzkommentars zu Tagesereignissen. Dabei entwickelt sich die Randbemerkung zusehends zu einer hämisch-spöttischen Parodierung der irreführenden, die Lüge verschleiernden journalistischen Phrase. Kraus geht es auch hier um die ›Trockenlegung des weiten Phrasensumpfes«. Nofretetes Nase spielt auf die geographische Gestalt Galiziens an, so wie es sich an Österreich-Ungarn anfügt. Das Präteritum, mehr noch die Erwähnung der weit zurückliegenden ägyptischen Vergangenheit verweisen auf die fast nur noch archäologische Bedeutung Galiziens als Teil der Habsburgermonarchie. Österreich hat diesen polnischen Teil seines Territoriums im Grunde längst verloren, um so haltloser ist das Pressegeschwätz von dem noch nicht verlorenen Polen, das refrainartig den Text strukturiert und dabei immer fadenscheiniger wird, eine Litanei, die man zur Beruhigung liebgewordener nationaler Vorstellungen wiederholt und sich damit selbst belügt. Die Presse baut eine verbale Scheinwirklichkeit auf, retuschiert und verfälscht die Fakten, bis das Wort in den Köpfen der Leser an die Stelle der Geschichtsrealität tritt. Ironisch malt Kraus die angebliche Wirkung des Wortes in Paris aus, wo es den französischen Kriegsgegner spontan zum Schuldeingeständnis führen soll und mehr ausrichte als aller Waffeneinsatz. Doch die Wirklichkeit richtet sich nicht nach Worten. Ironie und das Leerlaufenlassen der Phrase enttarnen die lügnerischen Pressemanöver. Nicht »was wir bringen«, ist entscheidend, lautet einer der Leitsätze des ersten Heftes der *Fackel*, sondern »was wir umbringen«.

LORIOT (Vicco von Bülow, *1923)

Geboren in Brandenburg als Sohn des Offiziers Johann-Albrecht von Bülow. Besuchte das Gymnasium in Berlin und Stuttgart, Studium an der Kunstakademie in Hamburg 1947–49. Seit 1953 freier Mitarbeiter bei ARD und ZDF; 1968–72 Autor und Moderator der satirischen Fernsehreihe »Cartoon«; 1974 Autor, Regisseur, Hauptdarsteller der Sendung »Loriots Telecabinet«; Erfinder bekannter Fernsehtiere, z. B. Wum und Wendelin.

Auf den Hund gekommen (1954); *Reinhold das Nashorn* (1954); *Der gute Ton* (1957); *Für den Fall* (1960); *Loriots großer Ratgeber* (1968); *Loriots Tagebuch* (1970); *Loriots heile Welt* (1973); *Loriots dramatische Werke* (1981).

Literaturkritik 134

Loriots dramatische Werke. Verb. Neuausg. Zürich: Diogenes Verlag, 1983. S. 257. © 1983 Diogenes Verlag, Zürich.

Der Wert der professionellen Literaturkritik in den Medien ist durchaus nicht unbestritten. Stereotyp unspezifischer, austauschbarer Insider-Jargon und kunstrichterliche Arroganz sind dazu angetan, die eigentliche Aufgabe zu verfehlen, nämlich dem möglichen Leser einen Zugang zu den Neuerscheinungen zu bahnen.
Der groteske Einfall, das Kursbuch nach allen Regeln der Literaturkritik zu besprechen, zeigt in verräterischer Weise die beliebige Anwendbarkeit der literaturkritischen Floskeln und Klischees. Ausgehend von dem komisch anmaßenden Anspruch, »Wesentliches von Überflüssigem zu trennen«, entfaltet sich eine der üblichen Elogen, gespickt mit Kompetenz vortäuschenden, im Grunde inhaltsleeren, nominalen Etikettierungen wie »Eindringlichkeit«, »Präzision«, »ungewöhnliche Reinheit« u. a. m. Literaturkritische Schreibe ruft den Vergleich mit einer Einheitssauce wach, die, wahllos über das jeweils zu besprechende Werk gegossen, nur ihren eigenen faden Geschmack zurückläßt. Weder um Information noch um erste Orientierung geht es, sondern um die durch das visuelle Medium unterstützte Zurschaustellung des Klischees käuenden Kritikers

selbst. Der einer kunstkritischen Besprechung absolut unangemessene Gegenstand aber gibt die Besprechung schließlich dem Gelächter preis. Der groteske Einfall demaskiert den falschen Anspruch und läßt die kunstrichterliche Anmaßung ins Leere laufen.

Loriots dramatische Werke. S. 171 f.

Die Parodie ist unterteilt in ein ironisches Politikerporträt und die rhetorische Karikatur einer Bundestagsrede. Vorgestellt wird im fingierten Rahmen eines politischen Fernsehmagazins ein zwischen den führenden Parteien ständig fluktuierender, im Augenblick parteiloser Abgeordneter. Was der Moderator als politische Linie und Gewissensentscheidung hervorhebt, ist in ironischer Verbrämung nichts anderes als Opportunismus und Standpunktlosigkeit, die eigentlichen Merkmale des neuen, richtungweisenden politischen Stils.

Die Einspielung der Rede selbst läßt die unfreiwillige Ironie des Porträts und damit die Borniertheit des Moderators endgültig transparent werden. Rhetorisch auffällig ist der fragmentarische, elliptische Satzbau. Aus Redewendungen, die den Eindruck von Konzentration und Kompetenz vermitteln sollen, wie »davon sollte man ausgehen«, »ohne darum herumzureden«, »das muß unmißverständlich ausgesprochen werden«, »wir haben immer wieder darauf hingewiesen« u. a. m., wählerfreundlichen Zwischenbemerkungen: »was wir unseren Wählern schuldig sind«, der »Auftrag des Wählers«, und aus Schlagworten der aktuellen Politik wie »Altersversorgung«, »Umweltschutz« und »Steuerreform« formt sich ein Potpourri absolut nichtssagender Floskeln. Ausgespart bleibt jeweils die erwartete inhaltliche Aussage. Die Sätze, montiert aus konventionellen rhetorischen Versatzstücken und Begriffshülsen, enden, bevor sie syntaktisch korrekt und inhaltlich befriedigend zum Abschluß gekommen sind. Die Ellipse steigert sich zur Aposiopese, die den Gedanken vor der Hauptsache abbricht, doch in der Regel so, daß der Zuhörer aus dem Zusammenhang das Wichtigste ergänzen kann. Das sonst vom leidenschaftlichen Engagement des Redners getragene rhetorische Mittel verrät im vorliegenden Fall jedoch nichts anderes als die Unwissenheit, Dummheit und Unfähigkeit des Abgeordneten, argumentative Zusammenhänge auch nur anzudeuten. Komisch entlarvend ist das Mißverhältnis von programmatischer Forderung und inhaltlicher Realisierung. Im syntaktischen Fragment spiegeln sich die geistigen und politischen Defizite des Redners.

FRITZ MAUTHNER (1849–1923)

Geboren in Horitz bei Königgrätz (Böhmen). Studium der Rechte in Prag. 1876 Schriftleiter beim *Magazin für Literatur* in Berlin und Mitarbeiter beim *Berliner Tageblatt*, dort seit 1895 Feuilletonredakteur. Mitvertreter des Berliner Naturalismus, Mitbegründer der »Freien Bühne«. Verbrachte die letzten Jahrzehnte seines Lebens in Meersburg am Bodensee als freier Schriftsteller; seit 1911 Herausgeber der »Bibliothek der Philosophen«.

Nach berühmten Mustern. Parodistische Studien (1878); *Nach berühmten Mustern. Parodistische Studien. Neue Folge* (1879); *Der neue Ahasver. Roman aus Jung-Berlin* (1882); *Nach berühmten Mustern. Parodistische Studien* (Gesamtausgabe, 1898); *Beiträge zu einer Kritik der Sprache* (1901 f.); *Wörterbuch der Philosophie* (1923 f.).

Nach berühmten Mustern. Parodistische Studien. Gesamtausgabe. Stuttgart: Union Deutsche Verlagsgesellschaft, 1898. S. 17–25. © Margret Eisenstaedt, Jerusalem. – Die Orthographie wurde, bei Wahrung des Lautstandes, dem heutigen Gebrauch angeglichen.

Mauthners Parodie trifft die Dorfgeschichte im Stil Berthold Auerbachs, der zwischen 1843 und 1854 seine vielgelesenen *Schwarzwälder Dorfgeschichten* in vier Bänden vorlegte. Einzeln veröffentlicht wurden *Barfüßele* (1856), *Joseph im Schnee* (1860) und *Edelweiß* (1861). Ausgehend von Immermann wollte Auerbach im ethischen Gegenentwurf zur wachsenden Industriegesellschaft Humanität in dem, so wie er es sah, ursprünglich-unverbildeten Bauerntum fördern und befestigen. Der einzelne sollte zum Bewußtsein seiner schicksalhaften Verbundenheit mit dem Allgemeinen geführt werden.

Treffsicher desillusioniert der Parodist das idyllisch verfälschte Menschenbild. Bereits der Titel ist eine Contradictio in adjecto. »Taufrisch« bezeichnet eine Tugend, die die Amme notwendig aufgegeben haben muß, hier sogar vorehelich. Die angeblich ursprüngliche Bauernsitte, die Auerbach durch eingestreute wertende Tendenzen veredeln möchte, entpuppt sich als platte Pfennigweisheit, mit der die aufgebläht gestelzte Diktion komisch kontrastiert. Die ethische Sentenz schlägt um in den ironischen Kommentar. Joseph, der bäuerliche Bewerber um die Gunst Walpurgas, ist ein ausgemachter Dorftrottel, dessen Name in heikler Anspielung deutlich macht, daß ein Höherer ihm bereits zuvorgekommen ist. Immerhin soll Walpurga fürstliche

238

Amme werden. Die kollektive Bestimmung des einzelnen enthüllt sich banal als die erotische Willfährigkeit des Mädchens aus dem Volke seinem Fürsten gegenüber. Walpurgas emphatisches Eintreten für den Dienst an des »neuen deutschen Reiches Herrlichkeit« und ihre mythische Stilisierung zur Urmutter legen in der Phrasenhaftigkeit Wilhelminischer Fassadenkultur den nur noch lächerlich wirkenden Widerspruch von Sein und Schein bloß. Oxymora wie »starkgeistigen Schrittes« und »düngerduftige Dorfstraße« tun ihr übriges, um die Verlogenheit des Menschenbildes und der scheinbar isolierten bäuerlichen Idylle zu entlarven.

Nach berühmten Mustern. S. 127–136. – Die Orthographie wurde, bei Wahrung des Lautstandes, dem heutigen Gebrauch angeglichen.

Die parodistische Studie persifliert mit den Mitteln der Struktur- und Stilkarikatur sowie des grotesken Einfalls Eugenie Marlitts (d. i. Eugenie John) äußerst erfolgreichen Roman *Das Geheimnis der alten Mamsell* (1867).
An die Stelle des Geheimnisses tritt drastisch anzüglich die mysteriöse, eine schicksalhafte Verbindung des Fürsten mit dem naiven Bürgermädchen weissagende Aufschrift auf einem Pergament, eingenäht in eine uralte Lederhose, Symbol des fürstlichen Stammes. Allein der unsägliche Fundort der Prophezeiung setzt die Handlungsführung derbkomisch herab. Der gespreizte metaphorische Ausdruck, oft zu verschnörkelten Ketten gewunden, ahmt, Stilblüte auf Stilblüte produzierend, den forciert gehobenen Stil der Marlitt nach, der im lächerlichen Widerspruch zur klischeehaft dürftigen Handlung als bloße Manier erkennbar wird. Von der gleichen Intention geleitet ist die parodistische Nachahmung Marlittscher indirekter Charakterisierungsversuche (»Der Fürst errötete bis unter den Kragen«) und der stereotypen Darstellung des Mannes als rauhen, barttragenden Wesens.

GUSTAV MEYRINK (Gustav Meyer, 1868–1932)

Geboren in Wien als Sohn der bayrischen Hofschauspielerin Marie Meyer. Besuch des Gymnasiums in München, Hamburg und Prag, dort Student der Handelsakademie. 1889–1902 Bankier in Prag; erregte durch skandalträchtige Handlungen früh die öffentliche Aufmerksamkeit. Hervorstechend sein Hang zum Okkultismus. 1903

Redakteur des *Lieben Augustin* in Wien und Mitarbeiter des *Simpli-cissimus*. Seit 1911 Kontakte zu Münchner Künstlerkreisen, fort-schreitender Rückzug aus dem öffentlichen Leben; pflegte das Image des »Mystifikateurs«. 1927 Übertritt zum Buddhismus. Zu seinem umfangreichen Werk zählen Romane, Novellen u. a. Prosawerke.

Das Wachsfigurenkabinett (1907); *Des deutschen Spießers Wunder-horn* (1909–13); *Der Golem* (1915); *Fledermäuse* (1916).

Des deutschen Spießers Wunderhorn. Gesammelte Novellen. 3 Tle. in 1 Bd. München: Albert Langen – Georg Müller, 1922. S. 522–527. [Neuausg. ebd. 1981.] Mit Genehmigung der F. A. Herbig Verlags-buchhandlung GmbH, München.

Anders als Scher (S. 46–52) parodiert Meyrink im Rahmen einer kon-sequenten Stilkarikatur weniger das Milieu als die Titelfigur selbst von Gustav Frenssens (1863–1945) seinerzeit sehr populärem Roman von 1901. Ist Jörn Uhl bei Frenssen als nachgeborenes Kind einsam und verschlossen, dabei Bücher liebend und ehrgeizig, so daß er nach vielen Rückschlägen doch noch zum Landvogt aufsteigt, so tritt er bei Meyrink als weltfremder Spinner auf. Verschlossen und wortkarg macht er den Eindruck eines dümmlich beschränkten Menschen ohne wirklichen Handlungsantrieb und Handlungsspielraum. Zurückge-zogen auf seinem Zimmer, vertieft er sich (in Anspielung auf den Pastor Frenssen) in ein Buch von Pastor Thietgen mit dem Helden »Fietze Faatz« im Mittelpunkt, eine Verballhornung von »Klaus Hin-rich Baas«, Titelgestalt in dem 1909 erschienenen Roman Frenssens. Dort arbeitet sich ein armer holsteinischer Bauernjunge bis zum Großkaufmann empor. Jörn Uhl kämpft sich durch den langatmig geschilderten Entwicklungsgang, bis er mit dem Helden während der Lesedauer von einem Tag und zwei Nächten selbst 16 Jahre älter geworden ist und einen Bart hat wie die ganze Geschichte, die immer noch nicht über die Jugendzeit hinausgekommen ist. Vor Schwäche fällt er vom Stuhl. Meyrink bezieht zwei der beliebten Aufsteigerge-schichten Frenssens aufeinander und erledigt die eine Figur mit der anderen. Das phantastisch schnelle Altern Jörn Uhls macht die reine Fiktionalität der Gestalt bewußt, der im parodistischen Spiel mit der Fiktion in Enttäuschung der Erwartungshaltung der Aufstieg am Ende versagt bleibt.

CHRISTIAN MORGENSTERN (1871–1914)

Geboren in München als Sohn eines Kunstprofessors. Lebte ab 1884 in Breslau, studierte zunächst Volkswirtschaft und Rechtswissenschaft, später auch Philosophie und Kunstgeschichte. 1893 Erkrankung an Tuberkulose, häufige Aufenthalte in Heilstätten. Ab 1894 Redakteur, Journalist und Schriftsteller in Berlin, Verfasser von Grotesken, Parodien u. a. Prosatexten sowie Gedichten. Er starb an Tbc in Meran.

Galgenlieder (1905); *Palmström* (1910); *Palma Kunkel* (1916); *Stufen* (1918); *Der Gingganz* (1919); *Die Schallmühle* (1928).

Die Schallmühle. Grotesken und Parodien. Aus dem Nachlaß hrsg. von Margareta Morgenstern. München: Piper, 1928. S. 74 f.

In seiner postum erschienenen *Schallmühle* sammelt Morgenstern in allerwärts angebrachten Trichtern die Schallwellen der literarischen Welt und betreibt mit ihnen seine kunstvolle, parodistische Mühle. Viel Lärm im wahrsten Sinne des Wortes machte das naturalistische Theater am Ende des 19. Jahrhunderts. Die Berliner Uraufführung von Gerhart Hauptmanns *Vor Sonnenaufgang* (1889) mündete in einen handfesten Theaterskandal.
Das *Knochenfraß*-Fragment bietet im grotesken Mißverhältnis eine die episch breiten Szenenanweisungen des Milieudramas karikierende Passage und die auf ein Minimum geschrumpfte Szene selbst, in der der komisch massierte schlesische Dialekt das Hauptmannsche Muster verrät. Milieubeschreibung verdrängt die szenische Handlung. Mit den Mitteln der Detaillierung und Häufung übersteigert der Parodist die zähflüssigen Elendsschilderungen der konsequenten Naturalisten. Verwahrlosung, Schmutz und Ekel erscheinen als die eigentlichen Ziele einer widersinnig pervertierten Darstellung. Der nach naturalistischem Credo determinierte Mensch tritt in den Hintergrund. Nicht er wird lebendig, wie es ironisch pointiert in der abschließenden Bühnenanweisung heißt, sondern der Schal, in den er sich gewickelt hat. In der naturalistischen Elendsklitterung verkommt der Mensch zum Statisten, zum Schausteller des größtmöglichen Drecks. Das vorgetäuschte sozial authentische Milieu wird als artifiziell montierte Negativität erkennbar.

241

Morgenstern trifft sowohl die epigonale Lyrik als auch die affirmative Literaturkritik der Gründerzeit. Die Lyriker, allen voran die Vertreter des tonangebenden Münchner Dichterkreises mit Geibel, Heyse, Lingg, Leuthold u. a., machten es sich zur Aufgabe, das Deutsche Reich hymnisch zu feiern. Mit dem Pathos des Schönen, Wahren und Guten glättete man das Häßliche und grenzte Kritik und Konflikte aus. Die Lyriker bedienten ihre hektisch-hochgestimmte Zeit mit vollmundigen Klischees aus dem klassischen Zitatenschatz und mit dekorativ drapierten Bildern. In dem Maße, wie das Gedicht seinen Platz in der ewigen Feierstunde der Nation einnahm und eingemeindet wurde als Ausstattungsklischee für das aufgeputzte traute Heim, sank es auf die Stufe engster Provinzialität herab.

Die fingierten Lyrik-Zitate in dem parodistischen Entwurf einer zeitgenössischen Literaturgeschichte enthüllen die Befangenheit in Bildklischees und in der lyrischen Phrase, in die der Kritiker selbst in komischem sprachlichen Wetteifer mit seinem Gegenstand mehr und mehr versackt. Ziel der phrasenhaften Eloge ist der Erweis deutscher Frömmigkeit und patriotischer Gesinnung. Die Phrase bekundet nicht allein künstlerisches Unvermögen, sondern sie fördert, was folgenreicher ist, nebulöse Deutschtümelei. Ästhetische Dekoration und hymnische Feier schläfern endlich das kritische Bewußtsein ein und treiben den Leser in die Arme des Hurrapatriotismus. Morgensterns Parodie offenbart den Zusammenhang zwischen verantwortungslosem Sprachgebrauch und verhängnisvoller Ideologisierung, zwischen der Geistlosigkeit der Phrase und dem Ungeist chauvinistischer Gesellschaft und Politik.

MYNONA (Salomo Friedlaender, 1871–1946)

Geboren in Gollantsch (Posen) als Sohn eines jüdischen Arztes. 1894–1902 Studium zunächst der Medizin und Zahnheilkunde, dann der Philosophie. 1902 Promotion zum Dr. phil. Trat in Berlin im ersten Jahrzehnt des 20. Jahrhunderts als Verfasser philosophischer Schriften hervor. Seit 1911 unter dem Pseudonym Mynona (Anagramm für ›anonym‹) Veröffentlichungen von Grotesken und Parodien. Mitherausgeber der Zeitschrift der Stirnerianer *Der Einzige*; persönliche Freundschaften zu Philosophen und Literaten der Zeit nach der Jahrhundertwende. So zu Scheerbart, Kubin, Lubinski.

1933 Emigration vor den Nazis nach Paris, dort Mitarbeiter der Exilantenzeitschrift *Pariser Tageblatt*. In der Emigration verstärkte Weiterarbeit an seinem philosophischen Werk.

Schöpferische Indifferenz (1918); *Hundert Bonbons* (1918); *Mein Papa und die Jungfrau von Orléans* (1921); *Tarzaniade* (1924); *Das Eisenbahnunglück oder der Anti-Freud* (1925); *Hat Erich Remarque wirklich gelebt?* (1929).

Mein Papa und die Jungfrau von Orléans nebst anderen Grotesken. München: Kurt Wolff, 1921. S. 55–58. Mit Genehmigung von Hartmut Geerken, Herrsching.

Mynonas Prosaskizze verarbeitet in kritischer Absicht die Dekadenzdichtung des Fin de siècle. In den neunziger Jahren bis in das zweite Jahrzehnt des neuen Jahrhunderts hinein breiteten sich, getragen vom gesteigerten bürgerlichen Selbstbewußtsein bei gleichzeitiger zivilisatorischer Übersättigung, überhitzter Subjektivismus und ästhetische Verfeinerung aus. Die Jagd nach immer neuen, ausgefalleneren Genüssen, nach pikanten Reizen führte zu einer raffiniert frivolen Erotisierung aller Lebensbezüge. Libertinistische Zügellosigkeit verdrängte die gründerzeitliche Prüderie. In der Literatur liebte man das Anstößige, Skandalöse, wie z. B. in Eduard Keyserlings Erzählung *Schwüle Tage* (1906), in Otto Julius Bierbaums *Prinz Kuckuck* (1907), der ein Panorama erotischer Vergnügungen bietet, in Peter Baums Roman *Kammermusik* (1914), eine Aufarbeitung des gesamten galanten Repertoires, und nicht zuletzt bei Hanns Heinz Ewers, der in seiner *Alraune* (1911) die Erotik ins Phantastische und Perverse steigert.

Mynona läßt den Leser an der Entstehung eines Entwurfs für eine der beliebten dekadent schwülen Geschichten teilnehmen. Der Blick in die Werkstatt zeigt das Konstruierte der ganzen Richtung, die Erstarrung in der Pose. Nicht etwa von einer thematischen Intention nimmt die Geschichte ihren Ausgang, sondern vom impressionistischen Oberflächenreiz einer Überschrift, die nach dem Geschmack der Zeit Verliebtsein und Leichnam in morbider Genüßlichkeit zusammenbringt. In typischer »Fin de siècle«-Stimmung ist der Liebhaber ein alternder, sterbenskranker Mann, die Geliebte nicht einfach nur ein junges Mädchen, sondern eine bis zur »Heiligkeit jungfräuliche«, katholische Pflegeschwester. Orgasmus und Tod fallen für den Liebhaber zusammen. Morbides und Blasphemisches verbinden sich im hoffnungslos verkitschten, schauerlichen Schlußbild der Nonne mit

243

dem Leichnam in ihren Armen. Durch abstruse Reizkumulation und
forciert schockierende Tabudurchbrechung parodiert Mynona die
dekadente Ästhetik des Schauerlich-Schönen und das voyeurhafte
Schwelgen in Eroticis. Die subjektiv distanzierende Ironie des
Autors, die Einbeziehung der eigenen Schreibsituation, stellt das
Gewollte der ganzen Produktion bloß. Nach ihrem verfallssüchtigen
Konfektionsmuster können nun mühelos andere Geschichten fabri-
ziert werden, beispielsweise, wie es zum Schluß in Anspielung auf
Gustav Meyrink heißt, über den unbrauchbaren Golem oder das allzu
grüne Gesicht (*Der Golem*, 1915; *Das grüne Gesicht*, 1916). In der
Schablonisierung spiegeln sich der sterile Genußkult und die quanti-
tative Reizmechanik des dekadenten Lebens- und Kunststils. Das
Schreiben wird zum Akt der Selbstbefriedigung, der Autor ist Voyeur
seiner eigenen Genußfiktion.

ROBERT NEUMANN (1897–1975)

Geboren in Wien als Sohn eines Mathematikprofessors, Bankdirek-
tors und sozialdemokratischen Politikers. Studium der Medizin und
Chemie, später der Germanistik in Wien. Mehrjährige Tätigkeit in
kaufmännischen Berufen, dann Schriftsteller. Seine Bücher wurden
1933 öffentlich verbrannt. Emigration nach England, seit 1934
Schriftsteller im »Plague House« in Cranbrook (Kent), danach in
Locarno. Als Präsident des Österreichischen PEN-Clubs im englischen Exil half er vielen Autoren auf der Flucht vor der Verfolgung
durch das NS-Regime. Nach 1945 Vizepräsident des Internationalen
PEN-Clubs. Durchbruch zum Erfolgsautor 1927 mit seiner Sammlung literarischer Parodien *Mit fremden Federn*.

Mit fremden Federn (1927); *Unter falscher Flagge* (1932); *Die Pest
von Lianora* (1927); *Jagd auf Menschen und Gespenster* (1928); *Die
Sintflut* (1929); *Bibiana Santis* (1950); *Die Parodien* (1962).

Ich lasse mich nicht! Nach Hedwig Courths-Mahler 67

Mit fremden Federn. Stuttgart: Engelhorn, 1927. Reprogr. Nachdr.
Ebd. 1985. S. 83. Copyright © by Michael Neumann for the Estates
of Robert + Helga Neumann, 1976. Mit Genehmigung der Literarischen Agentur Liepman AG, Zürich.

Parodiert Hein die Atmosphäre des Courths-Mahlerschen Trivialro-
mans (S. 55–58), so wendet sich Neumanns Parodie den stereotypen
Handlungsmustern zu. Die Reduktion auf Fortsetzung und Schluß

zusammen mit der unglaublich hohen Serienzahl »siebenhundertein-
undneunzig« treffen schon im Titel die endlos wiedergekäuten
Erzählabläufe. Die Entwicklung der Charaktere sowie der Konflikt-
und Handlungskonstellationen scheint in einem solchen Maß stan-
dardisiert, daß man ohne Verlust auf sie verzichten kann. Die Reduktion ist Kern der parodistischen Entwertung des Originals. In Anlehnung an die Enthüllungen und Auflösungen am Ende vieler Romane
der Courths-Mahler ist auch aus dem parodistischen Ausschnitt das
Vorausgegangene mühelos rekonstruierbar. Im Mittelpunkt stehen
das bürgerliche Mädchen und der edle Graf, der es, durch seine reine
Liebe zu sich, auf die Höhen seines Standes emporzieht. Das sozial
versöhnende Happy-End als unausweichliches Ziel des erzählten
Wunschtraums vom Aschenputtel, das Gräfin wird, bahnt sich an.
Die Anrede »Trotzkopf« spielt auf Magda Trotts beliebte Mädchen-
buchserie an, in der die heranwachsende Frau regelmäßig in die
patriarchale Gesellschaft integriert wird und sich deren Normen wil-
lig unterwirft. Spöttisch verweist der Parodist auf die typischen
Frauengestalten der Courths-Mahler, die nur durch die Wahl des
Mannes Wert und Ansehen erhalten. »Ich lasse mich nicht!« ist als
Wahlspruch nicht nur ironisch gemeint, sondern ist zugleich for-
mal und phrasenhaft, da der Inhalt bezeichnenderweise ausgespart
bleibt. Dem auf Vornehmheit und Edelmut festgelegten männlichen
Adelsvertreter steht das profillose Bürgermädchen mit dem einzigen
Ziel, blühende Frau und fruchtbare Mutter zu werden, gegenüber,
beides beliebig verwendbare Charakterschablonen. Vervollständigt
wird das triviale Handlungsmuster schließlich durch den Hinweis auf
den negativ besetzten Gegenspieler, für den in parodistischer Übertreibung nur das häßliche, bucklige Mädchen bleibt. Personale Typisierung, das ständische Gegensätze versöhnende Happy-End und
Schwarz-Weiß-Struktur auf engstem Raum führen durch Konzentration zur Erkenntnis des beliebig austauschbaren und seriell wieder-
holbaren Erzählschematismus.

Mit fremden Federn. S. 16 f.

Thomas Mann (1875–1955) sieht in der parodistischen Schreibart das
Symptom einer Spätkultur. Parodie schließt für ihn die Liebe zur
Tradition und den Zweifel an ihr mit ein. Sie belächelt das Alte und
Fromme, doch eher »melancholisch als frivol«. Parodieren heißt in
Manns eigenen Werken (*Joseph-Tetralogie*, 1933–42; *Lotte in Wei-
mar*, 1939; *Doktor Faustus*, 1947; u. a.) das souveräne Verfügen über

eine große geistige Tradition unter dem wehmütigen Aspekt ihres unweigerlichen Niedergangs. Mit solcher Auffassung und den aus ihr hervorgehenden traditionsgebundenen Artefakten setzte sich Mann aber nun selbst der Parodie aus. Bei zugestandener skeptischer Grundeinstellung und hoher Stilkultur drängt sich der Verdacht einer folgenlosen, geistig-ästhetischen Selbstgenügsamkeit auf, einer nur noch intellektuellen Manier, die vor der Wirklichkeit die Augen verschließt. Kaum einer der neueren Parodisten wie Torberg, Eichholz, Bieler, R. Schneider und Neumann ist am Werk Thomas Manns vorbeigegangen.

Neumanns Parodien sind extreme, auf ein charakteristisches Merkmal reduzierte Karikaturen. Die Reduktion auf Stil aktualisiert den latenten Manierismus im Mannschen Erzählwerk, stets in der Gefahr, die sprachliche Formung über die inhaltliche Aussage zu stellen. Die Parodie besteht aus zwei kunstvoll gefertigten Sätzen und einem lapidaren Schlußsatz vor der Kulisse des *Zauberberg*-Romans. Welt scheint sich in Sprache aufzulösen, in ein Potpourri von Attributen und Umschreibungen, hinter denen das Beschriebene verschwindet. Wirkliches ist nur noch Vorwand, um möglichst artifiziell formuliert zu werden. Die Personen, attributiv überladen, erwecken den Eindruck sprachlich beliebig ausstaffierbarer Puppen, während die Handlung des zweiten Satzes in gestelzten Nominalbildungen und Partizipialketten erstarrt. Die aggressive parodistische Pointierung läßt jeweils am Ende die manierierte Stilarchitektur wie ein Kartenhaus zusammenstürzen. Kommt im ersten Satz hinter der preziös aufgeputzten Fassade lediglich ein Käsehersteller zum Vorschein, wobei das Produkt drastisch anspielt auf das Werk des parodierten Autors, so ist das ganze Ergebnis der sprachlich filigran inszenierten Handlung des zweiten Satzes, daß eine Skifahrerin nach ihrem Sturz im Schnee sitzt. Formaler Aufwand und die Banalität der Aussage stehen in einem nur noch lächerlichen Mißverhältnis, das den ästhetischen Schein des Originals notwendig aufhebt.

GERHARD POLT (* 1942)

Geboren in München. Abitur und Studium. Schauspieler und Kabarettist, tätig für Funk, Fernsehen und Theater (*Nachtrevue*, 1975; *Da schau her*, 1978; *Kehraus*, 1979; *Fast wie im richtigen Leben*, 1979 ff.); mehrere Schallplatten (*Der Erwin*, 1978; *D'Anni hat g'sagt*, 1979).

Da schau her! Alle alltäglichen Geschichten (mit Hanns Christian Müller, 1984); *Die Exoten* (mit H. Ch. Müller, 1985); *Wirtshausgespräche oder Die schweigende Mehrheit* (mit H. Ch. Müller, 1985); *Im Amt. Das Handbuch des deutschen Bürgerwesens* (mit H. Ch. Müller, 1987); *Bauerntag im Bierzelt* (1987); *Ja mei ...* (mit H. Ch. Müller, 1987).

Öha: und hinterher heißts dann mit der Dankbarkeit, daß man sich erkundigen soll ... Feldafing: Brehm, 1979. S. 13–15. Mit Genehmigung der Haffmans Verlag AG, Zürich.

Unter Idylle versteht man meist eine episch-halbdramatische, dialogische Dichtung, die sich in schlichter Sprache der Darstellung eines friedvollen, einfachen Lebens auf dem Land annimmt. In ihr handeln natürlich empfindende, unverstellte Menschen in vollständiger Harmonie mit der Natur. Die Tradition der Idylle reicht zurück bis ins dritte vorchristliche Jahrhundert. Erst das 20. Jahrhundert hat sich als unfähig erwiesen, die Tradition fortzusetzen, weil die naive Welthaltung der ursprünglichen Idylle verloren und die von Schiller geforderte Wiederherstellung einer verlorenen Einheit von Natur und Geist, die »Darstellung unschuldiger und glücklicher Menschheit« (*Über naive und sentimentalische Dichtung*, 1795) ohne satirische Seitenblicke auf die Wirklichkeit unerfüllbar ist. Eine pessimistische und satirische Behandlung des ursprünglich idyllischen Gegenstands bricht sich Bahn.
So stellt Gerhard Polt seinem »Idyll« eine Szenenanweisung voran, die die Zerstörung der Idylle überdeutlich macht. Zwar werden die Anforderungen an die Idylle im oberflächlich thematischen (Natur, Ruhe, Leben und Arbeit in der Natur) und im formalen Bereich (dialogische Form, Mundart) erfüllt, aber sie stellen nur eine Beschwörungsformel dar, die durch die gewählte Szenerie und die Szenenanweisungen ausgehöhlt und zunichte gemacht sind. Statt Gesundheit erwächst aus dem Landleben Tod, statt Ruhe stellt sich unerträgliche Verlärmung durch Flugzeug- und Motorradmotoren ein. Dennoch bleibt die Haltung des Sprechers uneingeschränkt positiv gegenüber der vermeintlichen Heimgärtner-Idylle. Er stellt allen wirtschaftlich-industriellen Auswüchsen konsequent den spießbürgerlichen Fortschrittsglauben zur Seite und meidet die Reflexion über eine vernünftige Relation von Ursache und Wirkung. Dem großmütigen Tolerieren und Verteidigen aller anonymen Verursacher von Natur- und Umweltschäden wird die kleinbürgerliche Intoleranz gegen »Heimgartenordnungs«-Verstöße gegenübergestellt. Natürli-

che Lebensäußerungen sind im Bewußtsein des Spießers Störungen des Idylls, denen mit unverhältnismäßigen Mitteln begegnet wird. Polt zeigt durch die Situationswahl, daß jeder Versuch der Darstellung einer Idylle in unserer Zeit zur Satire entarten muß, er parodiert aber zugleich die Haltung des Spießbürgers, der die eigene Beruhigung und Selbsttäuschung dem aktiven Protest vorzieht.

HANS REIMANN (1889–1968)

Geboren in Leipzig. Schüler der Akademie in München mit dem Ziel, Graphiker zu werden. Studium der Philosophie und Kunstgeschichte an der dortigen Universität. Nach dem Ersten Weltkrieg Mitarbeiter und Herausgeber zahlreicher Zeitschriften. 1921 als Kabarettist Gründung der »Retorte« in Leipzig, 1923 des »Astoria« in Frankfurt a. M. Schauspieler und Vortragender eigener Texte, Rundfunkmitarbeiter. Während der NS-Zeit kurzfristig Redakteur des *Kladderadatsch* und der im nationalsozialistischen Eher-Verlag erscheinenden *Brennessel*. Lebte bis 1941 in Berlin, seine Haltung gegenüber dem NS-Regime war nicht ganz eindeutig. Von 1952–68 Herausgeber und Verfasser der *Literazzia*, in der die Buchproduktion eines Jahres kritisch aufgearbeitet wurde. Reimann schrieb auch unter den Pseudonymen: Max Bunge, Hans Heinrich, Artur Sünder, Hanns Heinz Vampir u. Andreas Zeltner.

Mit roter Tinte (1919); *Die Dinte wider das Blut* (1921); *Ewers* (1921); *Sächsische Miniaturen.* 5 Bde. (1921–30); *Hedwig Courths-Mahler – Schlichte Geschichten fürs traute Heim* (1922); *Von Karl May bis Max Pallenberg in 60 Minuten* (1923); *Neue sächsische Miniaturen* (1928); *Literazzia.* 17 Bde. (1952–68).

Von Karl May bis Max Pallenberg in 60 Minuten. München: Kurt Wolff, 1923. S. 7–14.

Karl May (1842–1912) gehört zu den erfolgreichsten Schriftstellern überhaupt. Bis zu seinem Tod erschienen in hohen Auflagen über dreißig Abenteuerromane um die Heldengestalten »Old Shatterhand«, »Kara Ben Nemsi« und den Indianerhäuptling »Winnetou«. Bevorzugte Schauplätze sind der Vordere Orient und der amerikanische Westen. Bereits 1913 wurde in Dresden ein selbständiger Karl-May-Verlag gegründet. Ab 1918 erschienen die Karl-May-Jahrbücher. Mays Romane kommen dem verbreiteten Bedürfnis nach Wirklichkeitsflucht und heldischer Selbstbestätigung ebenso entgegen wie nationalem und antizivilisatorisch-naturromantischem Wunschträumen.

Reimanns Parodie stutzt die breit fabulierenden Romane Mays auf ihren eigentlichen Erzählkern, ihre schematisierten Handlungsabläufe und personalen Stereotype zurück. Allen erzählerischen Beiwerks entkleidet, wirkt das, was zum Vorschein kommt, als Ausfluß einer wichtigtuerischen Pubertätsphantasie. Bereits der zweite über mehr als 14 Druckzeilen laufende, in ein großmäuliges Understatement einmündende Satz rafft in verlogener Aufzählung eine Bände füllende Abenteuerserie zusammen, deren opernhaft aufdringliche Theatralik sich in den Anspielungen auf Puccinis *Mädchen aus dem goldenen Westen* und Falls *Rose von Stambul* verrät. Die im Zentrum stehende Geschichte führt komprimiert die vertrauten Elemente vor: Waffenfetischismus, das Schwarz-Weiß-Klischee vom edlen Wilden und dem schurkischen Indianer, das sich im Freund-Feind-Schema der Indianerstämme wiederholt, Rekognoszieren, Gefangennahme und Befreiung, und das alles überwölkt von einer dick aufgetragenen Selbstbeweihräucherung. Zum Schluß löst sich das Geschehen im Stil der Pointenparodie auf, indem sich der Zusammenstoß mit den feindlichen Rothäuten als die Begegnung mit einem Kamerateam entpuppt, das gerade einen Western dreht. Mit Joe ist der Regisseur Joe May gemeint, der u. a. *Das indische Grabmal* inszenierte. Winnetou sieht dem Zirkusdirektor Sarrasani verdächtig ähnlich. Die Desillusionierung des Abenteuers als bloßes Theater und Zirkus ist komplett. Requisiten wie Gurkenhobel, Klosettbürste und Nudelrolle sowie Wortspiele wie »Nugat« statt Nuggets oder Assoziationen wie »furchtbar wilde Kirschstämme« banalisieren kalauernd und witzig das Kampfgeschehen, während der Stil zwischen bramarbasierenden Übertreibungen und altväterlich betulichen Schilderungen schwankt und den Schulmeister als Möchtegern-Abenteurer mit dem *Baedeker* in der Hand durchscheinen läßt, der sich bis zur Lächerlichkeit in die eigenen Lügengespinste verstrickt.

Artur Dinter (1876–1948), in Mülhausen (Elsaß) geboren, promoviert zum Dr. phil. nat., war Lehrer, später Regisseur. Zur Wiederherstellung der »reinen Heilandslehre«, nach der Christus ein »Arier« gewesen sei, gründete er 1927 die »Deutsche Volkskirche«. Seit 1924 Abgeordneter der NSDAP im thüringischen Landtag, avancierte er zum Gauleiter. Unter dem Vorwurf, Politik und Religion vermischt zu haben, wurde er 1927 aus der Partei ausgeschlossen.

Sein berüchtigtstes und am meisten verbreitetes Buch war der 1917 erschienene Roman *Die Sünde wider das Blut*, der 1934 bereits eine Auflage von 250000 überschritten hatte. Es ist die Geschichte von Hermann Kämpfer, der das germanisch-arische Edelmenschentum zum Sieg führen will und sich dabei immer wieder in die Netze jüdischer Verderbtheit verstrickt. So gebiert ihm die Tochter eines jüdischen Kommerzienrats und einer Arierin zwei jüdische Kinder. Eine andere, verunreinigt allein durch den sexuellen Kontakt mit einem Juden vor Jahren, bringt ebenfalls nur ein »Judenkind« zur Welt. Durch Erfahrungen dieser Art zur Erkenntnis gelangt, entschließt sich Hermann, gegen die semitische Verunreinigung sich nur noch für die germanische Reinheit einzusetzen. Er fällt im Ersten Weltkrieg. – Der Roman ist ein erschreckendes Beispiel für den kleinbürgerlichen Antisemitismus und den pseudowissenschaftlichen Rassismus, symptomatisch allerdings für das nationalsozialistische Klima der Weimarer Republik, in dem der deutsche Faschismus entstand.

Reimanns Studie gehört zu den wenigen Parodien antisemitischer, nationalsozialistischer Belletristik. Der Beginn hält sich ziemlich genau an das 6. Kapitel des Originals, kritisch verfremdet jedoch durch pejorative Bewertungen (»abgedroschen«), satirische Namengebung (»Hermann Stänker«) und karikierende Stilblüten (»fußfreie Seide«). An die Seite der Stilparodie tritt die substituierende, verkürzende und hyperbolische Parodierung des ideologischen Gehalts. Während Hermann bei Dinter an einem chemischen Industrieprodukt arbeitet, läßt ihn der Parodist eine Erfindung zur Vernichtung »Judas« ausbrüten. Bedrückt erinnert sich der heutige Leser der berüchtigten »Endlösung«. Entlarvend ist der tödliche Umgang mit dem Hakenkreuz, der makaber handgreiflichen Verwendung des Emblems als realen Schlaginstruments, wobei Programm und Praxis brutal zusammenfallen. Die langatmigen Vorträge der Vorlage erscheinen reduziert auf Namenreihungen und Schlagworte, die den eklektischen Wirrwarr und die gänzliche Konfusion im Kopf des Redners verraten. Präzis aus der Vorlage entwickelt der Parodist bei relativ geringer Übersteigerung die diffamierende Beschreibung eines der »Judenkinder«. Heißt es bei Dinter: »Ein dunkelhäutiges, mit pechschwarzem, krausen Kopfhaar bedecktes menschenunähnliches Etwas«, so formt der Parodist, die Nähe des Originals zur Selbstparodie hervorhebend, nur wenig um: »Es war ein pechschwarzes, mit bläulichen Beulen gespicktes, menschenunähnliches Etwas, das nach Beschneidung schrie.« Der Nachsatz enthält eine der komischen

Motivierungen, die stets wie ein Bumerang auf die Borniertheit der Hauptgestalt, hier auf eins der rassistischen Vorurteile zurückweisen. Der Ausbruch des Weltkriegs wird mit dem Ziel motiviert, Hermann auf andere Gedanken zu bringen. In seinen Wunschträumen ist der Kleinbürger der Nabel der Welt. Konfrontiert mit dem realgeschichtlichen Hintergrund der sich ausbreitenden nationalsozialistischen Ideologie, versagt sich der Parodist eine einfache Liquidierung des kleinbürgerlichen Faschisten, vielmehr macht er abschließend seine weiterhin wirksame Virulenz bewußt.

FELIX REXHAUSEN (*1932)

Geboren in Köln; studierte Wirtschaftswissenschaften und promovierte an der Universität Köln. Ab 1960 Journalist und Redakteur, anfangs beim WDR, später beim *Kölner Stadt-Anzeiger* und beim *Spiegel*; lebt als freier Schriftsteller in Hamburg, schrieb neben zahlreichen Buchveröffentlichungen auch das Bühnenstück *Dem Neuen ist Seife egal* (Urauff. 1970).

Mit Bayern leben! (1963); *Mit deutscher Tinte – Briefe und Ansprachen für alle Wechselfälle des Lebens* (1965); *Lavendelschwert – Dokumente einer seltsamen Revolution* (1966); *Von großen Deutschen. Satiren* (1969); *Germania unter der Gürtellinie. Ein satirisches Geschichtsbuch* (1970); *Die Sache. 21 Variationen* (1971); *Wie es so geht – Gutenachtgeschichten* (1974); *Beste Fahrt! Ein Albernach für Fahrradfans* (1981); *Germania ohne Feigenblatt* (1986).

Mit deutscher Tinte. Briefe und Ansprachen für alle Wechselfälle des Lebens. Frankfurt a. M. Bärmeier & Nikel, 1965. S. 121–126. Mit Genehmigung der B & N Bücher & Nachrichten (ehem. Bärmeier & Nikel) Verlags-GmbH & Co. KG, Frankfurt am Main.

Die Grabrede (Laudatio funebris) wird zum Medium einer ironischen Dichterfeier, in der sowohl der gewürdigte tote als auch der würdigende noch lebende Dichter als beispielhaft negative Erscheinungsformen innerhalb des konservativen Literaturbetriebs bloßgestellt und im Grunde beide mit augenzwinkernd zeremoniöser Sentimentalität zu Grabe getragen werden. Der tote Dichter entpuppt sich als typischer Vertreter des Heimat- und Naturkitsches. Werkzitate führen nicht seine angebliche literarische Qualität vor, sondern nur die ewig wiedergekäuten Klischees und schiefen Bilder. Blauäugig dient

er dem Faschismus. Sein dänisches Exil, in dem er deutsche Kulturarbeit leistete, stellt sich als ein Widerspruch in sich heraus. Seiner
durchaus würdig ist der Leichenredner, der in lächerlicher Autoren-
eitelkeit in die Rede ständig Hinweise auf die eigenen literarischen
Leistungen einfließen läßt. Entlarvend ist der Titel seines Gedicht-
bändchens: *Fuge der Zeit*, eine ontologisch-ästhetische Phrase, die
für den Inhalt Schlimmes befürchten läßt. Das Lob der Zeitlosigkeit,
das der lebende dem toten Kollegen spendet, trifft beide wie ein
Bumerang. Heimat- und Naturkitsch auf der einen und selbstgenüg-
samer Ästhetizismus sowie ontologischer Phrasenschwulst auf der
anderen Seite sind gleichermaßen geschichtsfremd und weltflüchtig,
mitschuldig an der allmählichen geistigen Einschläferung des liberalen bürgerlichen Lesers, in der Weimarer Republik – als die erste
Erzählung des Verstorbenen bezeichnenderweise in der bildungsbür-
gerlichen *Vossischen Zeitung* erschien – ebenso wie zur Zeit seines
Ablebens, offenbar in der Adenauer-Ära, die unreflektiert an die
konservativen Literaturklischees wieder anknüpfte. Im Rahmen einer
Selbstparodie erledigt der reaktionäre Geist ironisch unfreiwillig seinen verstorbenen eifrigen Mitstreiter und sich selbst in der Nähe des
Ortes, wohin beide gehören, nämlich in das Grab.

KURT ROBITSCHEK (1890–1950)

Geboren in Prag; dort bis zum Ende des Ersten Weltkriegs Schauspieler und Textdichter von *Wiener Liedern* (u. a. *Im Prater blühn wieder
die Bäume*). Nach 1918 in Berlin; eröffnete Ende 1924 das erfolgreiche »Kabarett der Komiker«. Herausgeber der Monatszeitschrift *Die
Frechheit*; zunehmende Schwierigkeiten wegen seiner Angriffe auf
die nationalsozialistische Politik und ihre Vertreter. Verläßt Berlin
1933, wenig erfolgreiche Arbeit in Wien; emigrierte 1936 nach Paris,
1937 nach London und von dort in die USA. Mit einem neuen
»Kabarett der Komiker« unter dem Namen Ken Robey erfolgreich im
amerikanischen Showbetrieb. Zu seinen Werken gehören Operetten-
libretti, Revue- und Kabarettexte.

Das verbotene Paradies (1920); *Das verliebte Kabarettl* (1921); *Ver-
schämtes und Unverschämtes* (1924).

So weit die scharfe Zunge reicht. Eine Anthologie des deutschsprachigen Cabarets. Hrsg. von Klaus Budzinski mit einem Essay von Werner Finck. München/Bern/Wien: Scherz, 1964. S. 284–286.

Robitscheks 1929 entstandene Zeitungsparodie spiegelt sowohl das politische und ideologische Klima als auch die Situation der Presse in der Weimarer Republik wider. In sechs Variationen, jeweils in der typischen Tonart eines für eine bestimmte Richtung repräsentativen Organs, wird die banale Meldung, daß ein Radfahrer einen Hund angefahren hat, parodistisch verarbeitet. Der Vorfall selbst ist nur Anlaß, gerade seine Banalität macht die aufbauschenden, verzerrenden und verfälschenden Tendenzen der Presse bewußt. Sie ist der eigentliche Gegenstand der Parodie.

Das *Berliner Tageblatt*, ein regierungsfreundliches, demokratisches Organ, verbreitet mit der Schilderung des Vorfalls blauäugigen republikanischen Optimismus als gefällige journalistische Reaktion auf die Krisenmüdigkeit weiter bürgerlicher Kreise, die sich seit Bestehen der Republik unausgesetzt mit staatlichen Existenzkrisen bei rasch wechselnden Kabinetten konfrontiert sahen. Hund und Radfahrer – das Anfahren des Hundes wird bewußt ausgespart, um augenzwinkernd alles Beunruhigende zu vermeiden – werden zu einem komisch kuriosen Paar, das den zehnjährigen Bestand der Republik feierlich begeht. Der freihändig fahrende Radfahrer und das anachronistische Shakespeare-Zitat mit dem Zusatz »singing fool« signalisieren die realitätsfremde Fahrlässigkeit des von der Presse eingeredeten luftigen Enthusiasmus. – Die *Vossische Zeitung* war eine der publizistischen Hauptstützen der Deutschen Demokratischen Partei (DDP), eine liberale Gruppierung unter Mitwirkung demokratisch gesinnter Publizisten und Professoren mit dem Ziel des deutschen Einheitsstaats. Das unscharfe Profil der Partei, das es ihr ermöglichte, an fast allen Regierungen des Weimarer Parlaments teilzunehmen, nimmt der Beitrag zum Schluß aufs Korn. Die umständliche, unangemessene Vorstellung des professoralen Redakteurs verspottet die Honoratiorenwirtschaft und die Verfilzung von Partei und Presse. Akute nationalliberale Horizontverengung tritt in grotesker Lächerlichkeit bei der Übertragung der Nationalfarben auf den angefahrenen Hund in Erscheinung. – Im Stil der aufwiegelnden Massenpresse nimmt sich der volkstümlich rechtsgerichtete *Berliner Lokal-Anzeiger* des Vorfalls an. In Erinnerung an die deutschen Kriegserklärungen an Rußland vom 1. August und an Frankreich vom 3. August 1914 beschwört man noch einmal die angeblich nationale Größe. Nationalistische Hetze macht in drastischer Verspottung den Radfahrer zum Ausländer, den Eigentümer des Hundes zum General a. D. Emotional aufgeputscht sieht sich der Leser selbst nach den Versailler Verträgen in der Rolle des geschundenen Hundes, während die Radfahrer die verhaßten Erfüllungspolitiker vorstellen. Die parodistisch bis zur

Lächerlichkeit nachgeahmten Symbolklischees stellen die affektiven Praktiken der Massenpresse wirkungsvoll bloß. – Ganz im Licht des Klassenkampfes sieht *Die Rote Fahne*, kommunistische Tageszeitung und Zentralorgan des Spartakusbundes bzw. der KPD, den Vorfall. Auch hier geht es nicht ohne Verfälschung ab. Der Hund im Verein mit dem satten Kapitalisten des Kurfürstendamms hat den Radfahrer, Repräsentant des Proletariats, angefallen. Die Ideologie bestimmt die Blickführung und macht blind für das tatsächliche Geschehen. – Ideologische Borniertheiten heben sich von selbst auf, wenn man sie mit ihrem jeweiligen Extrem konfrontiert. Der *Völkische Beobachter*, nationalsozialistisches Parteiblatt, als dessen Herausgeber zwischen 1925 und 1933 Hitler selbst zeichnete, projiziert den antisemitischen Rassenwahn auf den Vorfall. Dem deutschen Radfahrer steht nun der Dackel, ein krummbeiniges, angeblich ostjüdisches Haustier gegenüber. Die haltlosen Assoziationen und Behauptungen stellen die verdummende Propaganda des Nationalsozialismus bloß, die bei aller Lächerlichkeit dennoch kaum Gelächter aufkommen läßt. Die Manipulierbarkeit des Lesers durch die Presse wird gerade im Rahmen der ideologischen Parteipresse erschreckend deutlich. – Den Abschluß bildet das *Acht-Uhr-Abendblatt*, ein typisches Beispiel für die Boulevardpresse mit ihrer sensationslüsternen Aktualität. Hyperbeln und Superlative blähen den banalen Vorfall zur Katastrophe auf. Sowohl die politische als auch die ideologische Presse und die Sensationspresse inszenieren im Spiegel der Parodie durchsichtige Manöver affektiver Beschwichtigung und Bestätigung bzw. der Affektmobilisierung.

HERBERT ROSENDORFER (* 1934)

Geboren in Bozen. Besuch der Oberschule, Abitur und Studium der Jurisprudenz. 1959 erstes, 1963 zweites Staatsexamen, seit 1965 Justizdienst, heute Amtsgerichtsrat in München. Verfasser von Romanen, Erzählungen, Bühnenstücken, Fernsehspielen, »Tatort«-Folgen. Benutzt zeitweise das Pseudonym Vibber Tøgesen.

Glasglocke (1966); *Bayreuth für Anfänger* (1969); *Der Ruinenbaumeister* (1969); *Über das Küssen der Erde* (1971); *Deutsche Suite* (1972); *Stephanie* (1977); *Ballmanns Leiden oder Lehrbuch für Konkursrecht* (1981); *Briefe an die chinesische Vergangenheit* (1983); *Ballmanns Leiden* (1985); *Die Frau seines Lebens und andere Geschichten* (1985).

Aus: Über das Küssen der Erde (1971). Abdr. nach: Das Gespenst der Krokodile und über das Küssen der Erde. München: Nymphenburger Verlagshandlung, 1987. S. 65–71. Mit Genehmigung der F. A. Herbig Verlagsbuchhandlung GmbH, München.

Der Dracula-Mythos und das breite Publikumsinteresse an Vampirmotiven überhaupt geht zurück auf Bram Stokers 1897 erschienenen *Dracula*-Roman. Großen Anteil an der Beliebtheit dieser speziellen Horror-Thematik haben nicht zuletzt die Vampirfilme: u. a. Murnaus *Nosferatu* (1922), *Blood of Dracula* (1957), *The Return of Dracula* (1958), *Dracula* (1958) oder Werner Herzogs *Nosferatu – Phantom der Nacht* (1979). Alle Filme liefen wiederholt in deutschen Kinos und im deutschen Fernsehen.

Im Medium parodistisch fingierter Wissenschaftlichkeit treibt Rosendorfer seinen Spott mit der gesamten draculistischen Überlieferung, insbesondere mit der pseudomessianischen Gestalt des Vampirologen Van Helsing. Populärwissenschaftlich vermittelt werden sollen die angeblichen Ergebnisse seines Nachfolgers Prof. Ygdrasilović. Der seltsame Name spielt ironisch auf die mythologische Weltesche Yggdrasill an, wodurch wissenschaftliche Intention und mythischer Hintergrund von vornherein einen komischen Gegensatz bilden. Mit gespieltem Ernst richtet sich die wissenschaftliche Optik auf die Nichtigkeit des trivialen Mythos. Was als Information ausgegeben wird, sind lediglich Hirngespinste einer obskuren Phantasie. In dem Maße aber, wie die Differenziertheit der Fragestellung und die Akribie der Forschungsanstrengungen zunehmen, schrumpft die phantastische Figuration zu einem lächerlichen Popanz. Das Mißverhältnis von aufwendiger Perspektivik und dem nichtigen, nur in der Einbildung präsenten Objekt erzeugt einen grotesken Auflösungseffekt. Die Parodie gibt die von den Medien künstlich genährte Glaubensbereitschaft dem Gelächter preis und gewinnt den Vampir als Spielfigur einer phantastischen Einbildungskraft zurück.

GEORG SANGERBERG (Hans Traxler, * 1929)

Geboren in Herrlich (ČSSR). Karikaturist, Mitarbeiter am *ZEITmagazin*.
Es war einmal ein Mann (1979); *Leute von gestern* (1981); *Die Wahrheit über Hänsel und Gretel* (1983); *Liebe auf den ersten Blick Klassische Kartoons* (1984); *Birne zaubert ein Daumenkino* (1985).

36 × Gänsehaut. Schwarze Geschichten für sensible Leser. Illustriert von Friedrich Karl Waechter. Frankfurt a. M.: Bärmeier & Nikel, 1964. © Hans Traxler, Frankfurt am Main.

In der Gestaltungsweise des Centos (Flickgedicht) verknüpft die Parodie eine Reihe bekanner Märchen und Märchenmotive. Der Eingang verweist auf *Schneewittchen*; die »eigenartigen Aussprüche« des Kindes wie »Stripp, Strapp, Strull« und die dreiste Anrede an die Frau Meisterin sind *Daumerlings Wanderschaft* entnommen; die Szene, in der die Tochter den Vater gegen die Wand wirft, spielt auf den *Froschkönig* an; der Aufforderung an die Mutter, ihre »Pfote aufs Fensterbrett zu legen«, entspricht der Stelle im Märchen vom *Wolf und den sieben Geißlein*; auf den *Goldenen Vogel* verweisen die Motive des Bergabtragens und Kopfabschlagens; dazwischen stehen Reminiszenzen an *Hänsel und Gretel*; an die Stelle des angenagelten Kopfes des sprechenden Pferds »Falada« aus der *Gänsemagd* tritt der abgeschlagene Kopf des Vaters; der Schluß ist dem *Tischleindeckdich*-Märchen nachgebildet, wobei die Mutter die Rolle der Ziege spielt, die mit der Peitsche vertrieben wird.

Der durchgängige grotesk-makabre Effekt entsteht durch Transponierung der Märchenmotive in einen ganz normalen Familienalltag, in den das »Wunschkind«, wie es die Überschrift ironisch nennt, gleich einem phantastischen Verhängnis einbricht und schließlich über seine Eltern brutal triumphiert. Parodiert wird die im Märchen häufig hervortretende Aggression im Umgang der Märchenfiguren miteinander. Durch die Überführung märchenhaft fiktiver in scheinbar reale aggressive Akte wird das Märchen dargestellt als Anleitung zu unreflektiertem, brutalem Handeln. Während die älteren Generationen bei autoritärer Erziehung unter dem Einfluß der Märchen »ihre Nachbarn piesackten« und »ihre Feinde totschlugen«, den König aber liebten, richtet sich im Rahmen einer propagierten antiautoritären Erziehungspraxis – die vorliegende Parodie entstand Anfang der sechziger Jahre – die Aggression der Heranwachsenden gegen die eigene Familie. Die Parodie unternimmt den nicht ganz unproblematischen Versuch, das Märchen als Verführung zu naiv aggressivem Handeln in grotesker Komprimierung zu diffamieren.

DIETER SAUPE (* 1932)

Geboren in Sachsen. Lehrer in Dänemark, Arbeiter in europäischen Häfen, Vertreter, Verkäufer, Mitarbeiter am *Simplicissimus*, Feuilletonist.
Autorenbeschimpfung und andere Parodien (1969).

Autorenbeschimpfung und andere Parodien. Bern/München/Wien: Scherz, 1969. S. 29 f. © Dieter Saupe.

In dem 1964 erschienenen Roman *Mein Name sei Gantenbein* erreicht die Identitätsproblematik in den Werken des Schweizer Erzählers Max Frisch ihren Höhepunkt. Wirklichkeit erscheint nur noch darstellbar als Pluralität fingierter Möglichkeiten. Der Erzähler in der gespielten Rolle des Blinden – Blindheit steht für die Ausblendung des Faktischen – beschwört mit seiner Formel »Ich stelle mir vor« immer neue Entwürfe von Wirklichkeit, die sich zusehends zu einem Kaleidoskop variabler Fiktionen auflöst. Das Ich ist nicht länger die sich in der Handlung vollendende Persönlichkeit, sondern die Summe seiner spielerisch erprobten Daseinsentwürfe, unter ihnen auch der des Kunsthistorikers Enderlin und des Architekten Svoboda. Thematisch steht die Reflexion über die zerbrochene Ehe mit Lila im Mittelpunkt.
Saupe enthüllt das Fiktionsspiel als Folge völliger Einfallslosigkeit und Realitätsflucht. Die vorgetäuschte Blindheit des Helden wird gedeutet als die Weltfremdheit des Autors, der ständig versucht, vor den wirklichen Problemen die Augen zu verschließen. Die monoton wiedergekäute Identitätsproblematik scheint nichts weiter als ein narzistischer Tick. An die Stelle der fiktiven Romanfigur rückt im Hinblick auf die zentrale Thematik durchaus folgerichtig der Autor selbst, der sich erfolglos um einen erzählerischen Einfall müht und dabei ständig in Banalitäten landet. Die wechselnden fiktionalen Einstellungen stellen weniger sich ergänzende Entwürfe zu einer möglichen Wirklichkeit dar als Korrekturen unbrauchbarer Einfälle. Am Ende steht das selbstentlarvende Eingeständnis akuter Einfallslosigkeit und die offen ausgesprochene Desillusionierung des Lesers: »Ich stelle noch klar: Erwartet euch nichts.« Saupe ahmt nicht nur den kurzatmigen Stil des Parodierten und dessen fiktionales Vexierspiel nach, sondern äußert innerhalb der Karikatur mit den Mitteln des Originals direkte Kritik, die sich ironisch zu einem bissigen literarkritischen Porträt rundet.

Monologischer Dialog im Literarischen Safthaus.
Ein Podiumsgespräch. Nach Marcel Reich-Ranicki 138

Autorenbeschimpfung und andere Parodien. S. 155 f.

Marcel Reich-Ranicki gehört zu den einflußreichsten Literaturkritikern unserer Zeit. Als Rezensent der *Zeit* (1960–73) und seither als Leiter des Literaturteils der *Frankfurter Allgemeinen Zeitung* ist sein Werturteil nicht selten von entscheidender Bedeutung für die Anerkennung oder Ablehnung eines Autors bzw. eines Werks. Kritik ist für ihn politische und demokratische Notwendigkeit, wie er einleitend zu seinem Buch *Lauter Verrisse* (1970) bekennt.
Der Parodist nimmt den fast zur päpstlichen Institution erstarrten Kritiker aufs Korn, indem er ihn gleich einleitend in komischer Umkehr von Ursache und Wirkung die Kritik über ihren literarischen Anlaß stellen läßt. Literaturkritik entartet zu Selbstgefälligkeit. Den Rahmen bildet die parodistische Fiktion eines vom Fernsehen ausgestrahlten Podiumsgesprächs, in dem nur der Kritiker redet. Alle Versuche der übrigen Teilnehmer, zu Wort zu kommen, in seinem endlosen Redefluß erstickend, monologisiert der Literaturpapst ex cathedra. Die Meinungsdiktatur in der kritischen Praxis straft die programmatisch geforderte demokratische Dimension der Kritik Lügen. An die Stelle allgemein verständlicher Information und Werbung für die Literatur treten in groteskem Mißverhältnis geistreichelnde Wortspielereien, arrogante Selbstbespiegelung und Detailhuberei. Die Kritik gerät zum geschwollenen Bildungsgeschwätz eines geltungssüchtigen, von den Medien verhätschelten Literatursnobs.

EBERHARDT GUSTAV SCHACK (Lebensdaten nicht ermittelt)

Die Parodiesammlung *Nach berühmten Schablonen, Feuilletonistische Karrikaturen, gezeichnet von E. G. Schack* erschien 1879 bei Ackermann in München und bei Barsdorf in Leipzig als 2. Band der Reihe »Schlafwagen-Bibliothek« (1883). Der 1. Band dieser Reihe trug den Titel *Die Gymnastik des Zwerchfells für Misanthropen und Magenkranke, ausgeübt in Künstlerkreisen*. Die Reihe wurde nicht fortgesetzt.

Instinkt oder Überlegung. Nach ›Die Gartenlaube‹ 25

Nach berühmten Schablonen. Feuilletonistische Karrikaturen, gezeichnet von Eberhardt Gustav Schack. 2. Aufl. München: Ackermann, 1879. S. 39–44. – Die Orthographie wurde, bei Wahrung des Lautstandes, dem heutigen Gebrauch angeglichen.

Die *Gartenlaube*, 1853 von Ernst Keil gegründet, entsprach dem
Bedürfnis einer Zeit, in der die Journale an die Stelle des Buches zu
treten begannen. Schon 1875 erreichte die *Gartenlaube* eine Auflage
von knapp 400 000 Heften mit etwa 5 Millionen Lesern. Sie wurde
zum geschmacks- und ideologiebildenden Organ des Deutschen Reiches. Die zunächst liberaldemokratische Grundhaltung wich spätestens seit der Reichsgründung politischer Unverbindlichkeit und der
Beschränkung auf einen pseudoidyllisch verklärten bürgerlich-fami-
liären Alltag.
Im Stil der *Gartenlaube* bläht der Parodist das absolut banale Geschehen um einen zugeflogenen Finken unter dem willkürlichen Aspekt
»Instinkt oder Überlegung« zu einer Schilderung von scheinbar allge-
meiner Bedeutung auf. Die mit großer Akribie dargelegten verwandt-
schaftlichen Beziehungen – die hochbetagten Personen treten nur
unter ihren Verwandtschaftsbezeichnungen auf – und der auf Haus
und Garten eingeengte Lebensraum karikieren den zeitgenössischen
Spießer und *Gartenlauben*-Leser der Bismarckzeit, der, politisch ent-
mündigt, in heimelig verkitschter Familienseligkeit dahinvegetierte.
An die Stelle öffentlichen Interesses ist die sich an Banalitäten abnut-
zende Innerlichkeit, an die Stelle des Gefühls Rührseligkeit getreten.
Die scheinbar aufklärende Hinwendung zum Leser ist nur noch journalistische Konvention, die behauptete Aufklärung selbst kalkulierte
Verdummung.

PETER SCHER (Fritz Schweynert, 1880–1953)

Geboren in Großkramsdorf (Thüringen). Schriftsteller am *Simplicissimus*.
Die Bruderschaft vom heiligen Wanst. Idyllen zur Zeitgeschichte
(1919); *Panoptikum* (1922).

Die Bruderschaft vom heiligen Wanst. Idyllen zur Zeitgeschichte.
Dachau: Eichhorn, 1919. S. 72–81.

Mit der fortschreitenden Entwicklung des Agrarstaats zum Industrie-
staat wuchs die Beliebtheit regional-ländlicher Begrenzung in der
Literatur mit detailliertem Lokalkolorit und realistischer Milieu-
zeichnung. Heimat- und Bauerndichtung eröffneten Fluchträume
vor den andrängenden Zeitproblemen und den drohenden Wertverlu-
sten. Einen Höhepunkt erreichte sie in der Heimatkunstbewegung

(1890–1933), die ein einfach natürliches, bäuerliches Menschentum in ursprünglich gesunden Lebensräumen propagierte. In der Regel wirklichkeitsfremd verfälschend, gestaltete die Heimat- und Bauerndichtung anachronistische Scheinlösungen. Einen der größten Erfolge erzielte der norddeutsche Erzähler und Pastor Gustav Frenssen (1863–1945) mit seinem 1901 erschienenen *Jörn Uhl*, eine Geschichte menschlicher Selbstbehauptung vor dem ländlichen Hintergrund Schleswig-Holsteins.

Scher parodiert weniger das Handlungsmuster als das Milieu. Personen und Raum werden durch typisierende Attribute auf ihre monotone Klischeehaftigkeit reduziert. Betont kraftmeierische Wortwahl, durchsetzt mit Mundart, und forcierte Personifikationen täuschen Vitalität vor. Nicht durch organisch notwendige Gestaltung, sondern durch Inventaraddition entsteht ein vorindustrieller Fluchtort. Requisiten wie Spinnrad und Kienspan, abergläubische Motive wie »der Heidemann« und heidnische Gebräuche wie das Verbrennen von Wacholder richten die Bühne für das erwartete Milieu ein und heben es als artifiziell hergestellte Schablone zugleich ironisch auf. Die berüchtigte Geschwätzigkeit von Frenssens Erzählkommentaren spiegelt sich in den ständigen Erklärungen und Selbstdeutungen. Die rationalen Auflösungen und Hinweise auf die Zeit des Großen Kurfürsten und den Urzustand der Menschheit lassen den erzählerischen Aufwand als bloße anachronistische Kostümierung erkennen. Auf die Lebensgefährlichkeit pseudoidyllischer Verengung verweist das in einen Drahtkäfig eingesperrte Krähenpaar, dessen Jungen, nachdem sie fett genug sind, man die Hälse umdreht. Die gleichnishafte Verfremdung enthüllt die beliebige Manipulierbarkeit der Krähwinkler. Ihre bornierende Regression in das verlogene Heimatidyll verhindert kritische Erkenntnis und führt zur Selbstaufhebung der heillos in die Lebenstäuschung Verstrickten.

FRITZ SCHÖNBORN (Herbert Heckmann, *1930)

Geboren in Frankfurt a. M. Abitur in Gelnhausen, Studium der Germanistik und Philosophie in Frankfurt, 1957 Promotion. 1958–63 Assistent an den Universitäten Münster und Heidelberg, 1965–67 Gastdozent in den USA. Seit 1963 Mitherausgeber der *Neuen Rundschau*, 1980 Mitbegründer der alternativen literarischen Zeitschrift *BrennGlas*; lebt als freier Schriftsteller in Gronau bei Bad Vilbel in Hessen. Autor von Romanen, Erzählungen, Kinderbüchern sowie Herausgeber.

Benjamin und seine Väter (1962); *Geschichten vom Löffelchen* (1970); *Kommt, Kinder, wischt die Augen aus, hier gibt es was zu sehen* (Hrsg., 1974); *80 Barockgedichte* (Hrsg., 1976); *Die Weinpredigt* (1983); *Die Blechbüchse* (1985).

Simmelblume 174

Deutsche Dichterflora. Anweisungen zum Bestimmen von Stilblüten, poetischem Kraut und Unkraut. München/Wien: Hanser, 1980. S. 103 f. © 1980 Carl Hanser Verlag GmbH & Co., München.

Botanisch verfremdet entsteht im Rahmen einer Bestimmungsanleitung für Stilblüten, Kraut und Unkraut ein parodistisches Porträt des Bestseller-Autors Johannes Mario Simmel. Simmel, dessen Bücher (*Der Schulfreund*, 1958; *Es muß nicht immer Kaviar sein*, 1960; *Liebe ist nur ein Wort*, 1963; *Hurra, wir leben noch*, 1978; *Doch mit den Clowns kamen die Tränen*, (1987); u. v. a.) eine internationale Gesamtauflage von über 40 Millionen Exemplaren erreicht haben, schreibt publikumswirksam und spannend nach seinen eigenen Worten über »aktuelle, unbequeme Themen«. Seine Hauptfiguren sind oft »kaputte und angeknackste« Typen in zur Rührseligkeit neigenden Situationen. Die Kritik wirft ihm vor, er unterhalte sein Publikum mit reißerisch aufgemachten aktuellen Problemen, statt zu wirklichem Problembewußtsein anzustoßen.

Der Parodist ordnet in Anspielung auf die pünktlich Jahr für Jahr erscheinenden neuen »Simmel« die einjährig wuchernde »Simmelblume« in die Familie der »progressiven Schmonziden« ein. Die in sich widersprüchliche Verknüpfung – »Schmonziden« leitet sich ab aus »Schmonzes«: leeres Gerede, albernes Geschwätz – verweist auf den gesellschaftlich aktuellen Schmus der Romane. Beschreibung und Standort der Pflanze spiegeln nur leicht verblümt den Grundton und die Quellen des parodierten Gesamtwerks wider. Bildet sich in der melancholischen Gebärde der Blätter die aufdringliche Sentimentalität des Erzählens ab, so veranschaulicht der »Verdrängungsmüll« die unerfüllten Wünsche, unbefriedigten Triebbedürfnisse und ungelösten Konflikte, aus denen die Romane sprießen. Problembewältigung wird verhindert durch süßlich weinerliches Auskosten von Vergeblichkeitsgefühlen. Der Schaum, der beim Aufkochen der Pflanze entsteht, verrät die aufgebauschte Substanzlosigkeit des Erzählens, diffamiert den Erzähler selbst als Schaumschläger und deutet auf die vernebelnde Wirkung der Lektüre hin. Realitätsfremde Innerlichkeit wird zur wohlfeilen Unterhaltungsware, an der Droemer & Knaur, der Verlag des Erfolgsautors, ersprießlich profitiert. Die parodistische Skizze reagiert als extreme Reduktionsform auf ein nach Tausenden von Seiten zählendes Gesamtwerk, indem sie die wuchernde Quantität in radikaler Kürze auf ihren angeblich qualitativen Kern zusammendrängt und das Werk gerade dadurch entwertet.

SIEGFRIED SOMMER (* 1914)

Geboren in München; absolvierte eine Elektrikerlehre. Ab 1936 Mitarbeit bei verschiedenen Boulevardblättern und beim *Simplicissimus*. Nach dem Zweiten Weltkrieg Journalist bei der *Abendzeitung* in München. Als Feuilletonist schrieb er seit 1950 die ständige Kolumne »Blasius der Spaziergänger«. Mit Witz und karikaturistischem Einfühlungsvermögen nimmt er sich seiner Vaterstadt und ihrer Bewohner an.

Blasius geht durch die Stadt (1950–53); *München für Anfänger* (1962); *Ein Münchner Erinnerungsbuch* (1970); *Es ist zu schön um wahr zu sein* (1981); *Quo vadis Blasius* (1982).

Das Revolverkino 107

Das Letzte von Blasius. Neue Münchner Gschichtln aus unserer Zeit. München: Süddeutscher Verlag, 1955. 5. Aufl. Ebd. 1969. S. 5–7. © Siegfried Sommer, München.

Der Text parodiert das Genre des Westernfilms und dessen Publikumswirkung. Der gewählte Filmtitel *Morgenstund hat Blei im Bauch* verballhornt das bekannte Sprichwort. Im weiteren wird durch festgefügte sprachliche Wendungen einmal die Western-Staffage in vertrauter Weise aufgebaut: blaue Berge, galoppierender Reiter, staubige Hauptstraße von Bloody Hill und die Bar, in der sich die Handlung zuspitzen wird; zum andern das typisierte Personal aufgeführt: der Held (galoppierender Reiter), sein älterer Freund, der Gegenspieler und seine Bande, die edle Bardame Lilly, die als Braut des Helden das Happy-End garantiert; konventionell-schematisch auch der dargelegte Handlungsverlauf: drei Akte mit Ankunft, Höhepunkt (Streit, Schießerei, Verfolgung, Gefangennahme, Befreiung, Schießerei) und Happy-End durch Zusammenführung der Liebenden.
Indem aber von Anfang an klar ist, daß diese Handlung als Film vor einem Publikum abläuft, wird seine Wirkung kritisch durchleuchtet. Der Text entpuppt sich als Parodie auf die Zuschauer. Sie sind ebenfalls Personal innerhalb der Parodie: am Anfang werden sie als Teil der Staffage gesehen, denn der Held sprengt »von der Filmleinwand

rechts unten direkt in die billigen Parkettplätze«, am Ende des ersten Teils sind sie Mittel, um gegen die totale Identifikation anzugehen, indem »die männlichen [Kinobesucher] von ihren Bräuten prüfend am Oberarm angefaßt« werden, und am Schluß sind sie Beweis für die vollständig erfolgte Identifikation, als nämlich »124 junge Helden« das Kino verlassen. »Ein paar Schurken sind auch darunter. Well!« Hier wird deutlich, wie die Kinohandlung Ersatz für individuelles eigenes Handeln geworden ist. Auf diese Weise macht Sommer auf die Surrogatfunktion trivialer Machwerke aufmerksam. Die Parodie, die sich grotesker Übertreibungen und ironischer Sageweise bedient, wird zum Instrument der Kritik sowohl an den Surrogaten selbst als auch an deren Konsumenten.

LUDWIG THOMA (1867–1921)

Geboren in Oberammergau als Sohn eines Försters. Nach dem Abitur Besuch der Forstakademie in Aschaffenburg; studierte seit 1897 Rechtswissenschaft in München und Erlangen, 1890 Promotion zum Dr. jur.; Rechtsanwalt in Dachau, später in München. Ab 1894 Veröffentlichungen eigener Erzählungen. Ständiger Mitarbeiter und von 1899 an Redakteur des *Simplicissimus*. Aufgabe der Anwaltspraxis. Seit 1907 Mitherausgeber der Zeitschrift *März*; lebte ab 1908 als freier Schriftsteller in Rottach am Tegernsee; Romane, Erzählungen, Lyrik, Dramen, Volksstücke. Veröffentlichte auch unter dem Pseudonym Peter Schlemihl.

Grobheiten (1901); *Die Lokalbahn* (1902); *Neue Grobheiten* (1903); *Lausbubengeschichten* (1905); *Moral* (1909); *Der Münchner im Himmel* (1911); *Jozef Filsers Briefwexel* (1912); *Altaich* (1918).

Die schönsten Romane und Erzählungen. Jubiläumsausgabe in 6 Bänden. Hrsg. von Richard Lemp. Bd. 6. München/Zürich: Piper, 1978. S. 274–276. © 1978. R. Piper GmbH & Co. KG, München.

Während des 19. Jahrhunderts bis zum Beginn des Ersten Weltkriegs dominierte im Deutschunterricht der sogenannte »gebundene Aufsatz«. Vornehmliche Gegenstände waren Erläuterungen von Begriffen und Lebensweisheiten, meist aus vaterländischer Sicht. Der Aufsatz wurde zum Vehikel nationaler Ideologie, zu einer Art Dressurleistung.
Thomas Parodie erfüllt das Schema in scheinbar naiver Anpassung.

Doch bereits die schulgerechte Differenzierung der Kriegsarten und ihrer Motive und die gespielt treuherzige Wiedergabe von selbst Beobachtetem und Gelerntem heben die Unmenschlichkeit des Krieges und die Verlogenheit der Verantwortlichen nur um so stärker hervor. Indem der Schreiber die Floskeln nationaler Kriegspropaganda erwartungsgemäß herunterspult und mustergültig im Schema des Definitionsstils verbleibt, wächst die Diskrepanz zwischen Wiedergabe und Wirklichkeit. Erst in der Unangemessenheit des Aufsatzschematismus spiegeln sich verfremdet die furchtbare Realität des Krieges und die Dressur der Heranwachsenden durch eine uniformierende Ideologie. Der eklatante Widerspruch gipfelt in der vordergründig schulgerechten, aber hintergründig beißend ironischen Schlußformel.

Aus Käsebiers Italienreise. I. In: Das Aquarium (1914). Abdr. nach: Die schönsten Romane und Erzählungen. Bd. 6. S. 145 f.

Der zu Geld gekommene Bürger des Kaiserreichs war es seinem Ansehen und seiner Verantwortung vor den Bildungsgütern der Nation schuldig, den Spuren deutscher Klassiker, insbesondere Goethes, zu folgen. Die obligate Italienreise wurde zum gesellschaftlich und patriotisch auferlegten Bildungserlebnis. Sie war unverzichtbarer Teil eines auf Renommage bedachten Lebensstils, der mit klassischem Bildungspomp den nüchternen Wirtschaftsegoismus zu verklären suchte.
Thoma parodiert auf den ersten Blick weniger eine bestimmte literarische Struktur als eine für seine Zeit charakteristische Bewußtseinsform, die sich hier allerdings im Privatbrief ausprägt und die erwartete persönliche Mitteilung zu einer beliebig austauschbaren Erfolgsmeldung verzerrt. Insofern enthüllt gerade die Briefform die persönliche und geistige Leere der Schreiberin. Während sich das eigentlich private Interesse in Klatsch und Tratsch erschöpft, gerät der Italienbericht zu einem Schlagwortkatalog aus Touristikreklame, italienischem Wörterbuch und abgestandenen Bildungsklischees, die überdies der Realität komisch widersprechen. Zwar kommt man der von der Adressatin erwarteten Begeisterung verbal nach, aber regelmäßig durchkreuzen negative Erlebnisse den Italienenthusiasmus nachhaltig, so daß die Schreiberin ihre hochtönenden Worte immer wieder Lügen straft. Der Bürger, heillos verheddert in seiner von ihm selbst installierten Pseudowelt, entpuppt sich als nur noch lächerliche Scheinexistenz.

FRIEDRICH TORBERG (Friedrich Kantor-Berg, 1908–78)

Geboren in Wien. Studium der Philosophie in Prag; trat früh hervor als Lyriker, Romancier und Essayist. Wegen seiner jüdischen Abkunft Emigration vor den Nationalsozialisten in die Schweiz, nach Frankreich und schließlich in die USA; 1951 Rückkehr nach Österreich. Leitete 1954–65 die kulturpolitische Zeitschrift *Forum*, die sich als antikommunistisches Organ verstand (»Brecht-Boykott«). Torberg gilt als wichtiger Überlieferer jüdischer Anekdoten; Herausgeber und Bearbeiter der Werke Fritz Herzmanovsky-Orlandos.

PPP – Pamphlete, Parodien, Post Scripta (1964); *Die Tante Jolesch oder der Untergang des Abendlandes in Anekdoten* (1975); *A Propos. Nachgelassenes. Kritisches. Bleibendes.* (1980).

Der Komplex tanzt. Aus dem Drehbuch eines drohenden
Hollywood-Films über Sigmund Freud 111

PPP – Pamphlete, Parodien, Post Scripta. München/Wien: Langen Müller, 1964. S. 247–252. Mit Genehmigung der F. A. Herbig Verlagsbuchhandlung GmbH, München.

Der Hollywood-Film *Freud* von John Huston aus dem Jahr 1961 mit Montgomery Clift in der Hauptrolle leitete eine breite, zum Teil höchst vulgäre Rezeption der Freudschen Psychoanalyse ein. Rein spekulativ und unhaltbar verbindet der Film vergröberte und banalisierte Inhalte der psychoanalytischen Theorie mit der publikumswirksam zurechtgestutzten Biographie Freuds.
Torbergs parodistischer Drehbuch-Ausschnitt aus dem Jahr 1962 knüpft im Titel an den Tonfilm *Der Kongreß tanzt* von 1931 an, ein auf den Wiener Kongreß (1814/15) gemünztes Bonmot des österreichischen Feldmarschalls von Ligne. Der Spott ergießt sich zunächst über die triviale, in die Nähe sexueller Besessenheit rückende Symbolinterpretation. Ein abgebrochener Bleistift deutet auf Kastrationsangst, eine Zigarre auf das männliche, eine spaltbreit geöffnete Tür auf das weibliche Geschlecht, Ruder, die man ins Wasser taucht, auf den Sexualakt. Eine monomane Fixierung der Gegenstände und Handlungen auf Sexuelles droht von Amerika ausgehend, vermittelt über den Film, die ganze Welt zu infizieren. Der Rudertraum, vom Film-Freud zunächst einschlägig gedeutet, führt auf den Protest des Unter-Ichs – eine parodistische Erfindung – hin zu einem Playback. Freud, im zweiten Anlauf bemüht um eine betont reale Ausdeutung, scheitert nun an der nicht mehr rückgängig zu machenden Ansteckung des Patienten durch die Klischees der Psychoana-

lyse, die sich als eine Art selbsterfüllender Prophezeiung erweist. Der Psychoanalytiker und der Patient, die filmische Wissenschaftsfiktion und die Realität tauschen die Plätze. Nicht das reale Zeichen gilt, sondern nur seine ihm zugewiesene Bedeutung. Die Konfusion gipfelt in der personalen Auflösung des Patienten, der mit dem Namen Ödipus auch die entsprechende psychoanalytische Rolle übernimmt, sich mit ihr identifiziert. Die vulgäre, über den Film vermittelte Rezeption führt in bissiger parodistischer Deduktion zur vollkommenen Desorientierung. Doch erfolgt parallel, nicht minder trivial, die Auflösung der Borniertheit, indem die Besessenheit des Film-Freuds von Sexualsymbolen als Folge aufgestauter, persönlicher Sexualbedürfnisse erscheint. Die künftige Ehe, mit der von der Braut lediglich in Aussicht gestellten »oralen Fixierung« zeichnet sich zum Schluß als eine weiterhin reichlich sprudelnde Quelle ab für prägenitalen Narzißmus, Neurosen und sublimierender Ersatzhandlungen. Biographisch liegt hier eine Anspielung vor auf den um 1895 tatsächlich erfolgten Abbruch der ehelichen Beziehungen zwischen Freud und seiner Frau. Von dieser Zeit an datiert Freuds einseitige Festlegung auf Sexualität. Die publikumswirksame Verbindung von Theorie und Biographie entlarvt die Psychoanalyse als Projektion von Sexualdefiziten. Richtete sich die Parodierung der Symbolinterpretationen noch im wesentlichen gegen ein banal vordergründiges Verständnis, so verweisen die biographischen Implikationen über Freud hinaus auf die sexuellen Verklemmtheiten des höheren Bürgertums. Die einfache Zigarrenverkäuferin, die die Deutung der Zigarre durch Freud, den passionierten, lustbetonten Zigarrenraucher, zuerst als Schweinerei bezeichnet, dann darin ein Anzeichen des Verliebtseins sieht, ist die parodistische Schlüsselfigur. In ihren Augen wie in den Augen des Parodisten ist die Psychoanalyse nichts anderes als der Ausdruck des sexuellen Unerfülltseins des mittelständischen Bürgertums. Für Torberg tanzt im Gefolge des ablehnenden Urteils von Karl Kraus in der psychoanalytischen Theorie der bürgerlich selbstverschuldete Sexualkomplex.

THADDÄUS TROLL (Hans Bayer, 1914–80)

Geboren in Stuttgart; studierte 1932–38 Germanistik, Kunstgeschichte, Theater- und Zeitungswissenschaft. Nach der Promotion 1938 Wehrdienst, Soldat bis zum Kriegsende. Danach Redakteur der satirischen Zeitschrift *Das Wespennest*; lebte seit 1948 als freier Schriftsteller in Stuttgart; 1980 Freitod. Benutzte als Pseudonym auch: Peter Puck; unter seinem eigentlichen Namen schrieb er Theaterkritiken und Essays, war *Spiegel*-Korrespondent von 1948 bis 1951 und textete zwischen 1948 und 1953 für das Düsseldorfer »Kom(m)ödchen«.

Deutschland deine Schwaben (1967); *Wie man ein böß alt Weib wird, ohne seine Tugendt zu verlieren* (1973); *Der Tafelspitz* (1979).

Das große Thaddäus Troll Lesebuch. Mit einem Nachw. von Walter Jens. Hamburg: Hoffmann und Campe, 1981. S. 294–297. © Susanne Bayer, Stuttgart.

Das Urteil des Paris ist im weitesten Sinn ein ätiologischer Mythos, eine schicksalhafte Erklärung der Ursache für die Entfesselung des Trojanischen Kriegs. Hekabe, der Frau des trojanischen Königs, war vor der Geburt des Paris geweissagt worden, ihr Sohn würde Troja zerstören. Obwohl man den Neugeborenen sofort aussetzte, wuchs er zu einem schönen Jüngling heran, der den von Eris, der Göttin der Zwietracht, heraufbeschworenen Streit zwischen Hera, Athene und Aphrodite, wer die Schönste von ihnen sei, zugunsten der letzteren entschied. Aphrodite machte daraufhin ihr Versprechen wahr und brachte die schönste Frau der Welt, die mit dem König von Sparta verheiratete Helena, in Paris' Besitz. Die Entführung Helenas aus Griechenland verursachte den Trojanischen Krieg und die Zerstörung Trojas. Die 1944 entstandene Mythentravestie läßt die mythologische Szene vor moderner Kulisse spielen. Die dabei notwendig entstehenden Brechungen zwischen dem traditionsgebundenen Erwartungshorizont und dem tatsächlich realisierten Gattungsniveau führen zur komischen Entmythisierung der Vorlage. Mit dem Absenken der Stillage in den Bereichen der Requisiten, der Szenerie und des Dialogs büßt das mythische Personal seine antike Altehrwürdigkeit ein und sinkt auf die Ebene bloßer Alltäglichkeit herab. Eine deutliche Revision der mythischen Überlieferung erfolgt zum Schluß. Nicht die Entführung Helenas – sie wird nicht einmal erwähnt – führt zur Verhängung des Trojanischen Kriegs, sondern höchst banal die schlechte Laune von Zeus, dem die Pfeife ausgegangen ist, der beim Kreuzworträtsel nicht weiterkommt und dessen Ärger bei der Erzählung Heras vom Ausgang des Urteils noch ansteigt. Banale Aktualisierung und Revision des Mythos führen zur Auflösung seiner Inhalte und seiner fatalistischen Erklärungsweisen. Mythischer Glaube an schicksalhaftes Verhängnis hält der modernen Wirklichkeit nicht stand, ja, verhindert die Erkenntnis der wahren Ursachen. Dies gilt mit Blick auf die Entstehungszeit des vorliegenden Textes am Ende des Zweiten Weltkriegs insbesondere für mythisch-fatalistische Erklärungen von Kriegsursachen. Hitlers Parolen von dem ihm schicksalhaft auferlegten Krieg und die 1943 und 1944 wiederholten Aufrufe zum »Totalen Krieg« sind verheerende Beispiele mythischer Verneblung der Massen. Die komisch verharmlosende Kritik der Mythentravestie wird der grauenvollen Wirklichkeit kaum gerecht, doch bot die scheinbar unverdächtige Einkleidung immerhin die Möglichkeit, in mythologischer Tarnung das zu sagen, was, offen ausgesprochen, tödlich war.

Wie man ein böß alt Weib wird, ohne seine Tugendt zu verlieren 157

Das große Thaddäus Troll Lesebuch. S. 145–147.

Die sechziger und siebziger Jahre führten im politischen, sozialen und ethischen Bereich zu einer kritischen Revision der konservativen Adenauer-Ära. In Frage gestellt wurde nicht zuletzt das den wirtschaftlichen Aufstieg begleitende, weitgehend asketische Leistungsverhalten, die Überordnung der Arbeit und des Kalküls über Lust und Spontaneität. Ein neues Bewußtsein für die Freude an ursprünglichen Lebensvollzügen entwickelte sich und dekuvrierte den freudlosen Leistungsalltag im Wirtschaftswunderland. Kritik häufte sich an der scheinhaften Spießermoral des Nachkriegsbürgers.
Der vorliegende Text ist eine Verhaltensparodie ohne Bezug auf eine fixierbare Vorlage. In barockisierender Diktion – bereits der Titel verweist auf barocke Kapitelüberschriften – wird ironisch ein prüdes Sexualverhalten anempfohlen, verbunden mit der nicht minder ironischen Anweisung für Frauen, ein böses altes Weib zu werden. Die ironische Lehre in der altertümelnden Sprache hebt sich jedoch ständig selbst auf, indem sie hoffnungslos veraltet und überholt präsentiert wird. Die Forderung nach sexueller Askese bedient sich im Stil der Kapuzinerpredigt drastischer, nicht selten obszöner Wortwahl, so daß in der grotesken Unvereinbarkeit die Widernatürlichkeit des erwarteten Wohlverhaltens grell hervortritt. Die Perversion natürlicher Maßstäbe bedingt die spießige Verketzerung Andersdenkender und den kalkulierten Einsatz von Sexualität. Die Zweckorientierung usurpiert das erotische Vergnügen, das Geld tritt ersatzweise an die Stelle echter Lebenslust. Die Überschrift läßt jedoch keinen Zweifel an der moralischen Bewertung eines Verhaltens, in dem sich in der Pervertierung der Erotik die materielle Korruption der Konjunkturanbeter spiegelt.

KURT TUCHOLSKY (1890–1935)

Geboren in Berlin. Jurastudium in Berlin, Genf und Jena, Promotion 1914. Seit 1913 Mitarbeiter an der *Schaubühne*, der späteren *Weltbühne*, deren Herausgeber er 1926 wurde. Lebte 1924–29 in Paris, ab 1929 in Schweden; bis 1934 ausgedehnte Reisen. Ausbürgerung durch die Nazis 1933, Verbrennung seiner Schriften. Freitod in Schweden. Tucholsky trat besonders hervor durch scharfe, polemische Kulturkritik, er veröffentlichte auch unter den Pseudonymen: Kaspar Hauser, Peter Panter, Theobald Tiger und Ignaz Wrobel.

Das Lächeln der Mona Lisa (1929); *Deutschland, Deutschland über alles* (1929); *Schloß Gripsholm* (1931).

Gesammelte Werke. Bd. 9. Hrsg. von Mary Gerold-Tucholsky und Fritz J. Raddatz. Reinbek bei Hamburg: Rowohlt, 1975. S. 182 f. © 1960 Rowohlt Verlag GmbH, Reinbek bei Hamburg.

Einen bedeutenden wirtschaftlichen Aufschwung nahm das Zeitungswesen vor dem Ersten Weltkrieg. Es kam zur Gründung einflußreicher Pressekonzerne und Großverlage (Scherl: *Berliner Lokal-Anzeiger*; Mosse: *Berliner Tageblatt*; Ullstein: *Vossische Zeitung*). Der von August Scherl bereits 1883 ins Leben gerufene *Lokal-Anzeiger* war der Beginn der sogenannten Generalanzeiger-Presse, einer volkstümlichen Massenpresse, die politische und konfessionelle Diskussionen vermied und die Lesermassen gewann durch journalistische Information und Sensation, durch Anzeigen und Werbung.
Unter den vielen kritischen Reaktionen auf die Massenpresse nimmt Tucholskys aus der fingierten Sicht eines geübten Zeitungslesers geschriebene Parodie mit ihrer sachlich fundierten, entlarvenden Pointierung eine Sonderstellung ein. Meldungen aus Politik, Wirtschaft, Kultur, Mode und Sport stehen neben Tagesklatsch und Anzeigen, und alles fügt sich in einer Art Cento-Technik zu einem bunten Flickenteppich von Nichtigkeiten, Halb- und Viertelwahrheiten. In den schlagwortartig abgekürzten Leserurteilen spiegelt sich das journalistische Kauderwelsch, das sich als bedenklicher Nährboden für jede Art von Vorurteil erweist. Die Welt scheint in zusammenhanglose Stücke auseinandergebrochen, ein Puzzle, dessen Teile sich zu keinem Bild mehr zusammenfügen. Das Informationschaos führt letztlich zur totalen Konfusion, indem die Zeitung als Pseudowirklichkeit die Wirklichkeitserkenntnis korrumpiert. Ironisch tritt an die Stelle der Zeit die Zeitung.

Gesammelte Werke. Bd. 10. S. 78–80.

Tucholskys Beitrag erschien am 17. Mai 1932 unter dem Pseudonym Kaspar Hauser in der *Weltbühne*. Seit Anfang 1925 hatte sich die NSDAP unter der Führung Hitlers als Kampf- und Führerpartei auf Reichsebene organisiert. Die Auswirkungen der Weltwirtschaftskrise von 1929 ließ sie über Nacht zu einer ernstzunehmenden politischen Kraft des kleinbürgerlichen Protests anwachsen. Zwischen 1931 und 1933 steigerte sich die Mitgliederzahl auf 1,5 Millionen. Im Reichstag verfügte die NSDAP schon 1932 über 200 Sitze von 584. Bei den Wahlen zum preußischen Landtag errang sie 162 Sitze, bei den Reichspräsidentenwahlen am 10. April 1932, aus denen Hindenburg mit 19 Millionen Stimmen als Sieger hervorging, konnte Hitler immerhin 13 Millionen Stimmen auf sich vereinigen. Am 30. Januar 1933 erfolgte die Ernennung Hitlers zum Reichskanzler. Tucholskys Text fällt also in eine entscheidende Phase des Aufstiegs Hitlers zur Macht.

Das gewählte Pseudonym täuscht ironisch Naivität und Weltfremdheit vor. Aus der Rollensicht eines etwas dümmlichen Schülers entsteht ein Aufsatz über Hitler und Goethe nach allen angelernten Regeln der Schulrhetorik mit Einleitung, breitem Argumentationsteil und Schluß. Parolen anstelle von Argumenten, Halbwahrheiten und Unbildung, Verwechslung von Behauptung und Begründung, sowie komisches sprachliches Unvermögen, das sich großmäulig aufbläht, entlarven auf Schritt und Tritt den Schreiber als Mitläufer und Kleingeist. Sein Idol ist ohne jedes wirkliche Verdienst. Im Hinblick auf die Präsidentenwahlen zum Braunschweigischen Regierungsrat ernannt, unterlag Hitler Hindenburg, dem Sieger von Tannenberg. Hitler, so heißt es im Text, wäre beinahe Sieger sowohl der Schlacht als auch der Wahlen geworden, wenn er dabei gewesen wäre; d. h. in ironischer Anspielung: wenn er Verdienste hätte aufweisen können. Im grotesken Vergleich mit der genialen Individualität und dem überragenden liberalen Geist Goethes erscheint Hitler als der mit der großen Masse identische, geistlos reaktionäre Spießer. Seine angebliche Größe existiert nur in dem Aufsatz eines Hitlerjungen, der statt argumentativer Schulung lediglich nationalsozialistischen Drill zu erkennen gibt. Das angestrebte Preislied auf Hitler schlägt um in Schimpf und Bloßstellung. Das Unvermögen und die Ignoranz der Kleingeister fallen stets auf sie selbst zurück. Der »mauselebendige Hitler« ist nicht nur eine Stilblüte, sondern auch entlarvender Hinweis auf dessen bedeutungslose Winzigkeit, der »langzuziehende« Vergleich verrät, daß es im

Grunde gar nichts zu vergleichen gibt, und der fehlerhafte konjunktionale Anschluß im Zusammenhang mit Goethes Gedichten, die die Hitlerjugend ablehnt: »während Hitler eine Millionenpartei ist«, zeigt in der Verwechslung von Kausalem und Temporalem, daß man nicht argumentativ, sondern nach den geltenden Machtbedingungen und den Vorstellungen der Masse urteilt. Im Spiegel seiner Lobredner tritt die Erbärmlichkeit des Gelobten nur um so blamabler hervor. Am Ende enthüllt sich im Rahmen des grotesk unangemessenen Vergleichs seine Nichtigkeit. Die in die Millionen gehende Mitläuferschaft aber, exemplarisch gespiegelt im Aufsatz des Hitlerjungen, bildet die Basis für den Triumph des Kleinbürgers, der darauf brennt, den für ihn ganz und gar unerreichbaren Goethe und die mit seinem Namen verbundene geistige Tradition, die nicht die seine ist, endgültig abzuschaffen. Die Parodie wird angesichts des grassierenden Ungeistes zum intellektuellen Akt der Selbstbefreiung, allgemein ändern kann sie nichts mehr.

HANS HEINRICH VON TWARDOWSKI (1898–1958)

Die Daten wurden ermittelt aus dem *Gothaischen Genealogischen Taschenbuch* (Adelskalender). Geboren in Stettin; lebte 1918/19, vermutlich den überwiegenden Teil seines Lebens in Berlin, wie aus dem *Offenen Brief an Moriz Seeler* in *Der rasende Pegasus* geschlossen werden kann; in New York gestorben.

Barczynski. Eine Novelle. Nach Carl Sternheim 45

Der rasende Pegasus, 2., stark verm. Ausg. Berlin: A. Juncker, 1919. S. 30.

Der Bankierssohn Carl Sternheim (1878–1942), erfolgreicher, skandalumwitterter Dramatiker, trat zunächst mit bissigen Bürgerkomödien, u. a. *Die Hose* (1911), *Bürger Schippel* (1913), *Der Snob* (1913), an die Öffentlichkeit. Ab 1913 erschienen in rascher Folge Novellen, u. a. *Schuhlin* (1915), *Ulrike* (1916), *Posinsky* (1917). 1917 faßte Sternheim mit Theodor Tagger (d. i. Ferdinand Bruckner), der bald darauf als Zeitschriftenherausgeber scheiterte (»vom geschundenen Taggerich«), den allerdings nicht verwirklichten Plan einer *Enzyklopädie zum Abbruch bürgerlicher Ideologie*. Mit der *Chronik von des zwanzigsten Jahrhunderts Beginn* erschien 1918 Sternheims erzählerisches Hauptwerk. In einem extremen Lapidarstil versuchte Sternheim, Erscheinung und Verhalten von Menschen sachlich präzise darzustellen, die ihr Selbst finden oder verfehlen. Seine Ablehnung des traditionellen idealistischen Wertekanons führte zu wütenden Angriffen in der Öffentlichkeit, insbesondere in der nationalen Presse, vor denen Sternheim 1918 zunächst nach Holland, 1919 in die Schweiz auswich.

Das parodistische Autorenporträt erledigt den parodierten Autor im Medium komprimierender Karikatur mit dessen eigenen Mitteln. Literarische Selbstverwirklichung ist identisch mit wirtschaftlichem Erfolg. Literaturproduktion erscheint als zinsbringende Kapitalanlage. Bereits der witzig polonisierte Name im Titel verrät die Vorliebe für Bares und Zinsen. Die Novellen sind Fabrikware. Ihre boshafte Schärfe erhält die Parodie durch die Verengung des antiidealistischen Standorts Sternheims auf bloß Ökonomisches, das so zum einzigen Motiv des Schreibens wird. Der Autor als Produzent, seine Literatur als Ware, das bringt den scheinbaren Bürgerschreck dem wirtschaftlich kalkulierenden Bürger zum Verwechseln nah und verwickelt ihn in entlarvende Selbstwidersprüche. Seine Ware ist »pretiös«, also von gesuchtem, im Grunde nur scheinbarem Wert, ein großangelegter Bluff. Deutlich wird dies an dem parodistisch minutiös nachgeahmten »koupierten Stil«, der Artikel ausspart, Partizipien häuft, Genitiv voran-, das Subjekt oft ans Ende stellt und die Satzteile verschachtelt. Sprache ist nicht mehr Ausdruck, sondern nur noch Effekt.

OTTO WAALKES (* 1948)

Geboren in Emden. 1968 Abitur, 1969 Studium der Erziehungswissenschaft an der Universität Hamburg; 1970 Wechsel zur Hochschule für bildende Künste in Hamburg. Freier Mitarbeiter in einer Werbefirma. 1972 Veröffentlichung der ersten Langspielplatte; seit 1973 veranstaltet er eigene Fernsehshows.

Das Buch OTTO (1980); *Das kleine Buch OTTO* (1983); *Das zweite Buch OTTO* (1984); *Das zweite Taschen-Buch OTTO* (1988).

Das Buch OTTO – von und mit Otto Waalkes. Hamburg: Hoffmann und Campe, 1980. S. 9. © 1980 Hoffmann und Campe Verlag, Hamburg.

Rhetorische Bezugssituation ist das vom Fernsehen regelmäßig ausgestrahlte, von einem Geistlichen gesprochene »Wort zum Sonntag«. Um ein möglichst breites Publikum zu erreichen (durchschnittliche

Einschaltquote um 20 %), sind Allgemeinverständlichkeit sowie Anknüpfen an alltägliche Situationen und bekannte Inhalte oberste Gebote bei gleichzeitiger Beachtung des exegetischen Grundsatzes, das vordergründig Gegebene allegorisch auszudeuten und heilsgeschichtlich zu vertiefen.

Die Anknüpfung an einen beliebten Schlager aus den siebziger Jahren, gesungen von Vicky Leandros, verschiebt das erwartete Allgemeinverständliche und Alltägliche von vornherein zum Banalen und trivial Illusionären. Aus der Banalität des Bezugs entwickelt sich folgerichtig die nur noch kalauernde Allegorese. Fauler Wortwitz kennzeichnet das zwischen Schlager und Theologie schwankende Spiel mit dem Namen. Die verfälschte Orthographie (»Theodorant« statt Deodorant) und die kalauernde Verschleifung (»Tee oder Kaffee«) parodieren die oft forcierten Allegorisierungsversuche, deren angestrengte Sinnstiftung sich selbst ad absurdum führt. Auf der krampfhaften Suche nach höherem Sinn wird der Ausdeutende zum komischen Opfer seiner eigenen Verdrehungen, wenn er nach der Verwechslung von »wir« und »vier« das Zahlwort auch dort gebraucht, wo er das Pronomen ohne weiteres hätte einsetzen können. Derb-ironisch fällt die Parodierung des christlichen Pathos der Brüderlichkeit aus. Der ordinäre Trostanlaß, der an Blödelei grenzende Trost selbst und der aus nichtigem Anlaß getröstete Reiche widersprechen dem Ernst und dem Geist des Christentums. Der Widerspruch aber zeigt die Gefährdung einer anonym populistischen Fernsehseelsorge, die sich im Bemühen um Popularität in Banalitäten wie in formale und inhaltliche Verdrehungen und Verfälschungen verwickelt. Das geistlich besinnliche Wort verkommt zu kalauernder Rhetorik, die allegorische Auslegung zu einem lächerlich durchsichtigen himmlischen Schwenkmanöver.

FRIEDRICH KARL WAECHTER (*1937)

Geboren in Danzig. Ausbildung zum Graphiker an der Kunstschule in Hamburg; arbeitete zwei Jahre für eine Freiburger Werbeagentur; wurde bekannt als Mitarbeiter und Zeichner bei *Pardon, Twen, Konkret* und dem *ZEITmagazin.* Zwischen 1963 und 1969 Herausgeber satirischer und parodistischer Büchlein für Erwachsene. Waechter lebt heute in Frankfurt a. M., verfaßt Bücher für Kinder, schreibt für Theater und Film.

Anti-Struwwelpeter (1970); *Dreimal Kindertheater* (1975); *Schule der Clowns* (1975); *Es lebe die Freiheit* (1980); *Männer auf verlorenem*

Posten (1983); *Nur den Kopf nicht hängen lassen* (1984); *Glückliche Stunde* (1986).

36 × Gänsehaut. Schwarze Geschichten für sensible Leser. Illustriert von Friedrich Karl Waechter. Frankfurt a. M.: Bärmeier & Nikel, 1964. © Friedrich Karl Waechter, Frankfurt am Main.

Gegenstand der Parodie ist die beliebte Gattung der Horrorgeschichte in der Nachfolge Edgar Allan Poes. In der Horrorgeschichte begegnet die Hauptfigur, zur Steigerung der Erlebnisintensität in der Regel als Ich-Erzähler eingeführt, unmittelbar dem Schrecken und dem Grauen, die aus dem Alltag herauswachsen, ohne ihn jedoch phantastisch auszuweiten. Intendiert ist eine häufig trivialliterarisch wohl kalkulierte Schockwirkung auf den Leser als marktgerechte Antwort auf die zunehmenden Unsicherheiten und Orientierungsängste in der modernen Welt.

Waechter ahmt exakt den mystifizierenden Stil des Genres nach, indem er vertraute empirische Requisiten in unheimliches Zwielicht rückt, scheinbar unerklärliche Details häuft, Effekten grundsätzlich den Vorrang gibt vor ursächlicher Beschreibung und schließlich durch klischeehafte Anspielungen auf Angsterregendes die Bereitschaft provoziert, sich zu grauen. Das Grauen erwächst dabei aus dem Atmosphärischen, vor der wechselnden Kulisse von fahlem Mondlicht und stockfinsterer Nacht. Im Dunkeln tappt auch der Leser im Hinblick auf die Identität des Ich-Erzählers und dessen grauenvoller Begegnung. Emotionale Schilderung des Schreckens und seine bloß verbale Benennung verdrängen sachliche Beschreibung und Erklärung. Die insbesondere aus den Geschichten von Villiers de L'Isle-Adam und Hanns Heinz Ewers bekannte Verknüpfung des Grauenhaften mit dem Erotischen intensiviert das Erlebnis des Ekelhaft-Abstoßenden und der persönlichen Ohnmacht. An Poe erinnert insbesondere die detaillierte, blutig-makabre Beschreibung des Todeskampfes. Erst die Schlußpointe wendet die Geschichte ins Parodistische. Bei den auftretenden Gestalten handelt es sich um zwei Regenwürmer, von denen einer überfahren wird. Die Pointenparodie führt den gefoppten Leser zur Einsicht in die Konfektionsmuster trivialliterarisch kalkulierten Grauens, indem sie sie bagatellisiert.

MAX JOSEF WOLFF (*1868; gest. nach 1934)

Geboren in Erfurt. Literaturhistoriker, Übersetzer und Schriftsteller; veröffentlichte Monographien über Shakespeare (1907), Molière (1910), Goethe (1921), Heine (1922), Shakespeare-Übersetzungen (1924 f.). Unter dem Pseudonym Emil Marius Requark: *Vor Troja nichts Neues* (1930).

Vor Troja nichts Neues. Berlin: Brunnen-Verlag, 1930. [Abschn. I,] S. 7–13.

Erich Maria Remarques (d. i. Paul Remark, 1898–1970) Roman *Im Westen nichts Neues* 1929 schildert das Erlebnis des Ersten Weltkriegs aus der Sicht eines einfachen Frontsoldaten. Der Ich-Erzähler sieht sich hineingezogen in die stereotype Gleichförmigkeit des Kriegsgeschehens. Zwischen »Trommelfeuer, Verzweiflung und Mannschaftsbordells« ist er ohne Hoffnung, Angehöriger einer verlorenen Generation. Er fällt an einem Tag im Oktober 1918, als der Heeresbericht sich lediglich auf den Satz beschränkt, daß »im Westen nichts Neues zu melden« sei. Der Roman verzichtet auf eine kritische Erörterung der Kriegsursachen.

Der Parodist verlegt das Geschehen zurück in die Zeit des Trojanischen Kriegs. Die Vermischung der Zeit- und Sprachebenen führt auf der einen Seite zu schrillen Dissonanzen (»Latrinenanlagen am Hellespont«), auf der anderen macht sie die Gleichförmigkeit des Krieges über die Jahrhunderte hinweg bewußt. Immer ist der einfache Soldat verschlissen worden, selten aber hat er die Frage nach den Urhebern gestellt, nach der eigentlichen Ursache seines Leidens. Die Rädelsführer des Krieges vor Augen, konfrontiert mit ihrer Arroganz und Inkompetenz, bewegt den lauschenden Soldaten in der Parodie nur das Problem, wie er sich das Denken abgewöhnen kann, das sich ihm geradezu aufdrängt. Er identifiziert sich mit seinem eigenen Dreck. Nicht zufällig malt der Parodist die Latrinenszene breit aus. Remarques Kriegsroman ist Zeugnis eines verhängnisvollen Mangels an Reflexion. Der Soldat des Ersten Weltkriegs erscheint dem antiken Sklavenkrieger weiterhin zum Verwechseln ähnlich, wenig verändert haben sich daher auch die Kriegsführer. In der Tat gibt es nichts Neues zu berichten. Zeitliche Verfremdung und die Einfügung der satirischen Porträtszene treffen Remarques Roman an seiner empfindlichsten Stelle, dort nämlich, wo es um Erkenntnis der Urheber und damit um Veränderung der Situation durch die kritisch reflektierenden Opfer gehen müßte.

Der Verlag Philipp Reclam jun. dankt für die Nachdruckgenehmigung den Rechteinhabern, die durch den Quellennachweis oder einen folgenden Copyrightvermerk bezeichnet sind. Für einige Autoren waren die Rechtsnachfolger nicht festzustellen. Hier ist der Verlag bereit, nach Anforderung rechtmäßige Ansprüche abzugelten.

Nachwort

> Die Parodie ist also jene Komik, die sich dem
> Ernste nicht bloß entgegenstellt, wobei er selbst
> noch in seinem Rechte bleibt, sondern die einen
> Zugang in sein Inneres findet und von innen her-
> aus sein Unrecht zu beweisen vermag.
>
> *Ferdinand Kürnberger*

Parodie ist geistige Hygiene, ein probates Mittel zur Bekämpfung wie zur Abwehr von Bornierungen durch den Anspruch
des Nichtigen, durch den als Kunst und Tiefsinn getarnten
Kitsch und Krampf aller Art. Sie immunisiert ihre Leser
gegen den grassierenden Schund, gegen die immer und überall drohende Vereinnahmung durch Pseudo-Autoritäten.
Der Parodist bläst das ohnehin Aufgeblasene zu einem riesi-
gen Ballon auf, den er mit einem winzigen Einstich zum Platzen bringt. Er punktiert das Aufgedunsene, bis es auf seine
eigentliche Winzigkeit zurückgeschrumpft ist. In die ge-
borgte ernste Einkleidung steckt er einen Popanz und entwertet sie so zum Narrenkostüm. Den Gernegroß läßt er in
Bettellumpen paradieren.
Nichts wirklich Parodierbares überlebt die parodistische
Reizbehandlung, Ähnliches wird mit Ähnlichem ausge-
räumt, das chronisch Lächerliche mit dem Komischen, das
scheinbar Wirkliche mit dem Wahrheitsschein der Ironie, das
Verzerrte durch groteske Zurschaustellung. Parodie ist überall möglich, wo sich das Triviale im geliehenen Glanz des
Seriösen spreizt, der Wertschein den Wert usurpiert.
Verstärkt aber tritt sie in Erscheinung in Spätzeiten, in
geschichtlichen Phasen der Verunsicherung und des Wertver-
falls, wenn die Stunde der Scharlatane und ihrer trügerischen
Heilsangebote schlägt. Ihrem Scheitelpunkt strebte die Parodie um die Mitte des 18. Jahrhunderts zu, als der Glaube an
die Geltung universeller, überindividueller Wertsysteme brü-
chig wurde und schließlich zerbrach. Nicht länger war man
der Überzeugung, daß unverbrüchliche Normen die Welt

und die Gesellschaft regierten, der Mensch selbst erschien nun in der Auseinandersetzung mit seiner Geschichte und seiner Umwelt als das wertschaffende Wesen.

Mit der Wendung von der ontologischen zur dialektischen Orientierung waren Wertzweifel und Wertkritik als Dauereinrichtungen installiert. Kritisch gesichtet wurden in der Folgezeit die Arsenale der Tradition ebenso wie der gesamte moderne Kulturbetrieb, alles, was die Menschen geistig aus sich hervorbrachten und in einer jederzeit zugänglichen Aussageform fixierten. Der Siegeszug der Parodie als Instrument der Kulturkritik setzt ein mit dem steigenden kritischen Selbstwertgefühl.

An die Stelle der normbewußten Satire rückte mehr und mehr die normkritische Parodie, die vornehmlich sich literarisch artikulierende Opposition gegen den falschen Anspruch, ohne selbst einen wertsetzenden Anspruch zu formulieren. Erklärtes Ziel der modernen Parodie ist die Auflösung und Zersetzung des Wertlosen in der Maske des Wertvollen, des bornierenden Scheins an Stelle des Seins. Mit der Nichtigkeitserklärung ist das Geschäft des Parodisten erledigt, aber, indem er das Nichtige entlarvt, macht er den Blick wieder frei für die Einsicht in die Notwendigkeit des Bedeutenden und Gültigen.

Bis weit ins 19. Jahrhundert hinein ist der Kunstanspruch in der deutschen Literatur gebunden an die Verssprache. Trotz der Erzählprosa Goethes und der Romantiker blieb die metrische Organisation Ausweis höchster künstlerischer Gestaltungskräfte. Die Klassiker hatten in der Lyrik, im Versdrama, im Epos und im episch-balladischen Gedicht Akzente gesetzt. Von Schiller stammt das Wort, daß der Roman nur der Stiefbruder der Poesie sei. Wer literarisch Bedeutsames, Allgemeingültiges sagen wollte, sah sich auf den Vers verwiesen. Hier vor allem also ereignete sich Parodierbares, hier konnte der Parodist fündig werden.

Erst in der nachromantisch-restaurativen Phase und dann insbesondere im Zeitraum des poetischen Realismus erreicht die Erzählprosa unangefochtene Anerkennung. Die Verbürgerlichung der Kunstszene und die zunehmende Orientierung am Diesseits – Lukács spricht von der »transzendentalen Obdachlosigkeit« mit Bezug auf den Roman[1] – tragen wesentlich zu dieser Entwicklung bei.

Für die literarische Parodie ist die skizzierte Lage von entscheidender Bedeutung. Wirft man einen Blick in die umfangreichste und wohl auch bedeutendste Parodie-Anthologie des 19. Jahrhunderts, in das 1840/41 von Z. Funck (d. i. Karl Friedrich Kunz) herausgegebene *Buch deutscher Parodien und Travestien*, so fällt auf, daß es sich hier ausschließlich um Versparodien handelt. Nur solche Werke ziehen die Parodisten an, die mit dem Anspruch künstlerischer Gestaltung auftreten, und die ist in der ersten Hälfte des Jahrhunderts noch wesentlich an den Vers gebunden.

Selbstverständlich gibt es auch in diesem Zeitraum, wenn auch vereinzelt, Prosaparodien, aber sie unterscheiden sich erheblich von den modernen Gattungserwartungen. Wilhelm Hauffs *Der Mann im Mond oder Der Zug des Herzens ist des Schicksals Stimme* (1826) parodiert mit allen Mitteln der Kunst den Trivialroman H. Claurens (*Mimili* u. a.), aber die Parodie selbst nimmt Romanumfang an, so daß naiv gläubige Leser damals meinten, es hier mit einem neuen Produkt aus der Feder des beliebten Vielschreibers zu tun zu haben.

Durch erheblichen Umfang zeichnen sich auch weitere Parodien auf die Claurensche Manier aus. Dies gilt für David Hermann Schiffs *Assessor Winchen oder die Liebe ist das höchste Leben* (1826) ebenso wie für Karl Herloßsohns *Emmi oder Der Mensch denkt, Gott lenkt* (1827) und schließlich für Carl Friedrich Grimmerts *Die Familie Clauren oder Nichts als Clauren* (1827). In witziger Anlehnung an den Amphitryon-Stoff zieht eine gewisse Henriette Clauren dem echten Clauren den falschen Hauff-Clauren vor.

Das zu seiner Zeit ins Kraut schießende Ritter- und Räuberbuch mag Georg Weerth zu seinem Roman *Leben und Thaten des berühmten Ritters Schnapphahnski* (1849) angeregt

---

1 Georg Lukács, *Schriften zur Literatursoziologie*, Neuwied 1968, S. 90.

279

haben, wo der reaktionäre Geist der Zeit im anachronistischen Medium ad absurdum geführt wird. Neben dem Trivialen und Antiquierten forderte der spätromantische Okkultismus den parodistischen Angriff heraus. Eine relativ frühe Parodie stellt Conrad Arnold Kortums *Elsabe Schlunz. Geschichte einer Somnambüle* (1819) dar. Ihr folgt, insbesondere angeregt von dem Weinsberger Arzt und Dichter Justinus Kerner, dem populärsten Geisterbeschwörer des 19. Jahrhunderts, die parodistische Episode »Poltergeister in und um Weinsberg« in Karl Leberecht Immermanns *Münchhausen*-Roman (1838). Bis ins Detail ahmt der Parodist Geisterbeschwörungen und magische Rituale im Hause Kerners nach, wie sie in dessen Buch *Die Seherin von Prevorst* (1829) ausführlich beschrieben werden.

Der wachsende Realitätssinn der Zeit machte auch vor der idealistischen Überlieferung nicht halt. Erneut ist es Immermann, der in seinem *Fragment einer Bildungsgeschichte* (1838) unter der lakonischen Überschrift »Ich« in großer Breite die klassische Bildungsdichtung mit ihrem Persönlichkeitskult ins Lächerliche zieht. Neben ihm transponiert Weerth in seinem Roman *Humoristische Skizzen aus dem deutschen Handelsleben* (1847/48) typische Merkmale der Bildungsdichtung auf eine betont materielle Ebene, er entwickelt aber auch hier, wie bereits in seinem *Schnapphahnski*, aus der Parodie eine eigenständige Aussageform.

Von der gedrängten, die strukturell-thematischen Eigentümlichkeiten der Vorlage auf engstem Raum konzentrierenden parodistischen Prosaskizze sind solche als exemplarisch genannten Versuche bei aller gelegentlich erreichten Brillanz noch weit entfernt. Allzusehr orientierte man sich an Verfahrensweisen der Versparodie, deren Umfang die in der Regel überschaubareren Vorlagen wesentlich übertreffen konnte. Die Prosaparodie ist bis zum Ende des 19. Jahrhunderts ist weniger auf den Punkt gebrachte Karikatur als eine breit ausladende Kontrafaktur des Originals, das schrittweise ironisiert wird. Nicht diminutive Pointierung, sondern augmentative Ausbreitung des Unsinnigen bestimmt die Darbietung.

Die Prosaparodie jedoch, will sie nicht letztlich der Gefahr erliegen zu ermüden, gewinnt ihr kritisches Profil weniger durch Detaillierung als durch Konzentration. Insofern ist in den meisten Fällen auch nicht einfach eine eng umrissene Vorlage zu benennen, sondern vielmehr ein umfangreiches Einzelwerk, ein Gattungskomplex oder ganz allgemein ein bestimmtes Kulturphänomen. Die Kunst der Prosaparodie im modernen Sinn besteht in der karikierenden Selektion der originalen Schwachstellen. Dabei ist die Gefahr, danebenzutreffen, etwa durch Aufbauschung von Nebensächlichem, vergleichsweise groß.

Ein Vergleich zwischen der Anthologie Funcks und der mehr als hundert Jahre später von Walter Dietze herausgegebenen Parodiesammlung *Die respektlose Muse* (1968) zeigt, daß die Prosaparodie längst gleichberechtigt an die Seite der Versparodie getreten ist. Der inzwischen selbstverständliche Kunstrang der Erzählprosa macht diese in zunehmendem Maß parodierbar, vor allem aber stoßen heute Prosaparodien auf das zumindest gleiche Interesse wie Versparodien.

Die massenweise Verbreitung von Literatur, einschließlich expositorischer und pragmatischer Texte, hat zu einer erheblichen Ausweitung des parodistischen Angriffsfelds geführt. Breiten Raum nimmt die Parodierung von Trivialliteratur ein, wie sie bereits von Hauff eingeleitet wurde. Die literarische Prosaparodie leistet nonkonforme Literaturkritik und provoziert selbständige Urteile und Wertungen. Ihre analytische Schärfe und respektlos kritische Annäherung unterscheidet sie wohltuend von dem oft abgehobenen Jargon der – literarischer Prominenz gegenüber womöglich noch voreingenommenen – professionellen Literaturkritik.

Neben das im engeren Sinn literarkritische Angriffsfeld tritt im weitesten Sinn der gesamte kulturell publizistische Bereich. Parodierungen von Fachprosa, Reden, Zeitungsnachrichten, Show- und Fernsehtexten u. a. m. fallen parallel zur Ausweitung des Literaturbegriffs in die Kompetenz des

Prosaparodisten. Anders als die traditionelle Versparodie führt die Prosaparodie an den Kulturbetrieb insgesamt heran und reklamiert die Freiheit des kritisch urteilenden Subjekts von den Zwängen kunstrichterlicher Bevormundung und kulturpolitischer Uniformierung.

Den Anfang der Prosaparodie, verstanden als konzentrierte parodistische Skizze, macht 1878 Fritz Mauthner mit seinen parodistischen Studien *Nach berühmten Mustern*, in denen er vor allem beliebte Erzähler der Zeit aufs Korn nimmt. Versparodien treten auffällig zurück. Sie erscheinen bezeichnenderweise, wie im Falle der Dahn-Parodie, nur dort, wo das hoffnungslos Antiquierte getroffen werden soll. Mauthner ist der erste Prosaparodist, der wie seinerzeit Eichrodt auf dem Felde der Versparodie seine parodistischen Texte gesammelt veröffentlicht. Damit war eine neue Tradition eröffnet. Schon ein Jahr nach dem Erscheinen der parodistischen Studien schreibt Eberhardt Gustav Schack: »Es muß Alles vermauthnert werden.«[2]

Mit dem Namen Mauthners ist die Prosaparodie neuen Stils in ihrer ersten Phase unauflöslich verbunden. Seine Technik zeigt beispielhaft, wie die erforderliche Reduktion zu leisten und das Original aufzusprengen ist. Äußerst verknappte, präzise Stilimitationen schaffen ein Abbild der Vorlage en miniature. Im Mittelpunkt der Stilminiatur steht der durch Verzerrung der originalen Motivik bzw. des originalen Personals gewonnene Einfall, der wie ein Sprengsatz den parodistisch hergestellten Kontext stellvertretend auseinanderbricht und damit entwertet.

Insofern der Stil die Vorlage lediglich komprimiert nachbildet, der eigentlich parodistische Effekt jedoch erst durch den inhaltlichen Einfall herbeigeführt wird, läßt sich der Mauthnersche Typus im wesentlichen als Motivparodie beschreiben. Sprachliche Konzentration und explosive Pointierung sind ihre herausstechenden Merkmale, die beispielsweise bei

2 Eberhardt Gustav Schack, *Nach berühmten Schablonen*, München ²1879, S. VII.

dem unmittelbaren Nachfolger Schack deutlich nachwirken. Inwiefern Mauthner direkt auf die weitere Entwicklung der Prosaparodie eingewirkt hat, läßt sich nur schwer sagen, fest steht jedoch, daß der durch ihn ausgeprägte Typus fortan eine der prinzipiellen Möglichkeiten der Prosaparodie darstellt.

Verzerrt Mauthner Motivik bzw. Personal der Vorlage durch den grotesken Einfall, so verengt von Twardowski in unserer Parodie die Hauptfigur zu einem auf einen einzigen Zug fixierten, lächerlich einseitigen Typ, hinter dem der Parodierte selbst sichtbar wird. Der direkte Zugriff auf den Autor markiert den Übergang der Parodie zur kritischen Polemik.

Hans Reimanns Motivparodien sind geprägt von der Häufung und der oft drastischen Übertreibung der originalen Motive, die, auf engstem Raum zusammengedrängt, sich gegenseitig stoßen und schließlich selbst aufheben. Das im ganzen vergröbernde Verfahren erzeugt fortlaufend komische Effekte. Im unwiderstehlichen Gelächter löst sich der lächerliche Ernst der Vorlage auf.

Raffinierter ist die parodistische Technik etwa bei Mynona und Tucholsky, die typische, in der Regel jedoch verstreut realisierte Inhalte komprimieren und das Konzentrat vorführen – einmal wie es im Kopf des Autors (Mynona) entsteht bzw. in der Wirkung auf den Rezipienten (Tucholsky). Sowohl das konstruierte Machwerk als auch die erzeugte Konfusion beim Zeitungs-›Leser‹ weisen entlarvend auf die parodierten Inhalte zurück.

Ein weiteres Verfahren inhaltlicher Verzerrung ist die Transponierung auf eine andere Ebene. So verlegt Wolff das Geschehen des Ersten Weltkriegs als Reaktion auf Remarques berühmten Roman in die Antike und macht dabei die thematische Monotonie bewußt, während Hein die Erfolgsschriftstellerin Courths-Mahler in einen Maler verwandelt und auf diese Weise die ereignislosen, süßlichen Genrebildchen der Erfolgsromane vor Augen führt.

Ob nun aber durch den grotesken Einfall, durch Verengung, Ausweitung und Häufung sowie durch Transponierung, immer richtet sich die parodistische Attacke gegen Motivik bzw. Personal der Vorlage, während die Stilimitation vornehmlich Signalwirkung hat. Inhaltliche Parodien dieser Art in der Nachfolge Mauthners reagieren verstärkt auf drohende Okkupationen durch den bloßen Stoff, sei es in den Bereichen des Trivialen oder in den Bereichen der Presse und der Ideologieproduktion, für die die Aufsatzparodien bei Tucholsky und Thoma ironische Beispiele sind. Die Prosaparodie bewährt sich hier jeweils in der punktuellen Selektion eines repräsentativen Elements. Die Konzentration auf das Stoffliche reagiert dabei auf die verbreitete Befangenheit in dem desorientierenden Wust von Inhalten und Ideologien.

Im mehr innerliterarischen Bereich verbleibt demgegenüber die Stilparodie, wenngleich Ausweitungen und Grenzüberschreitungen jederzeit möglich sind. Nach Ansätzen bei Gumppenberg, Morgenstern und Kraus ist Robert Neumann auf dem Feld der Prosaparodie der bis heute kaum übertroffene Meister. Für die Prosaparodie begründet sein umfangreiches Parodiewerk neben Mauthner und zugleich in Absetzung von ihm eine alternative parodistische Schreibart.

Für die Stilparodie ist der Stoff lediglich ein oft banaler oder lächerlicher Anlaß, das sprachliche Rankenwerk oder die strukturellen Schablonen der Vorlagen nachzubilden. Richtet sich die Motivparodie gegen Schund und Scheinwerte, so stellt die Stilparodie Manier und Schema bloß. Ist bei der einen die Okkupation durch das unstrukturiert Stoffliche Gegenstand der parodistischen Kritik, so bei der anderen die gehaltliche Entleerung, der akute Substanzverlust.

Neumanns Parodien greifen den stilistischen Ästhetizismus ebenso an wie den trivialen Schematismus. In beiden Ausprägungen zeigt sich ein bestürzender Realitätsverlust, beide sind nur noch literarische Ersatzleistungen für die versagte, bzw. nicht mehr wahrgenommene geschichtliche Selbstverwirklichung des Menschen. Neumann konzentriert die stilistischen und strukturellen Eigentümlichkeiten der Vorlagen in äußerst konzisen Parodien. Auf dem Wege größter Verdichtung erzeugt er ein hochexplosives Gemisch, das sich im

Gelächter entlädt. In der Regel kommt er mit den Mitteln der Auslassung und der täuschend ähnlichen Imitation – bis hin zum Originalzitat – aus.

Die Modelle der Motiv- und Stilparodie stellen prinzipielle Möglichkeiten der modernen Prosaparodie dar, die, variiert bzw. modifiziert, bis heute gültig sind. Dabei bildet gerade das partikulare Angriffsziel der Prosaparodie den entscheidenden Unterschied zu der mehr auf totale Kritik abzielenden Versparodie. Selektion tritt an die Stelle der Gesamtschau.

Armin Eichholz steht mit seinem Parodieverfahren Neumann besonders nah. Wie sein erklärtes Vorbild wendet er seine Kritik nahezu ausschließlich gegen den Stil der parodierten Originale. Verbleibt Neumann aber im Rahmen ironischer Nachahmung, indem er jeweils einen Gegenentwurf gestaltet, geht Eichholz durch karikierende Übertreibung darüber hinaus. Der auffälligste Unterschied besteht jedoch in der häufigen Integration der Kritik in die stilparodistischen Skizzen. Was sich in der Form bereits ausprägt, wird inhaltlich noch einmal expressis verbis ausgesprochen, indem die Formkritik selbst ironisch zum Gegenstand gemacht wird. Damit ist auch hier die Grenze ähnlich wie bei Twardowski zwischen der Parodie als fiktivem ironischen Gegenentwurf und der direkt literarkritischen Parodie überschritten.

Stilparodie als Medium polemischer Literaturkritik steht im Rahmen dieser speziellen parodistischen Schreibart bis heute durchaus im Vordergrund. Herausragende Beispiele sind etwa die Parodien von Dieter Saupe und Kurt Bartsch, die die parodierten Autoren innerhalb ironischer Stilporträts oft mit groben, das Obszöne nicht scheuenden Invektiven angehen. Die aggressiv polemische Spontaneität, der unverhohlene Grobianismus dieser Richtung ist Reaktion auf einen gigantisch expandierenden Literaturbetrieb, der kaum noch Zeit läßt für Neumannsche Subtilitäten und den Parodisten reizt, weniger zum Florett feiner Ironie als zum schweren Säbel drastischer Verunglimpfung zu greifen. Dabei überschreitet insbesondere Saupe mit gelegentlichen Schimpftiraden die vertretbaren Grenzen parodistischer Kunst.

Hohe parodistische Kultur zeigen die Arbeiten Eckhard Henscheids. Durch Spezialisierung auf die Schreibattitüden der sogenannten »Frankfurter Schule« gelingen ihm differenzierte ironische Stilporträts, in denen sich der intellektuelle Hochmut der selbsternannten Gesellschaftsbeglücker im geballten Theoriekauderwelsch selbst ad absurdum führt. Ähnliches gilt für die parodistischen Märchenanalysen von Iring Fetscher.

Angesichts des vielfältig gegliederten und mächtig angewachsenen Kulturbetriebs will es jedoch scheinen, als ob man weniger die Stil- als die Motivparodie bevorzugt. Sie wird beherrschendes Mittel geistiger Gegenwehr gegen den aus den Medien anflutenden Stoff, gegen die Informationsmassen, das inflationäre Bildungs- und Aufklärungsangebot und gegen die Unterhaltungsschwemme. In einem weitaus eklatanteren Ausmaß als zur Zeit von Tucholsky und Kraus, die sich parodistisch mit dem zu ihrer Zeit ins Kraut schießenden Pressewesen auseinandersetzten, sind die Medien, unter ihnen insbesondere die visuellen, beherrschend in die Privatsphäre eingedrungen und überschwemmen den einzelnen mit einem wachsenden, nicht mehr überschaubaren Überangebot. Der Parodist unternimmt den verzweifelten, von den meisten jedoch kaum wahrgenommenen Versuch, den Aufstand des bloß Stofflichen mit den Waffen kritischen Geistes niederzuschlagen, den wuchernden Unsinn auf seine Bedeutungslosigkeit zurückzustutzen.

Der Mißerfolg scheint programmiert, und dennoch sind die Parodien Zeugnisse des wehrhaften Geistes, der, wenn auch in der verschwindenden, aber qualifizierten Minderheit, einen Trost und eine Chance darstellt. Parodie ist gerade im Bereich stofflicher Usurpation ein Mittel der Befreiung, vergleichbar einem Klistier, das von quälender Verstopfung erlöst.

Auffällig ist die große Zahl parodistischer Reaktionen auf die professionelle Kunstkritik, die ihren Gegenstand, statt ihn durchsichtig zu machen, mit einem Wust wohlfeiler Floskeln verschleiert. Vermehrt wird keineswegs die Einsicht, sondern bloß die Masse des Geschriebenen. Anschwellend zu einer Lawine, droht das Gerede über Kultur, diese schließlich selbst zu erschlagen.

Karl Hoche nutzt den grotesken Einfall wie ein Scheidewasser, in dessen Bad jedoch nichts Edles zurückbleibt. Das, was sich einen bedeutungsvollen Anschein gibt, wird angegriffen und löst sich schließlich einfach auf. Der nachgeahmte Stil der Kunstkritik etwa zerreibt sich an Nebensächlichem. Radikaler als bei Mauthner ist das einmontierte, die groteske Wirkung erst auslösende Motiv von absoluter Nichtigkeit, so daß jeder Satz, jedes Wort noch im Formulierungsvorgang in sich zerfällt. Die fortgesetzten Zerfallsprozesse führen schließlich zu völliger Skelettierung des aufgeblähten Originals.

Ganz ähnlich arbeitet Robert Gernhardt in seinen Film- und Presseparodien, die jedoch die einzelnen parodistischen Attacken von Stufe zu Stufe so steigern, daß die Diskrepanz zwischen Gegenstand und Darstellungsaufwand ins Absurde wächst. An die Stelle der Kumulation des fortgesetzten Unsinns tritt die ironische Klimax. Das Ergebnis ist in beiden Fällen die völlige Auflösung der Vorlage. Gelegentlich verwendet Gernhardt die Pointe als wirkungsvollen Abschluß einer parodistischen Serie. Das ohnehin angeschossene Angriffsobjekt erhält den Fangschuß. Auch hier handelt es sich im Grunde um ein steigerndes Verfahren, dessen Wirksamkeit sich erst am Ende entfaltet, dann jedoch mit explosiver Kraft. Gernhardts Parodien zeichnen sich aus durch ebenso kalkulierte wie wohldosierte Aggressivität und wirken durch ihre unterkühlte intellektuelle Strukturierung überzeugend.

Ausschließlich der Medienparodie verschrieben hat sich in neuerer Zeit Dieter Höss. Seine parodistischen Texte sind extreme Reduktionsformen, die durch elementare Typisierung und Kontrastierung den faulen Kern bloßlegen. Im eingebrachten grotesken Einfall verdichtet sich anschaulich das Unsinnige der jeweils parodierten Originalsendung. Zugleich aber kann der parodistische Einfall als Kontrastfolie auf die Wertkorruption der Vorlage verweisen, indem er gerade das repräsentiert, was sein sollte und jener fehlt. Ob als Brennspiegel oder als Kontrastfolie, stets enthüllt sich im Blitzlicht des pointiert eingesetzten Einfalls die traurige Wahrheit des parodierten Objekts. Die Medienparodien von Dieter Höss annullieren die Bedeutungsleere medialer Bilderflut mit dem blitzartig die Bedeutungslosigkeit enthüllenden Einzelbild.

Zeigen die Arbeiten von Hoche, Gernhardt und Höss typische Merkmale der modernen Prosaparodie, so nehmen die Texte Vicco von Bülows (Loriot) insofern eine Sonderstellung ein, als sie zunächst für die Darbietung im Fernsehen geschrieben worden sind. Literarische Form und mediale Präsentation bildeten in der Erstveröffentlichung eine Einheit, die eine gesonderte literarkritische Kenntnisnahme bisher verhindert hat, obwohl die einzelnen Texte seit langem auch in Buchform vorliegen. Gedruckt erweisen sie sich durchaus als ernstzunehmende literarische Parodien. Ihren unverwechselbaren Zuschnitt erhalten sie durch ihren grotesk-komischen Charakter. Die scharfen, grotesken Konturen scheinen jeweils gemildert durch die komische, befreiendes Lachen auslösende Entlarvung des vorgetäuschten Seins als lächerlichen Schein. Mit urbaner Ironie wird der Parodierte, sei es der geschwätzige Kritiker oder der inkompetente Politiker, als armer Irrer demaskiert, als närrischer Star im Ensemble einer närrischen Gesellschaft. Augenzwinkernd mischt sich der Parodist mitunter in das Narrentreiben, ein Schelm unter lauter Deppen, dann wieder bedient er seine Umwelt mit dem ironisch getarnten Spott des Hofnarren.

Niemals versumpft der Spott in bloßes Veralbern, niemals spitzt er sich zu verletzendem Hohn zu. Es ist das heimliche Lachen eines weisen Spaßvogels über die unvermeidbaren Torheiten moderner Kultur und moderner Zivilisation. In der Komik artikuliert sich der Anstoß, sich selbst und die Welt nicht allzu ernstzunehmen. Parodie wird zum heiteren

Spiel mit den Unzulänglichkeiten ringsum. In der Darbietung im Fernsehen aber droht das geistreiche Spiel im seichten Konsum zu verflachen. Vicco von Bülows Parodien entfalten ihren Einfallsreichtum und ihren intellektuellen Charme erst in der genußvollen Lektüre jenseits eines Mediums, das nahezu alles, was in ihm zur Darbietung gelangt, zur schnell verderblichen Unterhaltungsware macht und vor allem die Distanz verhindert, ohne die eine geistig wache Teilnahme am parodistischen Spiel nicht möglich ist.

Aber selbst noch in der heiteren Variante ist der Geist der Kritik lebendig. Mauthners Wort, »Parodie müsse Kritik sein, oder sie dürfe gar nicht sein«[3], trifft im besonderen Maß auf die Prosaparodie zu, nachdem die traditionelle Versparodie deutliche Abnutzungserscheinungen zu zeigen begann und zusehends in die Niederungen bloßen Ulks hinabglitt. Bis heute bedient sich der unkritische parodistische Ulk vornehmlich des Verses, indem er bereits der Gestalt regelgerechter Prosodie komische Effekte abgewinnt.

Erst aus der modernen Prosa wuchs der Parodie neue kritische Kraft zu, zumal die tonangebende Literatur spätestens seit der zweiten Hälfte des 19. Jahrhunderts vor allem Prosaliteratur ist, und selbst die Lyrik prosaischer geworden ist. Zusehends erscheinen auch die Bereiche jenseits des im engeren Sinn Literarischen parodierwürdig, die sich ohnehin in der Prosa zu Wort melden. Die Expansion des Kulturbetriebs hat in Form und Inhalt ein Ausmaß erreicht, auf das der Parodist angemessen nur noch prosaisch reagieren kann.

Der Dramatiker Friedrich Dürrenmatt meint, daß der Künstler heute »die Gestalten, die er trifft, auf die er überall stößt, reduzieren« müsse. »Er parodiert sie, das heißt, er stellt sie im bewußten Gegensatz zu dem dar, was sie geworden sind. Damit aber, durch diesen Akt der Parodie, gewinnt er wieder seine Freiheit.«[4]

---

3 Fritz Mauthner, *Nach berühmten Mustern. Gesamtausgabe*, Stuttgart 1898, S. 6.
4 Friedrich Dürrenmatt, *Theater-Schriften und Reden*, Bd. 1, Zürich 1966, S. 127 f.

Parodieren als Emanzipation vom erdrückend Stofflichen erscheint als ein wichtiger Akt moderner Literatur. Wirklichkeit durchsichtig zu machen für ihre Strukturen und ihren inhärenten Sinn, heißt sie parodistisch zu verarbeiten, die entstellenden ideologischen Wucherungen zu entfernen, die gerade im Kulturbetrieb akut hervortreten.

Die Parodie, von Goethe in einem Brief an Zelter vom 26. Juni 1824 verächtlich abgelehnt, steht im äußersten Gegensatz zur klassischen Literatur, bildet im Grunde den Gegenpol zu ihr. Die ethische Utopie ist nicht ihre Sache, vielmehr geht es ihr um die Destruktion dessen, was der Wertstiftung im Wege steht. Sie ist nicht befaßt mit dem Ideal, sondern mit den Borierungen, die die Errichtung einer sinnvollen Welt fortwährend verhindern. Verworfen hat sie den Glauben an Ewigkeitswerte zugunsten der Überzeugung, daß der Mensch seine Werte durch kritische Auseinandersetzung immer wieder selbst erschafft. Parodie in der Moderne ist im Grunde nur in der Gestalt der Prosaparodie überzeugend vertretbar, die mit der Versform auch den Glauben an zeitlos gültige Normen abgelegt hat und sich auf gleicher Ebene der Herausforderung durch die Prosa der Ideologen sowie der Produzenten und Grossisten von Kultur stellt.

Trotz dieser zweifellos wichtigen kulturkritischen Aufgabe des parodistischen Schreibens hat sich die Literaturwissenschaft weder der Vers- noch der Prosaparodie adäquat angenommen. So gut wie gar nicht kommen Parodisten in den Literaturgeschichten vor. Verantwortlich für dieses Defizit scheint eine weiterhin wirksame, verengte Auffassung von Originalität, die in der Parodie nichts weiter als eine parasitäre Form zu sehen vermag. Hinzu kommt das festverwurzelte Mißtrauen allen Aussageweisen gegenüber, deren Ausgang und Ziel die Kritik ist. Schöpferisch ist nach verbreiteter Meinung nur das Neue, der große Entwurf einer fiktiven Welt oder der originelle Ausdruck subjektiven Bewußtseins.

Parodie als Akt kritisch produktiver Rezeption hat in solch elitär gezogenen Kunstgrenzen keinen Platz. Voraussetzung für einen grundsätzlichen Wandel in der Wertschätzung ist der Ausgang von einem konsequent demokratischen Literaturverständnis. Die Vorstellung des originär schaffenden Künstlers auf der einen und des mehr oder weniger passiv nachvollziehenden Rezipienten ist unzureichend.

Der Parodist, und das verbindet ihn mit dem professionellen Kritiker, nimmt das demokratische Recht wahr, Einspruch einzulegen. Er läßt sich von einem elitär exklusiven Kunstanspruch weder vernebeln noch einschüchtern, sondern geht in die entschiedene Opposition gegen den Unsinn, der sich als Sinn zu etablieren versucht, gegen das Nichtige in der Maske des Bedeutungsvollen. Der Parodieleser, mag er die jeweilige parodistische Kritik billigen oder nicht, fühlt sich ermutigt, seinerseits kritisch zu prüfen und zu protestieren. Die Parodie trägt dazu bei, das, was Schiller »die republikanische Freiheit des lesenden Publikums«[5] nennt, zu verwirklichen (allerdings dürfte gerade Schiller dabei wohl kaum an die Parodie gedacht haben).

Anders als die Literarhistoriker haben sich die Herausgeber von Anthologien der Parodie immer wieder angenommen. Carl Friedrich Solbrig (*Das Buch der Parodieen und Travestien*, 1816), Gottfried Günther Röller (*Almanach der Parodieen und Travestien*, 1818), Karl Müchler (*Parodieen*, 1820) und Z. Funck (*Das Buch deutscher Parodieen und Travestieen*, 1840/41) legten repräsentative Sammlungen im 19. Jahrhundert vor. Ihnen folgten im 20. Jahrhundert David Haek (*Parodien und Travestien*, 1912), Richard Moritz Meyer (*Deutsche Parodien*, 1913), Friedrich Umlauft (*Das Buch der Parodien und Travestien aus alter und neuer Zeit*, 1928), Ernst Heimeran (*Hinaus in die Ferne / Mit Butterbrot und Speck*, 1943), Erwin Rotermund (*Gegengesänge*, 1964), Theodor Verweyen und Gunther Witting (*Deutsche Lyrik-Parodien*, 1983) und Erich Kästner (*Pegasus*, 1983). Alle genannten Anthologien enthalten ausnahmslos Vers-

---

5 Friedrich Schiller, »Der Verbrecher aus verlorener Ehre«, in: F. Sch., *Gedichte und Prosa*, Frankfurt a. M. 1959 (*Werke in Einzelausgaben*, hrsg. von Benno v. Wiese), S. 250.

parodien[6]. Was im 19. Jahrhundert aufgrund der ästhetisch hohen Einschätzung der Versliteratur durchaus der aktuellen kritischen Schreibpraxis entsprach, wird jedoch spätestens in nachexpressionistischer Zeit, zumindest in der exklusiven Konzentration, zur musealen Literaturpflege, zumal führende Parodisten wie Mauthner, Reimann, Tucholsky und Neumann bereits vor 1945 sich entsprechend der Aufwertung der Prosa verstärkt der Prosaparodie zuwandten. Die Parodie-Anthologien aber stellen weiterhin den kritischen Geist von einst in zum Teil leicht angestaubter Versgestalt aus, der, inzwischen ohne wirklichen Biß, bestenfalls intellektuellen Gourmets folgenloses Vergnügen bereitet. Aktuelle Kritik findet sich in den neueren Versparodie-Sammlungen lediglich in einigen kontrastierenden Darstellungen des Zeitgeistes auf alter Folie (Rühmkorf) und in Parodierungen moderner Verstexte.

Aufgabe einer modernen Anthologie müßte es sein, vor allem den kritischen Geist der Gegenwart, sofern er sich parodistisch äußert, als Teil einer anstößig oppositionellen Praxis vorzustellen. Dieser Geist aber artikuliert sich bei den Parodisten von Neumann bis Gernhardt in Einklang mit den dominanten Aussageformen im zeitgenössischen Kulturbetrieb überwiegend in der Gestalt der Prosaparodie.

Relativ spät haben die Anthologien auf diese Entwicklung reagiert. Elisabeth Pablé berücksichtigt in ihrer Sammlung *Ad absurdum* von 1965 erstmals im breiteren Umfang auch Prosaparodien. Ihr folgt 1968 noch wesentlich materialreicher *Die respektlose Muse*, herausgegeben von Walter Dietze. Zwei Jahre später erscheint *Das Lästerkabinett*, zusammengestellt von Günter de Bruyn.

Gemeinsam ist den genannten Anthologien die Mischung von Vers- und Prosaparodien, wobei deutlich die letzteren über-

---

6 In Anlehnung an das Begriffspaar Verssatire/Prosasatire wird hier konsequent von der Versparodie im Unterschied zur Prosaparodie gesprochen. Der von Verweyen/Witting verwendete Begriff »Lyrik-Parodie« (Rotermund spricht von »lyrischen Parodien«) ist insofern widersprüchlich, als darunter auch Parodien von Balladen und Epen subsumiert werden.

wiegen, bei denen es sich fast ausnahmslos um literarische Parodien im engeren Sinn, also um solche literarkünstlerischer Vorlagen handelt. Eine Anthologie mit einer exklusiven Auswahl von Prosaparodien unter einem umfassend kulturkritischen Aspekt liegt bisher nicht vor. Die vorliegende Sammlung stellt den Versuch dar, der modernen Entwicklung der Parodie, ihrem Wandel in Gehalt und Gestalt und damit ihren dominanten Erscheinungsformen gerecht zu werden.

Literaturhinweise

Anthologien in Auswahl

Bormann, Alexander von (Hrsg.): Gegengesänge – Parodien – Variationen. Frankfurt a. M. 1975.

Bruyn, Günter de (Hrsg.): Das Lästerkabinett. Deutsche Literatur von Auerbach bis Zweig in der Parodie. Leipzig 1972.

Budzinski, Klaus (Hrsg.): So weit die scharfe Zunge reicht. Eine Anthologie des deutschsprachigen Cabarets. München/Bern 1964.

– (Hrsg.): Vorsicht, die Mandoline ist geladen. Deutsches Kabarett seit 1964. Frankfurt a. M. 1971.

Dietze, Walter (Hrsg.): Die respektlose Muse. Literarische Parodien aus fünf Jahrhunderten. Berlin [Ost] 1968.

Dreiser, Wolfgang (Hrsg.): Parodie. Freiburg i. Br. 1976.

Gast, Wolfgang (Hrsg.): Parodie. Deutsche Literatur- und Gebrauchsparodien mit ihren Vorlagen. Stuttgart 1975. (Reclams Universal-Bibliothek. 9521.)

Herzog, Gerhard Hertz / Heinold, Erhardt (Hrsg.): Scherz beiseite. Bern/München/Wien 1966.

Hippen, Reinhard/Wollschon, Gerd (Hrsg.): Satire-Jahrbuch 1. Köln 1978.

Hoche, Karl (Hrsg.): Die Lage war noch nie so ernst. Eine Geschichte der Bundesrepublik in ihrer Satire. Königstein i. Ts. 1984.

Neumann, Robert: Meisterparodien. Zürich 1988.

Pablé, Elisabeth (Hrsg.): Ad absurdum. Parodien dieses Jahrhunderts. Salzburg 1965.

Schatter, Hans Reinhard (Hrsg.): Scharf geschossen. Die deutschsprachige Parodie von 1900 bis zur Gegenwart. Bern/München 1968.

Tomayer, Horst / Volland, Ernst (Hrsg.): Lachend in die achtziger Jahre? Berlin 1976.

Traxler, Hans (Hrsg.): Ein Provisorium lacht. Bonner Anekdotenschatz. Frankfurt a. M. 1964.

Waechter, Friedrich Karl (Hrsg.): 36 × Gänsehaut. Schwarze Geschichten für sensible Leser. München 1986.

Sekundärliteratur

Arendt, Dieter: Drei Wünsche und kein Ende. Das Wunsch-Märchen und seine parodistischen Folgen. In: Der Deutschunterricht 37 (1985) H. 6. S. 94–109.

Bruyn, Günter de: Nachwort. In: G. d. B. (Hrsg.): Das Lästerkabinett. Leipzig 1970. S. 219–229.

Dietze, Walter: Versuch über die Parodie. In: W. D. (Hrsg.): Die respektlose Muse. Literarische Parodien aus fünf Jahrhunderten. Berlin [Ost] 1968. S. 799–838.

Freund, Winfried: Die literarische Parodie. Stuttgart 1981.

– Der entzauberte Vampir. Zur parodistischen Rezeption des Grafen Dracula bei Hans Carl Artmann und Herbert Rosendorfer. In: Rezeptionspragmatik. Hrsg. von Gerhard Köpf. München 1981. S. 131–148.

– Parodie. In: Lexikon der Kinder- und Jugendliteratur. Ergänzungs- und Registerband. Hrsg. von Klaus Doderer. Weinheim 1982. S. 443–448.

Hempel, Wido: Parodie, Travestie und Pastiche. Zur Geschichte von Wort und Sache. In: Germanisch-Romanische Monatsschrift. N. F. 15 (1965) S. 150–176.

Hutcheon, Lind: A theory of parody. The teachings of twentieth-century art forms. New York 1985.

Karrer, Wolfgang: Parodie, Travestie, Pastiche. München 1977.

Killy, Walter: Versuch über den literarischen Kitsch. In: W. K.: Deutscher Kitsch. Göttingen 1962. S. 9–33.

Kuhn, Hans: Was parodiert die Parodie? In: Neue Rundschau 85 (1974) S. 600–618.

Lamping, Dieter: Die Parodie. In: Formen der Literatur. Hrsg. von Otto Knörrich. Stuttgart 1981. S. 290–296.

Liede, Alfred: Parodie. In: Reallexikon der deutschen Literaturgeschichte. 2. Aufl. Hrsg. von Werner Kohlschmidt und Wolfgang Mohr. Bd. 3. Berlin 1966. Sp. 12–72.

Neumann, Robert: Zur Ästhetik der Parodie. In: Die Literatur 30 (1927/28) S. 439–441.

Pablé, Elisabeth: Parodie und Literatur. In: E. P. (Hrsg.): Ad absurdum. Salzburg 1965. S. 5–20.

Riewald, Jaap G.: Parody as Criticism. In: Neophilologus 50 (1966) S. 125–148.

Röhrich, Lutz: Metamorphosen des Märchens heute. In: Über Märchen für Kinder von heute. Essays zu ihrem Wandel und ihrer Funktion. Hrsg. von K. Doderer. Weinheim 1983. S. 97–115.

Rose, Margret A.: Parody – Meta-Fiction. An Analysis of Parody as a critical Mirror to the Writing and Reception of Fiction. London 1979.

Rotermund, Erwin: Die Parodie in der modernen deutschen Lyrik. München 1963.

Stephan, Joachim: Satire und Sprache. Eine Untersuchung zum Werk von Karl Kraus. Freiburg i. Br. 1962.

Verweyen, Theodor: Eine Theorie der Parodie. Am Beispiel Peter Rühmkorfs. München 1973.

Verweyen, Theodor / Witting, Gunther: Die Parodie in der neueren deutschen Literatur. Eine systematische Einführung. Darmstadt 1979.

– Nachwort. In: Deutsche Lyrik-Parodien. Hrsg. von Th. V. und G. W. Stuttgart 1983. S. 299–321. (Reclams Universal-Bibliothek. 7975 [4].)

Wintzigerode-Knorr, Karl-Wilhelm v.: Hanns von Gumppenbergs künstlerisches Werk. Diss. München 1958.

Witting, Gunther: Parodie als komisierende Textverarbeitung. In: Der Deutschunterricht 37 (1985) H. 6. S. 5–29.

Am Zehnhoff, H. W.: Parodistische Schreibtechniken in den Satiren von Kurt Tucholsky. In: Der Deutschunterricht 37 (1985) H. 6. S. 39–57.

Autorenregister

Erfaßt sind ausschließlich die Namen der Parodisten. Nachgestelltes A verweist auf den Anhang.

Parodierte Autoren, Texte und anderes

Nachgestelltes A verweist auf den Anhang.